elefante

HEINRICH BÖLL STIFTUNG
RIO DE JANEIRO
Brasil

conselho editorial
Bianca Oliveira
João Peres
Tadeu Breda

edição
Tadeu Breda

assistência de edição
Natalia Engler

preparação
Natalia Guerrero

revisão
Luiza Brandino
Ana Maria Barbosa
Laura Massunari

projeto gráfico
Bianca Oliveira

capa
Tadeu Breda

diagramação
Denise Matsumoto

Ulrich Brand & Markus Wissen

Modo de vida imperial

—

Sobre a exploração de seres humanos e da natureza no capitalismo global

tradução
Marcela Couto

Apresentação
Annette von Schönfeld **9**

Prefácio à edição brasileira
Para descolonizar o cotidiano
Camila Moreno **15**

Prefácio
**Discutindo o "modo
de vida imperial"** 27

1. **Nas fronteiras de
   um modo de vida** 41

2. **Crise múltipla e
   transformação
   socioecológica** 57

3. **O conceito de modo
   de vida imperial** 87

4. **A construção
   histórica do modo
   de vida imperial** 123

5. **Modo de vida imperial: a universalização e o aprofundamento global** 161

6. **Automobilidade imperial** 201

7. **Falsas alternativas: da economia verde ao capitalismo verde** 231

8. **Contornos de um modo de vida solitário** 255

Agradecimentos **285**

Referências **289**

Sobre os autores **333**

Para Bettina, Wiebke e Simon

Apresentação
Annette von Schönfeld[1]

Quando Ulrich Brand me perguntou se a Fundação Heinrich Böll Brasil poderia apoiar a publicação da versão em português do livro *Modo de vida imperial: sobre a exploração de seres humanos e da natureza no capitalismo global*, que escreveu em coautoria com Markus Wissen, o SIM saiu espontaneamente.

Com "modo de vida imperial" (ou imperialista), o livro lança um termo novo para o debate sobre os sistemas de desigualdade inerentes ao capitalismo. Esse termo tenta construir pontes entre o dia a dia de cada uma e cada um, entre os processos produtivos globais e o consumo global, aludindo também às políticas públicas implicadas. O livro descreve como os processos de concentração e privatização dos lucros, por um lado, e externalização de custos sociais e ecológicos, por outro, ocorrem de forma análoga em diversas épocas do capitalismo. A leitura então responde "para onde" são endereçadas essas externalizações, seja na própria sociedade, seja para além de suas fronteiras, ou até mesmo refletidas na "divisão internacional do trabalho". Trata-se de investigar tanto as externalizações geradas por condições de trabalho precárias quanto aquelas implicadas na crescente interação da natureza com mecanismos de mercado.

Chama a atenção a forma como os autores apontam por onde correm as linhas tênues entre uma análise crítica e a conveniência de se fazer parte do sistema, bem como o deslocamento histórico dessas linhas. Ulrich Brand e

---

1 Diretora do escritório Rio de Janeiro, Brasil, da Fundação Heinrich Böll.

Markus Wissen descrevem como se torna parte da normalidade o processo contínuo de se incluírem novas parcelas da(s) sociedade(s) no sistema e a necessidade de se abrir constantemente espaços adicionais de externalização. Surgem repetidamente novas promessas de mobilidade social, de possibilidades de consumo e de inclusão. Os autores mostram como é fácil fazer parte do sistema, deixar de questionar contradições devido a benefícios pessoais, sejam eles grandes ou pequenos, e abster-se de olhar além das fronteiras da região vencedora ou da classe de vencedores desse processo.

Concentrados na questão da mobilidade, Brand e Wissen conseguem apresentar uma descrição dura e contundente das relações de poder existentes, dos interesses financeiros e das estruturas de lobby que precisam ser questionados para que condições mais justas sejam criadas. Especialmente impressionante é a imagem que fazem dos carros suv como refúgio individual e, não menos importante, como proteção contra os próprios medos sociais.

Atualmente, o debate sobre a necessidade de proteção do meio ambiente e dos recursos naturais chegou a um vasto público. O livro expõe de maneira relevante como a economia e a política apostam de modo crescente na chamada "economia verde" — que parece ser a grande promessa para salvar o futuro sem que seja preciso repensar o caminho escolhido de crescimento econômico e sem prejudicar ninguém, pelo menos entre os vencedores. A partir dessa promessa falsa, o livro revela as contradições desse discurso e a continuidade da externalização de custos sociais e ambientais para um exterior mais e mais distante.

A Fundação Heinrich Böll, em Berlim e também no Brasil, tem, há muitos anos, um olhar crítico sobre os conceitos de economia verde e sobre as numerosas tentativas de se dar um valor somente monetário à natureza, integrando-a aos mecanismos de mercado, inclusive os financeiros. Parte do trabalho da fundação é olhar o lado dos perdedores desse processo e contribuir para garantir direitos — das pessoas, de comunidades ou mesmo da natureza. Aqui no Brasil, os custos dessa externalização recaem nos vastos espaços naturais e ainda não explorados da Amazônia e do Cerrado. Do mesmo modo, são ameaçados os povos e as comunidades tradicionais dessas regiões, que vivem em harmonia nesses territórios e contribuem para sua preservação, além dos pequenos agricultores forçados a ceder à ganância do agronegócio.

É possível observar o modo de vida imperial mesmo no Brasil. Nos anos de boom das commodities, na primeira década deste século, parte dos lucros com a venda de recursos foi redistribuída sob o governo socialdemocrata de Luiz Inácio Lula da Silva (2003-2010). Com ele, uma parte significativa da população brasileira viveu uma ascensão à chamada "nova classe média", ou classe C. De repente, esse grupo teve acesso a um consumo que até então parecia inalcançável, desenvolvendo assim uma autoimagem de integração ao sistema — feita, porém, pela via do consumo. Nesse período, a externalização foi movida rumo à exploração de recursos. A crise econômica resultou na desaceleração do crescimento, em decorrência da qual muitos perderam o status de "classe média", assim como a classe média mais tradicional viu sua própria posição social ameaçada. Tal ameaça contribuiu significativamente para a vitória eleitoral do atual governo de extrema direita. Esse governo promete aos eleitores vencedores a manutenção do status social e novas possibilidades de ascensão. Para isso, estão dispostos a literalmente sacrificar as últimas reservas (naturais), criando assim novas externalizações. Estão previstos, entre outros planos, a ampliação da exploração econômica dos recursos da Amazônia, o desenvolvimento da infraestrutura de estradas nessa região, novos grandes portos e outros mega-projetos, a reversão da demarcação de terras indígenas e a abolição do Estatuto do Índio, além de um amplo processo de privatização dos ativos do Estado. Isso, assim esperam, levará à expansão acelerada do agronegócio e da mineração, sob a intenção de reavivar a economia do país e assegurar suporte para o próprio modelo econômico-político.

Ao apoiar a versão em português deste livro, queremos promover debates urgentemente necessários, que expressem o desconforto sobre essa política. Desejamos que a leitura estimule a reflexão sobre os processos de externalização em escala global, internacional e no Brasil, e que contribua para uma abordagem crítica do conceito de economia verde.

Nos primeiros três anos após a primeira edição em alemão, em 2017, os conflitos e cenários de crise descritos no livro continuaram se intensificando. Mas o desconforto também cresceu. Isso é especialmente evidente no que diz respeito às mudanças climáticas, cada vez mais tangíveis. Um número crescente de pessoas sente que o modelo atual chegou ao limite, que todas as conveniências têm seu preço e (ao que parece) é inevitável repensá-lo. O "parece" se deve ao pesar dos acomodados por terem de sair da própria zona de conforto. O livro termina com a apresentação de conceitos e atores que procuram enfrentar o desconforto não com mais exclusão, mas com novas formas de solidariedade.

Que o livro consiga entusiasmar muitas pessoas e conquistá-las para o debate sobre o modo de vida imperial e para a difícil busca de alternativas.

Prefácio à edição brasileira
Para descolonizar o cotidiano
Camila Moreno[2]

No início de 2015, acompanhei Ulrich Brand em um tour por algumas universidades na China (Pequim, Wuhan e Xangai) para debater e comentar suas ideias de transformação socioecológica e "modo de vida imperial". O objetivo era fazer um intercâmbio de visões e perspectivas sobre esses conceitos com os chineses, em interlocução com a ideia de "civilização ecológica" (*shentai wenming*), trazendo os desafios colocados para a Europa e para o Brasil e a América Latina. Os latino-americanos havíamos recém-experimentado o boom de exportação de commodities e seus impactos ambientais, traduzidos também como novas lutas sociais a partir da contestação da ênfase no extrativismo, da acelerada reprimarização da economia e da aposta dos governos progressistas em políticas de inclusão pelo consumo, bancarização e endividamento pessoal.

A ideia de construção de uma "civilização ecológica" recupera elementos da tradição milenar e da filosofia confucionista, bem como das reflexões recentes sobre o tema ambiental. A partir de 2007, a construção da "civilização ecológica" é apresentada por Xi Jinping, presidente da China desde 2013, como parte importante

---

2   Graduada em filosofia e direito, mestre e doutora em sociologia, atualmente é pesquisadora de pós-doutorado na Universidade Humboldt, em Berlim. É autora de *O Brasil made in China: para pensar as reconfigurações do capitalismo contemporâneo* (Fundação Rosa Luxemburgo, 2015) e *A métrica do carbono: abstrações globais e epistemicídio ecológico* (Fundação Heinrich Böll, 2015).

de seu pensamento sobre o socialismo com características chinesas, e o tema foi transformado em política de Estado, incorporado à Constituição do Partido Comunista da China em 2012 e à Constituição do país em 2018. Além de um slogan político fundamental para compreender a modernização ecológica em curso na China — apontada como vilã da poluição global e vórtice voraz da demanda por matérias-primas (o país compra hoje mais de 60% de toda a soja brasileira) —, constitui a visão oficial do protagonismo que os chineses querem alcançar na agenda ambiental internacional e de seu futuro global — uma visão de desenvolvimento sustentável "com características chinesas". O que a China entende como construção de uma "civilização ecológica" é um debate de extrema relevância e atualidade, pois, além de nortear a conversão verde no âmbito doméstico — e o quanto esta se distingue, ou não, dos mecanismos de mercado neoliberais para o meio ambiente —, será internalizada na Iniciativa Cinturão e Rota (Belt and Road Inniative, antes chamada One Belt One Road), a ambiciosa estratégia geopolítica da China para o século XXI. Cerca de 125 países já firmaram acordos e documentos de cooperação para integrar a iniciativa. O nome é uma referência à Rota da Seda, aberta para o comércio com o Ocidente em 130 a.C. e utilizada até 1453, quando foi fechada pelo Império Otomano em boicote ao comércio com a China.

Em 2015, os debates tiveram a participação de professores, pesquisadores e estudantes da produção intelectual de autores do chamado "marxismo ecológico", um campo de reflexão que vem se consolidando no Ocidente ao longo das duas últimas décadas. Esses estudos abordam a dimensão essencialmente política da questão ambiental e ecológica a partir de leituras contemporâneas de Marx, organizadas em torno da compreensão "metabólica" da interação entre natureza e sociedade, na qual o capitalismo operaria uma ruptura primordial, e vem informando, por exemplo, o campo de construção de propostas do ecossocialismo.

Em determinado momento, em um dos debates, um estudante chinês interveio candidamente com a seguinte pergunta: "Qual é, afinal, o problema com o império?". Em seguida, afirmou, de maneira serena, convicta e discretamente orgulhosa: "A China é um império, um bom império". Seguiram-se olhares de aprovação, até mesmo de alívio, por deixar esse entendimento bem claro para nós, os ocidentais.

Oficialmente, a China não é um império desde 1911, mas o foi por mais de dois mil anos. Foi o império mais duradouro na história: teve início em 221 a.C., com Qin, que unificou pela primeira vez toda a China e tornou-se o primeiro imperador. Em contraste, embora a República Romana já existisse desde 509 a.C., o Império Romano foi fundado quando Augusto se autoproclamou o primeiro imperador de Roma, em 31 a.C., e durou até a queda do Império Romano do Ocidente, em 476, com a deposição do imperador Rômulo Augusto, tendo ainda persistido até 1453 no Oriente, quando se dá a queda de Constantinopla, antiga Bizâncio e atual Istambul, cidade localizada na Turquia.

Assim como a China, ao longo da história existiram vários impérios, que variaram enormemente em extensão territorial, duração, poder e propósito, lançando mão de diferentes estratégias para legitimar e perpetuar seu domínio, como, por exemplo, a fusão do Império Romano com o cristianismo. Entre outros impérios do mundo antigo, podemos mencionar as dinastias do Egito, os impérios Babilônico (Caldeu), Assírio, dos Hunos, de Mali, dos Zulus, Asteca, Inca, Mongol.

De fato, a ideia de império e as percepções sobre em que consistiram os processos imperiais foram bastante diversas. No caso do Brasil, nossa filiação civilizacional está enraizada no mundo ibérico, em todo o seu escopo, atlântico e transatlântico. Somos um país constituído a partir do Império Português, distinto e com nuances importantes, ainda que intrinsecamente articulado ao Império Britânico.

A partir da experiência forjada pelo Império Romano, a "ideia de império" como esperança *universalista-imperialista* nunca feneceu completamente na Europa, tendo persistido ao longo dos séculos e alcançado o mundo moderno. No Natal do ano 800, quando o papa Leão III coroou Carlos Magno imperador, deu-se a primeira renovação do Império Romano enquanto aspiração de uma ordem mundial universal, cristã e ditada a partir de Roma. Afinal, em sua diversidade, o mundo pagão era visto como incapaz de estabelecer uma ordem moral para este mundo. Embora o império de Carlos Magno tenha morrido com ele, foi bem-sucedido em reviver na memória coletiva o fantasma da ideia imperial no início do que viria a ser o período de formação das monarquias nacionais e da constituição da Europa moderna, e que se fez sentir, bem mais tarde, na percepção de continuidade e conforto psicológico que a ideia de universalidade imperial representava com Carlos V, como se este fosse um novo Carlos Magno.

No decurso desse longo período, apesar de fluida, a ideia imperial foi forte o suficiente para alimentar a imaginação, mover corações e mentes. Enquanto evocação de uma unidade espiritual e de pertencimento, irá sobreviver por séculos no imaginário europeu como uma fantasmagoria poderosa, fundamentando a raiz da insistência competitiva na tentativa de recompor "o" império ao longo da conformação do mundo colonial. Cabe frisar que, para além da Europa, essa ideia terá reflexos também no mundo político das Américas, por exemplo, com a criação do Império do Brasil (1822-1889).

A construção do sistema mundo através do comércio internacional se deu na vigência de sociedades mercantis, no contexto de surgimento do moderno sistema internacional, com a criação dos primeiros Estados nacionais na Europa, em um cenário onde havia diferentes versões de "império" em disputa.

Como se traduziram as concorrentes pretensões universalistas imperialistas? O que garantiu a predominância de uma forma sobre as outras e qual a lógica por trás das experiências que se tornaram hegemônicas? De que forma uma experiência particular de império — a britânica — tornou-se a mais exitosa na história, no sentido de que, no seu apogeu, no início do século xx, detinha sob seu domínio um quarto da população mundial e um quinto das terras emersas do planeta, fora seu poderio como potência marítima?

Uma lição do diálogo com os amigos chineses marxistas que me parece relevante considerar é que, até mesmo para pensar a ideia de "império", pode-se incorrer em certo "imperialismo epistemológico": matrizes de pensamento europeias, profundamente enraizadas ainda hoje no século xix e em leituras anglo-saxãs do mundo, seguem influenciando nossos esquemas de leitura e interpretação da realidade. É nesse sentido, por exemplo, que na América Latina há duas décadas emergiu um debate sobre a "colonialidade" — distinta do colonialismo — e que nos fala dos efeitos deste na constituição de uma subjetividade, de forjar um modo de ser, estar e perceber-se no mundo. Esta é uma lente crucial para colocar em questão a *colonialidade* do poder e do saber, qualificar dinâmicas e entender processos de importação de esquemas de pensamento que internalizam e perpetuam nosso modo de pensar. De maneira análoga, a importação do modo de vida imperial, e a aspiração a este como objetivo universal, perpetua relações e poderes imperiais.

No campo político das forças de esquerda, o "imperialismo" se consolidou como uma dimensão estrutural para compreender e nomear as forças que forjam e dão sentido à história. Desde o auge do Império Britânico até sua substituição pela hegemonia do dólar e o poderio militar dos Estados Unidos a partir do sistema internacional estabelecido após a Segunda Guerra Mundial, pensar, articular e disputar projetos políticos nacionais e soberanos se faz não no vácuo, mas sempre em relação às estratégias imperialistas.

Na tradição marxista, a elaboração teórica e o debate político sobre o imperialismo impuseram-se em função de seu sentido prático — e incontornável — na compreensão do desenvolvimento do capitalismo, nas relações internacionais e nos desafios e limites aos projetos dos Estados nacionais. Nessa perspectiva, para o pensar e agir à esquerda, o imperialismo e sua superação seriam constitutivos do horizonte de lutas e da definição de estratégias. Ciente do longo histórico, da profundidade e da extensa tradição teórica desse debate, este livro não pretende debater o tema do "imperialismo" nessa chave.

Na seção "Sobre o valor de uso do conceito" (p. 118) do modo de vida imperial, os autores deixam isso claro ao chamar a atenção para as contradições das "políticas neoimperiais" sobre os recursos naturais: em um contexto de politização global das questões ambientais, atentam que tais políticas não são promovidas "apenas pelas relações dominantes de forças, instituições e grupos de interesse, mas também pelo *modo de vida hegemônico*".

No entanto, isso não significa, de maneira nenhuma, que queremos enfraquecer a própria ideia de imperialismo com o conceito do modo de vida imperial. Pelo contrário: *a intenção é lançar luz ao entrincheiramento hegemônico da política imperialista nas práticas e percepções cotidianas*, especialmente nas classes média e alta das sociedades do Norte global. (Grifo nosso)

A provocação do texto é iluminar a perspectiva através da qual há uma forma de ser imperial — uma "internalização" de um modo de vida — que se apresenta como aspiração universal e que serve para naturalizar e justificar as políticas "neoimperiais", e que não são percebidas pela maioria como tal.

Ulrich Brand costuma falar, ironicamente, do "direito humano ao *Schnitzel*", um bife de porco à milanesa, típico das culinárias alemã e austríaca. Traduzida para a realidade brasileira, a provocação seria o equivalente a uma espécie de "direito humano ao churrasco de picanha". Lembremos que os porcos da Europa são em grande parte alimentados com a soja brasileira; ou seja, a manutenção e garantia do direito ao *Schnitzel* alemão depende do agronegócio brasileiro — e do Cerrado e da Amazônia. Quantos hábitos cotidianos, tão arraigados e constitutivos do modo de vida imperial nos países desenvolvidos, tais como o consumo de café, chá, banana, açúcar, chocolate, tabaco, todos produtos originários do comércio colonial; a fast-fashion calcada nas monoculturas de algodão (e uso da água) nos países tropicais; o pujante setor de entregas e comércio eletrônico que depende massivamente de celulose para embalagens e os milhões de hectares de monoculturas de eucalipto (e água) nos países destinados a prover essas matérias-primas?

Talvez um dos processos mais brutais e violentos da globalização foi a forma como ela acelerou a padronização das dietas ao redor do mundo, com a imposição e normalização de produtos ultraprocessados e controlados pelo regime alimentar das corporações, em detrimento dos produtos locais e da identidade cultural das populações relacionadas aos alimentos e às tradições culinárias.

Para a realidade brasileira, a indústria de proteína está na raiz de dinâmicas de grilagem de terras, desmatamento, monoculturas de transgênicos e uso de agrotóxicos em larga escala para a produção de ração e sua conversão em carnes para prover o mercado global. Essas dinâmicas vêm se expandindo violentamente sobre ecossistemas e modos de vida, e são alavancadas graças a crescentes investimentos de fundos de pensão, do capital financeiro e especulativo, que através do agro impulsiona e consolida estratégias de macrologística e controle efetivo de recursos naturais e territórios destinados a servir de corredores de exportação, hipotecando as possibilidades de construção de alternativas e excluindo modos de vida que não sejam subordinados aos desígnios impostos de fora.

Como diria o francês José Bové, liderança da Via Campesina, que há duas décadas encabeçou protestos que envolveram o desmonte de filiais da rede de fast-food McDonald's na França, "comer é um ato profundamente político, pois pelo menos três vezes ao dia escolhemos e decidimos levar à boca o mundo que queremos". Assim, nossas dietas e hábitos de consumo entrincheirados no nosso modo de vida, arraigados na repetição de gestos banais e cotidianos, estão empapados em relações de poder.

O modo de vida imperial é um conceito provocativo para que o leitor reflita sobre como se produz e reproduz o nosso modo de vida, materializado no que comemos, no que vestimos, em como nos transportamos. Para além de preocupações de "consumo consciente", oferece a possibilidade de pensarmos sobre todos os hábitos cotidianos e sua repetição irrefletida, uma forma de ser e de estar no mundo transmitida como ideal universal, mas que foi construída e se mantém sobre padrões insustentáveis.

As aspirações vagas de um sentido único da história, traduzidas nos motes do progresso e do desenvolvimento de um único modo de ser, são fruto da modernidade ocidental, construída sobre um lastro colonial e que, para continuar se reproduzindo, depende da intensificação das lógicas imperiais, da exclusão e do aprofundamento das desigualdades.

Afinado com o espírito do tempo e da cidadania dos consumidores, um dos pontos fortes do discurso do capitalismo verde e consciente é a ênfase em apostar na "transparência" das cadeias globais de valor. O fetiche de que inovações tecnológicas como o *blockchain* possam oferecer a rastreabilidade absoluta e permitir assim cadeias de consumo puras, livres do desmatamento (ilegal), neutras em carbono, sem trabalho infantil, com "impacto" socioambiental positivo etc. À medida que o sistema se esforça em usar tecnologia para absolver nossos pecados climáticos (oferecendo neutralizações e compensações de carbono, por exemplo) e vender a possibilidade de um consumo e de um modo de vida livres de culpa, o que vemos se estabelecer na prática é a disseminação e a naturalização de novas ferramentas de vigilância digital e do capitalismo de plataforma sobre todos os espaços da Terra. Mas as formas como as atuais ferramentas tecnológicas atualizam e ressignificam as estratégias imperiais é tema para outra conversa.

A bem-vinda discussão sobre o "modo de vida imperial" não se destina a desviar o foco do imperialismo, mas a oferecer uma lente para enfrentá-lo *também* na trincheira dos hábitos cotidianos e na reinvenção da diversidade de modos de vida como parte essencial da luta política.

Prefácio
Discutindo o
"modo de vida imperial"

Quando este livro foi originalmente publicado na Alemanha, no primeiro semestre de 2017 — e muito bem recebido pelo público em geral —, um debate intenso se desenrolava na esquerda, e segue em pauta. Em um contexto de sucesso eleitoral do partido de extrema direita Alternativa para a Alemanha (AfD) e de uma crítica conservadora em relação às políticas de refugiados da chanceler Angela Merkel, em 2015, a esquerda alemã se dividiu, grosso modo, em dois grandes campos. O primeiro se concentrou na luta contra o avanço da xenofobia e do racismo, considerados fenômenos que afetam toda a sociedade — isto é, atravessam todas as classes. O segundo campo enfatizou a experiência de uma luta de classes intensificada pelos seus dirigentes e, ao mesmo tempo, incapaz de se articular de forma emancipatória. Essa dificuldade surgiu devido à tradição da socialdemocracia alemã, que desde os anos 1990 procura invisibilizar as questões de classe. Como resultado, uma parcela cada vez maior da classe trabalhadora do país tende ao chauvinismo e ao racismo.

Querendo ou não, nosso livro interveio diretamente nesse debate. Sobretudo porque compreendemos os movimentos recentes dos migrantes e refugiados no contexto dos impactos catastróficos que o modo de vida imperial do Norte causou no Sul global (Brand & Wissen, 2018).[3] Além disso, consideramos a ascensão

---

3   As relações Norte-Sul não são entendidas aqui como uma categoria geográfica, mas relacional, pela qual podemos

da extrema direita uma tentativa das forças dominantes, especialmente do Norte global, de salvaguardar o modo de vida imperial de forma autoritária, contra as reivindicações daqueles que, até então, têm sido excluídos dessa realidade ou condenados a arcar com seus custos socioecológicos. Não à toa, nosso livro, assim como a obra de Stephan Lessenich (2019), foi bem recebido pelo chamado "campo antirracista" da esquerda alemã e visto com muita desconfiança pelo dito "campo político classista".

É nesse sentido que Dennis Eversberg (2018) recorre ao conceito de modo de vida imperial para analisar o resultado das eleições recentes na Alemanha, particularmente a porcentagem crescente de votos para a AfD. Em sua opinião, esse fenômeno se deve à retomada de um "nacionalismo autoritário", a partir do qual uma parte do eleitorado reage à imigração, à crise econômica e à desordem política internacional. Outra orientação contraditória nesse cenário é o chamado "neoliberalismo progressista" daqueles que se beneficiam da globalização neoliberal e, portanto, lutam contra as fronteiras econômicas e a discriminação racial. Embora opostas, ambas as orientações se encontram no terreno de um modo de vida imperial progressivamente confrontado com os problemas que ele mesmo causou. Enquanto os autoritários buscam, exclusivamente, *defender* esse modo de vida ao reforçar as fronteiras e propagar o nacionalismo econômico, os neoliberais tentam *moderniçá-lo* por meio dos mercados globalizados e da competição tecnológica. Nesse contexto, é fundamental que a esquerda crie um terceiro movimento de solidariedade global, capaz de lidar com a crise múltipla por meio da *superação* do modo de vida imperial.

traçar a conexão global entre os diferentes contextos sociais e estruturais dos primeiros países industrializados e os (economicamente) menos desenvolvidos.

Tanto a posição de Eversberg como o conceito de modo de vida imperial têm sido criticados por aqueles que enfatizam o conteúdo de classe na crise múltipla — e que tentam formular uma perspectiva com potencial de mobilizar as classes média e baixa. Em uma resenha aprofundada de nosso livro, Klaus Dörre (2018a, 2018b) vê na obra uma negligência com as (crescentes) tensões sociais dentro dos países do Norte global, em favor de uma provável contradição essencial entre Norte e Sul. Logo, o fato de muitas pessoas no Norte global lutarem para sobreviver materialmente estaria sendo subestimado, e o conflito de classes, em particular, seria ocultado, em nossa abordagem, sob um modo de vida imaginário e amplamente compartilhado. Analogamente, Günter Thien (2018) nos critica por descrever, mas não fundamentar analiticamente, a dimensão de classe do modo de vida imperial. A contradição de classe serviria, antes, para *estratificar* esse modo de vida, mas permaneceria insignificante para sua *constituição*. Como consequência, nossa crítica estaria limitada à esfera moral, culpando tanto o presidente de uma multinacional do Norte quanto seus funcionários, e abrindo um abismo intransponível entre esses atores, de um lado, e as pessoas comuns do Sul global, do outro. Com isso, estaríamos subestimando os momentos e os potenciais antagonísticos da luta de classes verticalizada, neoliberal e autoritária em curso (Sablowski & Thien, 2018).

Uma segunda vertente crítica vem das feministas. Nesse sentido, Adelheid Biesecker e Uta von Winterfeld (2014) discutiram nossas proposições a partir de seu próprio conceito de externalização. Elas ressaltam que os subalternos condenados a pagar o preço socioecológico do modo imperial não são homogêneos, mas um grupo generificado: o modo de vida imperial se baseia, essencialmente, em *trabalho reprodutivo não remunerado,* que é feito majoritariamente pelas mulheres e que cria os pré-requisitos para a mercantilização da força de trabalho (masculina) no capitalismo. Logo, a concessão envolvida nesse modo de vida recai sobre o gênero, e a externalização é sempre um processo duplo de separação e reapropriação da natureza e da força de trabalho feminina.[4] De forma semelhante, Christa Wichterich (2016b) argumentou que o modo de vida imperial não apenas conecta o Norte ao Sul global de forma assimétrica, mas também se apoia em ligações complexas entre relações sociais domésticas e internacionais: o trabalho de cuidado é distribuído de forma desigual entre homens e mulheres nas sociedades do Norte. Diante do aumento da participação das mulheres no trabalho assalariado e da flexibilização neoliberal do cotidiano, essa desigualdade gera uma crise do cuidado. Tal crise é enfrentada por meio de cadeias de cuidado, nas quais a mão de obra barata das mulheres do Sul se torna cada vez mais necessária para a reprodução das famílias de classe média e alta do Norte, de modo a externalizar a crise do cuidado. É aqui que Wichterich enxerga um "extrativismo do cuidado".

Uma terceira crítica abordou nossa suposta "simplificação do papel do Sul global". Primeiro, alegou-se que a principal causa do enriquecimento material do Norte não é a exploração de trabalhadores e da natureza no Sul global, mas a produtividade comparativamente maior, a estrutura de sistemas produtivos (industriais) e sua respectiva produção de mais-valia a partir dos próprios trabalhadores no Norte (Sablowski, 2018). Dessa forma, estaríamos superestimando o papel da exploração de humanos e recursos naturais no Sul. E, como argumentou Gerd Schoppengerd (2017, p. 16), também estaria subestimada a organização

---

4   Correspondência particular de Uta von Winterfeld e Adelheid Biesecker aos autores.

das classes dominantes em ambos os contextos, tanto em escala internacional quanto nacional. Além disso, faltaria reconhecer as diferenças entre os países do Sul global e seus grandes avanços na luta contra a pobreza, bem como na contestação do poder internacional dos antigos centros imperiais (Boris, 2017). É claro que esse argumento foi elaborado com base na China, mas também em vários países latino-americanos durante o boom das commodities ocorrido entre 2003 e 2014. Por fim, foi sugerido que uma recepção mais aberta às teorias pós-coloniais e decoloniais teria nos ajudado a entender melhor o papel dos imigrantes e refugiados, os discursos a seu respeito e suas ações nos países do Norte global, assim como as diferentes relações de poder e dominação nas sociedades pós-coloniais do Sul. Desse modo, um conceito como "modo de vida imperial" deve ser articulado com a devida produção de conhecimento crítico nos países do Sul.

Em quarto lugar, há a crítica a respeito das *alternativas* e ao que chamamos de "contornos de um modo de vida solidário".[5] Nesse âmbito, defende-se que nosso argumento teria sido abrangente demais, sem o foco necessário e incapaz de preparar o terreno para a construção de um antagonismo político e social, visto como necessário para a mudança social efetiva (Stamer & Mayer, 2017; Bell & Schäfer, 2018). Hans Thie (2017) vê uma fraqueza crucial no pensamento emancipatório e nas estratégias correlatas que, em sua opinião, são reproduzidas em nosso livro: a ausência de uma "economia política oponente", ou seja, a formulação e defesa

---

5 Pesquisadores pós-coloniais, como Encarnación Gutiérrez Rodríguez, da Universidade de Giessen, e Daniel Bendix, da Universidade de Kassel, levantaram esse ponto em discussões conosco. Evidentemente, com a publicação de novas versões do livro, esperamos mais comentários.

de um modo de vida e produção viável, que seja atrativo ecológica e socialmente — e não precise ser implementado à custa dos outros (Fleissner, 2017).

É claro que somos gratos por todas essas críticas, e nos satisfaz saber que o livro foi tão bem recebido e provocou tantos debates. Obviamente, levantamos pontos importantes para a compreensão da situação atual a partir de uma perspectiva crítica. E parece que destacamos alguns aspectos que normalmente não são considerados — ou acabam secundarizados — pela esquerda, embora sejam de extrema importância para a construção de um projeto político e social emancipatório, bem como de estratégias pertinentes. Klaus Dörre (2018a, p. 11) afirmou que o livro se opõe convicentemente às sensações de impotência dos indivíduos e atores coletivos que predominam nas discussões sobre (in)sustentabilidade. Evidentemente, as reações e críticas à obra têm sido uma inspiração para aperfeiçoar e desenvolver nossos argumentos.

Buscamos, dessa forma, esclarecer o *sentido de classe* e *reprodução social*, assim como a relação constitutiva entre esses conceitos e as questões ambientais na reprodução e crise do modo de vida imperial. Gostaríamos de enfatizar nosso argumento de que o modo de vida imperial possui efeitos altamente contraditórios, sendo um deles a divisão entre trabalhadores do Norte global em relação àqueles do Sul. Desde o fordismo, a exploração dos primeiros tem sido atenuada pela exploração dos segundos. Em outras palavras, a reprodução da classe trabalhadora do Norte não se beneficiou apenas da luta de classes institucional em sua própria região, mas também da possibilidade de se acessar a natureza e a força de trabalho em escala global, e ainda externalizar os custos socioecológicos de seus padrões de consumo e produção intensivos em recursos e energia — possibilidades que foram garantidas por uma ordem mundial imperialista. Vale ressaltar que estamos longe de culpar a classe trabalhadora ou de nos reduzirmos a uma crítica meramente moral. Antes, procuramos compreender os mecanismos por meio dos quais os trabalhadores do Norte global são envolvidos no modo de vida imperial *de forma estrutural* — ou seja, a partir de seu próprio status subalterno consignado pelo fato de não possuírem nenhuma escolha além de vender a própria força de trabalho para viver. A integração dos trabalhadores do Norte global ao modo de vida imperial sempre foi subalterna. Os efeitos niveladores desse modo de vida sempre foram suplantados por aspectos de hierarquização. Estes últimos, aliás, vêm chegando recentemente ao primeiro plano.

Discorremos sobre isso em um artigo recente (Wissen & Brand, 2019), no qual abordamos o conteúdo de classe de nosso conceito e tentamos levar em conta o trabalho do cuidado de forma mais sistemática, tornando mais concreta a perspectiva emancipatória de um modo de vida solidário. Ao fazê-lo, tomamos por base o conceito de "ambientalismo da classe trabalhadora", formulado por Stefania Barca e Emanuele Leonardi (2018), e a discussão sobre uma "nova política de classes", iniciada pelo Institute for Critical Social Analysis [Instituto para a análise social crítica] da Fundação Rosa Luxemburgo (New Class Politics, 2017). Nosso argumento é de que a crise ambiental, a crise econômica e a deterioração das condições de trabalho, até mesmo em setores-chave do Norte global, como a indústria automotiva, podem indicar que as promessas do modo de vida imperial se tornam cada vez menos realizáveis, não apenas para a maioria da população do Sul global, mas também para um número crescente de trabalhadores do próprio Norte.

Desse modo, no futuro, riqueza e postos de trabalho poderiam não mais depender da destruição ambiental

— excluindo-se as soluções autoritárias —, e sim da própria proteção ao meio ambiente. Isso abriria caminho a novas perspectivas para uma transformação socioecológica voltada à superação do modo de vida imperial e, inclusive, para uma participação ativa de trabalhadores e sindicatos. Há ainda um componente crucial desse ambientalismo da classe trabalhadora que vai além do fortalecimento do vínculo orgânico entre o trabalho assalariado e a ecologia: a reorientação da produção em direção aos valores de uso e às necessidades reprodutivas das pessoas e da sociedade, colocando, dessa forma, a reprodução social e o trabalho de cuidado no centro das atenções (Globalizations, 2018). Além disso, não podemos esquecer que o campo "antirracista" frequentemente também adota a perspectiva de classe. Porém, falamos aqui de um movimento muito internacional(ista), e não tão concentrado nos acordos e embates em escala nacional.

Em resposta ao argumento sobre nossa *compreensão das sociedades do Sul global*, suas formas de integração ao mercado mundial e o papel do modo de vida imperial nesse contexto, gostaríamos de salientar que nossa abordagem, na realidade, procura destacar a dimensão global da vida cotidiana hegemônica nos centros capitalistas e sua contínua atratividade para muitas populações do Sul. Ademais, queremos lançar luz sobre as desastrosas consequências socioeconômicas, políticas e ecológicas desse modo de vida. Com isso, estamos longe de negar — antes, explicitamos — que o capitalismo do Norte global se baseia fortemente na exploração de seres humanos e da natureza *dentro* do próprio Norte. Os mecanismos utilizados são a externalização — pense na divisão entre o espaço urbano e rural —, a hierarquização social por meio do consumo ostentador e o caráter contraditório do modo de vida imperial, que ao mesmo tempo amplia e restringe o campo de ação. O ponto é que essa lógica também se aplica a um número cada vez maior de sociedades do Sul global. Elas não apenas se tornam dependentes do acesso à natureza e à força de trabalho para além de suas fronteiras — ou seja, de outros países do Sul global —, como pavimentam o caminho para distinções internas, sobretudo na forma de relações subimperiais, como ocorre entre os chamados Brics (Brasil, Rússia, Índia, China e África do Sul) e os países "menos desenvolvidos" do Sul (Bond, 2019). Da mesma forma, essas sociedades se caracterizam pela emergência de relações de classe complexas, com camadas médias e altas emulando os padrões de consumo de sua contraparte do Norte, e por uma intensificação da exploração do trabalho que coincide com a apropriação capitalista (*Landnahme*).

Nossa perspectiva também parece criar desconforto entre economistas políticos de esquerda, por não celebrar o recente crescimento econômico e desenvolvimento em vários países do Sul global, particularmente na China e outras nações da Ásia e da América Latina, e em países exportadores de recursos que vêm crescendo desde 2003 e 2004. Sustentamos que o crescimento capitalista nos países do Sul global aprimora, de fato, as condições de vida de muita gente, mas principalmente das elites. Como podemos observar na América Latina, esses grupos privilegiados defendem sua posição a qualquer custo em tempos de crise, valendo-se de meios autoritários e recebendo apoio de uma parcela da classe média. Por isso, a ênfase em melhorias quantitativas e índices de crescimento nos soa como uma espécie de "ideologia da quantidade antes da qualidade", que nega que esses "milagres econômicos" do capitalismo — a despeito de todos os avanços e das políticas distributivas — ocorrem à custa das pessoas e da natureza.

O ponto que ainda parece menosprezado nas contribuições críticas da economia política é que as relações Norte-Sul não envolvem apenas a produção e a transferência de valor, mas também questões biofísicas que não se refletem, necessariamente, no âmbito financeiro. Conforme apontado por Alf Hornborg (2010), um elemento-chave da dominação global é a troca ecológica desigual que tende a privilegiar as sociedades do Norte global na "apropriação do tempo e do espaço ecológicos". Isso está relacionado a valores econômicos e mais-valia, mas também a violência, desapropriação, racismo e devastação ecológica. Por isso, a "produtividade" econômica superior e a mais-valia do Norte precisam ser compreendidas à luz desse contexto. Para uma investigação mais aprofundada, seria interessante entender melhor como funcionam os mecanismos de valor e transferência de recursos biofísicos, bem como a forma com que se articulam à produção de valor e riqueza em outros países — e, ainda, quais atores e relações de poder estão envolvidos nesses processos.

Em suma, o modo de vida imperial tenciona compreender melhor a *constelação global de poder e dominação* que é reproduzida — por meio de inúmeras estratégias, práticas e consequências imprevistas — em todas as escalas espaciais e sociais: dos corpos, mentes e ações cotidianas que atravessam as regiões e as sociedades até as estruturas (invisíveis e invisibilizadas) que propiciam as interações globais, e também reproduzem relações altamente destrutivas entre a sociedade e a natureza, com enormes transferências de material biofísico. Isso ocorre não apenas entre regiões distintas de um mesmo país, mas em escala global — e se constitui por relações de dominação, as quais, ao mesmo tempo, reproduz.

A respeito das *alternativas* políticas e sociais, estamos cientes de que não apresentamos um atalho nítido para se chegar à transformação socioecológica. A razão é muito simples: esse atalho não existe, ao menos não até agora. O perigo de se propor uma alternativa presumidamente clara é que isso tende a ocultar não só as diversas causas por trás das múltiplas crises e dos mecanismos estruturais e cotidianos de poder e dominação, como também a ampla variedade de alternativas já existentes. A transformação depende de políticas globais e ações de atores coletivos, mas também da própria compreensão da "política", das questões de organização da (re)produção social — e sua incrustação internacional —, da divisão social do trabalho e das infraestruturas materiais e mentais (Brand & Wissen, 2019). Além disso, a questão da *liberdade* é de suma importância para uma estratégia e um projeto emancipatórios. Andreas Novy (2018, p. 54) enfatiza que, para muitos, o modo de vida imperial não apenas anda lado a lado com o bem-estar material, como também se mostra atrativo por permitir — ou ao menos prometer — direitos à liberdade individual e "um modo de vida autodeterminado em uma sociedade baseada na competição", isto é, a libertação do paternalismo e a promessa de individualidade e autonomia na condução da própria vida (Klauke, 2017). Ao mesmo tempo, o modo de vida imperial rompe com a norma universal da igualdade baseada nos direitos humanos e se coloca em prol da defesa da liberdade individual, inclusive de se manter imperturbado na conduta da vida e no consumo. Esse aspecto, com o devido foco nas estruturas sociais e práticas e nas rotinas cotidianas, ainda não foi explorado em nosso trabalho. A reintrodução do pensamento de Karl Polanyi nos debates críticos traz esse desafio para a esquerda: o que significa agir e viver responsavelmente numa sociedade caracterizada pela reprodução sistemática da irresponsabilidade (Brie, 2015)? Logo, uma importante questão política é entender como assegurar o inconformismo e a individualidade sem viver à custa dos outros (Novy, 2018).

Esta obra deve ser lida como uma contribuição às lutas e buscas por alternativas fundamentais, como um cenário analítico e político que permita compreender por que a transformação é absolutamente necessária, mas com estratégias pensadas à luz das experiências históricas e atuais.

Nós nos situamos na tradição do *realismo político revolucionário* (Rosa Luxemburgo) e do *reformismo radical* (Joachim Hirsch) ao insistir que um projeto contra-hegemônico precisa ser formulado e desdobrado em múltiplas áreas e escalas. Insistimos ainda que, além das lutas políticas e sociais, um ponto incontornável para a mudança radical reside na contraditória consciência cotidiana das pessoas. Muitas vezes, isso leva a pequenas mudanças que, somadas, podem ganhar relevância e se articular social e politicamente na forma de movimentos sociais ou organizações existentes. As mudanças radicais não costumam emergir das instituições políticas e econômicas vigentes, mas por meio de múltiplos conflitos conduzidos e vencidos por atores emancipatórios contra aqueles que defendem e se beneficiam do status quo. Esperamos, portanto, que nosso livro e o desenvolvimento contínuo de seu argumento, inspirado pela crítica, também contribuam para construir uma ponte entre os dois campos da esquerda que mencionamos no início.

Gostaríamos de agradecer a todos que se engajaram na tarefa de criticar e desenvolver nosso argumento após a publicação da versão alemã desta obra: críticos, entrevistadores, comentaristas e aqueles que nos enviaram suas opiniões por correspondência. Agradecemos também aos colegas que nos deram a chance de apresentar e discutir nosso conceito: Miriam Lang, da Universidade Andina Simón Bolívar, em Quito; Huan Qingzhi, da Universidade de Pequim; Stefan Aykut e Christoph Bonneuil, que organizaram a conferência Anthropocene, em Paris; Christian Denzin, da Fundação Friedrich Ebert, no México; John Holloway, da Universidade Autônoma de Puebla; Alejandro Pelfini, da Faculdade Latino-Americana de Ciências Sociais (Flacso) em Buenos Aires; Jorge Rojas, da Universidade de Concepción, e Aaron Tauss, da Universidade de Medellín.

Nós dois tivemos a sorte de participar do grupo de pesquisa sobre sociedades do pós-crescimento DFG Postwachstumgesellschaften, na Universidade Friedrich Schiller, de Jena. A atmosfera intelectualmente muito produtiva criada por esse grupo nos ofereceu a possibilidade de desenvolver nossas ideias e, ao mesmo tempo, nos desafiou a aprimorar nossos argumentos.

1. Nas fronteiras de um modo de vida

Nenhum comum é possível a menos que nos recusemos a basear nossa vida e nossa reprodução no sofrimento dos outros, a menos que nos recusemos a nos enxergar como separados deles.
— Silvia Federici (2019, p. 317)

A ocasião deste livro

Em fevereiro de 1994, um artigo do jornalista Robert D. Kaplan, intitulado "A anarquia iminente", foi publicado na revista estadunidense *The Atlantic Monthly* (Kaplan, 1994). No texto, Kaplan usa o exemplo da África Ocidental para examinar o desenvolvimento político e social do assim chamado "mundo subdesenvolvido", e pinta um quadro extremamente sombrio. Os efeitos de sua descrição são reforçados pelas fotos impactantes que a ilustram: ruas congestionadas em megacidades, favelas, crianças-soldados, rios poluídos e cenas de guerra civil. A mensagem é clara: com o fim da Guerra Fria, o Norte global perdera interesse no Sul, que então ameaçava naufragar no caos, tornando-se foco de violência, Estados falidos, epidemias, "superpopulação" e devastação ecológica.

A intenção do artigo não era apenas apontar o sofrimento humano ou traçar as conexões entre a prosperidade do Norte e os conflitos do Sul. Interessava muito mais a Kaplan esboçar os contornos de uma ordem mundial na qual a livre competição entre Estados-nação é substituída por uma miríade anárquica de conflitos "culturais" e religiosos. Para além disso, ele alertava que a propagação da "anarquia" do Sul global representa uma ameaça à ordem e aos países do Norte, e previa as consequentes tensões para suas sociedades culturalmente heterogêneas.

Kaplan atribuiu especial relevância aos problemas ecológicos decorrentes da escassez de recursos e da destruição ambiental:

> Está na hora de reconhecer o "meio ambiente" pelo que realmente é: *a* questão de segurança nacional do início do século XXI. O impacto político e estratégico de populações em crescimento, propagação de doenças, desmatamento e erosão do solo, esgotamento da água, poluição do ar e, possivelmente, aumento do nível do mar em regiões críticas e superpovoadas, como o Delta do Nilo e Bangladesh — desdobramentos que vão impulsionar as migrações em massa e, por sua vez, incitar os conflitos entre grupos —, serão o desafio central da política externa, gerando vários outros problemas, levantando multidões e unindo os mais diversos interesses remanescentes da Guerra Fria. (Kaplan, 1994, p. 58)

Vinte e cinco anos após a publicação do artigo de Kaplan, políticos europeus disputam entre si a aplicação de propostas e medidas concretas de dissuasão e defesa contra seres humanos que, movidos pelo desespero existencial e pelo desejo de uma vida melhor, tentam entrar na União Europeia. A rejeição a um número de refugiados considerado gerenciável em qualquer comparação internacional é enquadrada como questão de segurança nacional.[1] Cercas

---

1   Stephan Lessenich (2019, p. 155) aponta que, em números absolutos de refugiados aceitos, em meados de 2015, os países

são construídas, uma "comunidade de destino" é invocada e "limites máximos" são exigidos. É como se a elite política europeia, dividida por profundos conflitos de interesse, buscasse tornar a questão dos refugiados um exemplo, unindo-se para combater essa "ameaça à ordem nacional" — e, nesse caso, supranacional — com todas as suas forças.

Além disso, em 2016, outro elemento do diagnóstico de Kaplan ressurge: muitas pessoas às quais o estatuto de refugiado é negado, ou pode vir a sê-lo, parecem estar fugindo de seus territórios por razões fundamentalmente ecológicas. O aumento das temperaturas e os conflitos causados pela escassez crescente de recursos na agricultura e na mineração lhes roubaram a chance de uma vida livre de pobreza e violência. A guerra na Síria também deve ser incluída nessa conta, pois foi precedida por uma longa seca que inflamou o conflito social (Frey, 2016).

Desse modo, o ano de 2016 parece ter confirmado o cenário catastrófico previsto por Kaplan. Mais do que isso: forneceu também a justificativa material para a política europeia de negação de acolhimento. Se o "meio ambiente" se torna uma questão de segurança nacional, se apenas o Sul global enfrenta a revolta desse "meio ambiente" e, ainda, se o Sul afunda no caos de tal forma que a estabilidade política e o desenvolvimento econômico futuro dos Estados-nação se torna impensável, então o Norte global precisa se concentrar ostensivamente em defender as conquistas de sua civilização.

com a maior entrada estavam fora da União Europeia. "Na verdade", diz o autor, "a maioria deles [está] a uma distância bem definida: Turquia, Paquistão, Líbano, Irã e Etiópia ficaram no topo da lista, e os dez primeiros lugares foram ocupados exclusivamente por países asiáticos e africanos."

E, em nome desse nobre objetivo, deve manter distância das populações do Sul.

O único problema é que a legitimidade e a plausibilidade tanto do diagnóstico de Kaplan quanto da atual política de refugiados dependem da negação de duas correlações essenciais. Primeiro: seres humanos não são levados a abandonar seus lares somente por conta da "escassez" de recursos naturais e das "mudanças climáticas". Ao contrário, são as relações sociais injustas — acesso desigual à terra, à água e aos meios de produção — que tornam os recursos escassos e transformam o aquecimento global em uma ameaça à existência. Segundo: essas relações só podem ser compreendidas se olharmos além das condições imediatas das regiões afetadas, adotando uma visão mais abrangente para enxergar o Sul em seu contexto global. Só assim seremos capazes de entender as crises ecológicas e os conflitos violentos em toda sua complexidade.

Por trás dos embates dos assim chamados "grupos étnicos" hostis no Congo, por exemplo, está a demanda do Norte global pelo minério de coltan, um componente essencial na produção de telefones celulares e computadores. Em várias partes do mundo, os conflitos pela água parecem ser uma consequência inevitável da aridez trazida pelas mudanças climáticas. No entanto, só podemos compreendê-los ao vê-los como resultado da destruição da pequena agricultura, que tem sido crescentemente substituída pela agricultura industrial, operada por corporações do Norte global aliadas aos interesses das elites do Sul. No que se refere à migração de pequenos agricultores africanos para a Europa — rotulados como "ilegais", uma vez que suas razões não são reconhecidas pelas autoridades —, devemos voltar nossa atenção às políticas de exportação e agricultura da União Europeia. Sob essas políticas, produtos agrícolas altamente subsidiados são enviados à África, destruindo os mercados locais e a capacidade dos produtores de gerar renda (Schmidt & Sieron, 2016; Bauhardt, 2009; Dietz, 2011).

Desse ponto de vista, a análise de Kaplan perde plausibilidade, e as políticas da União Europeia, legitimidade. Essas políticas atuais podem ser entendidas como uma tentativa de defender um nível de prosperidade erguido sobre as costas de outros, à custa das demandas de quem tornou essa abundância possível.

Trata-se da consequência lógica de um modo de vida que depende da exploração global da natureza e do trabalho — remunerado e não remunerado —, que simultaneamente externaliza suas consequências sociais e ecológicas de diversos modos. Um exemplo é o dióxido de carbono (CO_2) emitido na produção de bens de consumo para o Norte global e absorvido pelo ecossistema do Hemisfério Sul (ou concentrado na atmosfera). Outro é a retirada de matérias-primas metálicas do Sul global, indispensáveis para a digitalização do Norte, ou, ainda, os impactos sobre os trabalhadores do Sul, que arriscam a saúde e a vida na extração de minerais e metais, na reciclagem do lixo eletrônico do Norte ou no trabalho fatigante das lavouras contaminadas por pesticidas, que produzem as frutas que o Norte consome.

O propósito deste livro

Consideramos que um modo de vida que depende dessas condições, e não menos desses modos de produção, merece ser chamado de modo de vida *imperial*. Com isso, queremos, em primeiro lugar, tornar visível o que está por trás do cotidiano de produção e consumo da população no Norte global, bem como de um número cada vez maior de pessoas no Sul, sem jamais lhes atravessar o limiar da percepção ou se tornar objeto de reflexão crítica. Nosso objetivo é compreender como a normalidade é produzida justamente pelo ocultamento da destruição na qual está enraizada. Em outras palavras: o tema deste livro são as práticas da vida cotidiana e as relações de poder sociais e internacionais que as sustentam, gerando e mantendo a dominação sobre os seres humanos e a natureza.

Em segundo lugar, pretendemos explicar como e por que esse senso de normalidade é produzido em tempos de acúmulo, agravamento e sobreposição das nossas crises em diversas áreas: reprodução social, ecologia, economia, finanças, geopolítica, integração europeia, democracia etc. Nesse contexto, o modo de vida imperial nos parece uma questão central. É como um paradoxo bem no epicentro da crise múltipla: um modo de vida que afeta e exacerba crises globais, como dito há pouco. Mudanças climáticas, destruição dos ecossistemas, polarização social, empobrecimento generalizado, destruição das economias locais e tensões geopolíticas são questões que, até recentemente, eram tidas como superadas desde o fim da Guerra Fria (1947-1991). Mais do que isso: esse modo de vida é o próprio criador dessas crises. Ao mesmo tempo, porém, ele estabiliza as relações sociais nos países em que concentra seus benefícios. Afinal, teria sido muito mais difícil garantir a reprodução das classes sociais inferiores do Norte global após a crise de 2007 sem a comida barata produzida *em outro lugar*, a custos tão altos para os seres humanos e a natureza desses lugares. Deixamos claro que, com isso, não se pretende de forma alguma minimizar o aumento da desigualdade social causado pela crise no Norte (Milanovic, 2017; Piketty, 2014).

Em terceiro lugar, gostaríamos de mostrar como as crises e os conflitos contemporâneos se manifestam a partir das contradições intrínsecas ao modo de vida imperial. Muitos dos problemas que se agravam hoje se devem ao fato de que esse modo de vida continua a se perpetuar, mesmo à custa da autodestruição. Por sua própria natureza, ele implica o acesso desproporcional aos recursos naturais e humanos numa escala global — ou seja, em algum "outro lugar". Além disso, demanda que outros neguem a própria fatia da riqueza que lhes é de direito. Quanto menos esses "outros" estiverem dispostos a aceitar essa demanda, ou quanto mais se vejam, eles mesmos, *dependentes* do acesso a "outros lugares", a recursos externos e a sua imposição de custos, mais cedo o modo de vida imperial vai minar suas condições de existência.

É nessa exata situação que nos encontramos hoje. À medida que países emergentes como China, Índia e Brasil se desenvolvem como economias capitalistas, suas classes médias e altas adotam as práticas e representações da "boa vida" típicas do Norte global, aumentando também sua demanda por recursos e a necessidade de se externalizarem custos, como as emissões de CO_2. Consequentemente, eles se tornam concorrentes do Norte global, não apenas no âmbito econômico, mas também no ecológico. O resultado são as tensões ecoimperiais que se cristalizam nas políticas climáticas e energéticas ao redor do mundo, por exemplo. Além disso, um número cada vez menor de pessoas no Sul global estará preparado para arriscar sua existência em nome do modo de vida imperial do Norte. O fluxo atual de refugiados e imigrantes também deve ser visto sob essa ótica. Tal fenômeno evidencia, inclusive, o poder de atração que o modo de vida imperial exerce sobre aqueles que, até então, não haviam tido a chance de fazer parte dele: os refugiados buscam segurança e uma vida melhor, o que é muito mais fácil de se alcançar no modo de vida dos grandes centros do capitalismo do que em qualquer outro lugar.

Isso também explica por que o lado violento e repressor do modo de vida imperial — como os conflitos por matérias-primas e a rejeição aos refugiados — se revela tão claramente hoje em dia. Esse modo de vida é baseado na exclusividade e só pode se sustentar enquanto houver um "outro lugar" disponível para arcar com seus altos custos. Ocorre que esse "outro lugar" está se esgotando, porque um número cada vez maior de sociedades ganha acesso a esse modo de vida e porque há cada vez menos povos capazes ou dispostos a pagar o preço da externalização. Consequentemente, o modo de vida imperial está se tornando vítima de seu próprio apelo e de sua própria universalização.

Tudo o que resta aos centros do capitalismo é tentar estabilizar seu modo de vida por meio do isolamento e da exclusão. As forças responsáveis pela execução dessa política, que abrangem desde sociais-democratas até liberais e conservadores, reproduzem exatamente aquilo que dizem combater: autoritarismo, racismo e nacionalismo. A ascensão dessas forças reacionárias em muitos lugares também se deve à forma como se apresentam enquanto reais garantidoras da exclusividade do modo de vida imperial — exclusividade ora sob ameaça. Além disso, ao contrário de seus concorrentes do establishment burguês, os grupos autoritários, racistas e nacionalistas conseguem relegar seus apoiadores a uma posição subordinada e, ao mesmo tempo, libertá-los de sua passividade pós-democrática. Nora Räthzel denominou oportunamente esse mecanismo como "autossubjugação rebelde", em referência ao racismo que emergiu na Alemanha no início dos anos 1990. Dessa forma, é permitido às pessoas "constituírem a si mesmas como agentes em circunstâncias que estão além de seu controle" (Räthzel, 1991, p. 25).[2]

---

2   Ver também o artigo informativo de Christoph Butterwegge (2016) a respeito da sobreposição entre populismo de direita

Em quarto lugar, se esse diagnóstico estiver correto, as demandas por uma alternativa deveriam ser formuladas de modo mais radical do que o proposto até então no debate socioecológico corrente. Nesse caso, não adianta mais reivindicar uma "revolução verde" (Fücks, 2013) ou um novo "contrato social", nos termos do Conselho Consultivo Alemão para Mudanças Globais (Wissenschaftlicher Beirat der Bundesregierung Globale Umweltveränderungen, 2011), e, a despeito da retórica contundente, seguir ignorando a economia política do problema e o próprio modo de vida imperial. Tampouco será suficiente esperar, de forma implícita ou explícita, que a política oficial finalmente tire as devidas conclusões a respeito da irrefutável e cientificamente comprovada

e neoliberalismo. O autor analisa o aparente paradoxo de que a classe média baixa vota pela direita, embora partidos como AfD busquem uma agenda neoliberal que vai contra os interesses materiais do eleitorado. De acordo com Butterwegge, isso se deve, primeiramente, às ideias de calor e segurança que, "tal qual um ninho", emergiriam da "comunidade popular" (*Volksgemeinschaft*) prometida pela direita. Butterwegge também identifica o "nacionalismo local" como uma característica importante partilhada pelo populismo de direita e pelo neoliberalismo. O nacionalismo local implica não apenas superar outros países economicamente, mas também discriminar, dentro e fora do território nacional, grupos que são declarados incapazes ou dos quais se diz que se recusam a contribuir e que, portanto, devem ser excluídos das realizações supostamente obtidas por meio da eficiência econômica local e nacional. O autor afirma que a sobreposição mais importante entre o neoliberalismo e o populismo de direita está "na convicção de que devemos nos orgulhar da 'posição econômica da Alemanha' e procurar melhorá-la para garantir a prosperidade de todos. O neoliberalismo cria o terreno ideal para o nacionalismo local, o darwinismo social e um chauvinismo burguês, concentrando-se nessa disputa de performance com outras localidades econômicas".

crise ecológica — sem contar que o suposto corpo administrativo do "Estado" não é, de modo algum, uma potencial ameaça para o modo de vida imperial, muito pelo contrário: é um estágio essencial em sua salvaguarda institucional.

A crise ecológica deve, em vez disso, ser reconhecida pelo que de fato é: uma clara indicação de que os padrões de produção e consumo do Norte global, que se desenvolveram com o capitalismo e hoje se tornaram universais, só podem ser preservados em sua condição moderna à custa de ainda mais violência, destruição ecológica e sofrimento humano — e, a essa altura, em uma parte cada vez menor do mundo. Estamos diante de um acúmulo sem precedentes de contradições, que resultam de uma política autoritária baseada na desigualdade social e em uma progressiva exploração da natureza. A reprodução da sociedade e de suas bases biofísicas estão se perdendo no imperativo do crescimento capitalista. Vivemos, portanto, em meio a uma crise da própria gestão de crise — uma crise de hegemonia e do Estado.

A partir desse quadro, as múltiplas alternativas disponíveis precisam ser analisadas com base em sua perspectiva de generalização e unificação, de modo a aumentar sua eficácia social: até que ponto os movimentos por democracia energética, soberania alimentar e economia solidária propõem um processo de socialização (*Vergesellschaftung*) democrático no sentido forte, e, portanto, ancorado no princípio de que todos têm direitos iguais nas decisões cujas consequências os afetam? Essa é, em nossa visão, uma das questões centrais, pois aponta para um princípio de ordem social diametralmente oposto ao modo de vida imperial.

A estrutura deste livro

Na seção anterior, esboçamos os principais temas que serão discutidos no texto a seguir.[3] Iniciaremos o segundo capítulo com a análise dos problemas recentemente condensados na ideia de uma "crise múltipla" e gerenciados de modo crescentemente autoritário. O mais impressionante sobre esse método de gestão de crise é que ele não é apenas autoritário, mas também ferozmente contestado no mundo todo. Entre os Estados-nação da Europa, nos marcos da União Europeia, em suas relações com os Estados Unidos e mesmo dentro das instituições de política ambiental global, há ideias contrárias sobre como lidar com os abalos econômicos, políticos e ecológicos dos últimos anos. Até mesmo o autoritarismo crescente, que alcançou um novo patamar com a eleição de políticos como Donald Trump e Jair Bolsonaro, pode ser interpretado como um reflexo da incerteza que se espalhou entre as elites políticas (Lucke, 2016). A burguesia "média" parece ter perdido a habilidade de formular projetos hegemônicos e conduzir a política. Nesse ínterim, um consenso emerge entre as comunidades políticas e científicas da esquerda liberal: de que esses vários fenômenos de crise podem ser enfrentados coletivamente, por meio de uma modernização ecológica da economia nacional. Infelizmente, suas respectivas abordagens não são apenas muito incertas; elas também deixam incólumes

---

3   Partes do capítulo 2 foram publicadas originalmente em Brand (2016a), ao passo que as seções no capítulo 5 sobre o crescimento da demanda por fontes de energia fóssil foram retiradas de Wissen (2016). No capítulo 7, a exposição sobre as possibilidades do capitalismo verde foi parcialmente publicada em Wissen (2014).

os problemas-chave da crise múltipla que enxergamos no modo de vida imperial.

O terceiro capítulo apresenta uma definição conceitual mais precisa desses problemas centrais. É nele que introduzimos o "modo de vida imperial" como uma categoria que faz a mediação entre a vida social e as estruturas básicas segundo as quais se organiza. Nosso intuito é expor os mecanismos que normalizam as relações de força e dominação inerentes a essas estruturas. Com base em várias tradições do pensamento crítico, sobretudo Karl Marx, Antonio Gramsci, a teoria feminista, Pierre Bourdieu e Michel Foucault, distinguimos as múltiplas dimensões do conceito de "modo de vida imperial". Dessa forma, não apenas destacamos o fenômeno da externalização, já esboçado anteriormente, como também evidenciamos os padrões de hierarquização social no Norte global como um aspecto central do modo de vida imperial. Pretendemos demonstrar como as relações de classe, gênero e raça são usadas para mediar a responsabilidade pelos padrões social e ecologicamente destrutivos de consumo e produção, bem como a utilidade que deles decorre. A dupla natureza do modo de vida imperial, então, torna-se evidente: é, ao mesmo tempo, um condicionante estrutural e uma ampliação da margem de ação.

Os capítulos 4 e 5 esboçam brevemente a história do modo de vida imperial, de seus primórdios coloniais até sua generalização atual. O ponto central é o fordismo, que moldou os centros do capitalismo dos anos 1950 até a década de 1970, levando a um nível de riqueza material até então desconhecido — e, ao mesmo tempo, fundamentado na desigualdade social. O fordismo é elucidativo, sobretudo, de como os padrões de consumo caracterizados por altas emissões de gases causadores do efeito estufa e uso intensivo de recursos foram difundidos das classes altas para as classes médias e baixas do Norte global, lançando as bases para a crise social e econômica de hoje.

O capítulo 5 se inicia com uma "janela de oportunidade" política: a crise do fordismo nos anos 1970. Ela representou a exaustão do potencial econômico de um modelo específico de acumulação, mas também uma crise social generalizada em que movimentos sociais novos e antigos politizaram os modos de trabalho dominantes, a vida comunitária e a exploração do mundo natural. Essa janela, contudo, se fechou tão rápido quanto se abriu. O que se seguiu foi um aprofundamento do modo de vida imperial nos centros do capitalismo e sua propagação para um número ainda maior de países da periferia. Logo, as tensões econômicas e geopolíticas mais recentes devem ser compreendidas, a nosso ver, pelo prisma da universalização de um modo de vida que simplesmente não pode ser universalizado.

O sexto capítulo examina a história e o formato atual do modo de vida imperial em um segmento específico da sociedade que concentra muitas de suas linhas de desenvolvimento: a "automobilidade", ou a produção e o uso de automóveis. Partimos da constatação do aumento da demanda por veículos com alto consumo de recursos e emissão de carbono, como os suvs (*sport utility vehicles*, ou utilitários esportivos), a despeito da crescente conscientização sobre a crise ecológica. Podemos compreender esse paradoxo ao analisar o uso de automóveis considerando as mudanças nas formas de subjetividade e relações de classe e gênero. Nesse cenário, dirigir um suv é expressar a subjetividade automotiva do capitalismo neoliberal, de uma resposta excludente às ameaças sociais e ecológicas e à competição que penetrou todas as esferas da vida social. É um tipo de comportamento que, na realidade, reproduz e intensifica o fenômeno ao qual finge reagir.

A mera modernização ecológica da automobilidade e de outras áreas da vida social não mudará as condições e consequências do modo de vida imperial. Na verdade, essa abordagem representa uma das falsas alternativas que examinaremos no sétimo capítulo. "Falso", entretanto, não significa "ineficaz". Ao contrário: as políticas da *economia verde* que vemos surgir em vários lugares poderiam ser perfeitamente transformadas em um projeto chamado *capitalismo verde*. Os governos de direita, os neoliberais e, até certo ponto, os social-democratas podem garantir que esse capitalismo verde inclua também os elementos fósseis. Além disso, o problema básico de produzir e externalizar custos socioecológicos permaneceria inalterado nesse capitalismo verde. Para superar esse modelo, temos que desafiar não apenas "como", mas também "o que" está envolvido em nossa produção e em nosso consumo.

Por fim, dedicamos o oitavo capítulo aos atores políticos e sociais que assumiram esse desafio, àqueles que não se resignaram com uma modernização ecológica do modo de vida imperial e buscam superá-lo. Evidentemente, é impossível fazer jus, em tão poucas páginas, à variedade de alternativas imaginadas e praticadas. Portanto, em vez de trazer um estudo exaustivo, procuramos apresentar de forma sistemática o conhecimento atual e os desafios estratégicos tal como os vemos: formas de contra-atacar ou resistir ao avanço ininterrupto do modo de vida imperial. Exemplos residem na oposição ao Acordo de Parceria Transatlântica de Comércio e Investimento (TTIP); na criação e proteção de espaços livres onde algo novo pode nascer, como, por exemplo, a campanha por democracia energética e soberania alimentar; e na expansão de alternativas naquelas áreas da sociedade em que o crescente desconforto com o modo de vida imperial ainda busca formas progressistas de articulação.

2. Crise múltipla e transformação socioecológica

Essa subversão contínua da produção, esse abalo constante de todo o sistema social, essa agitação permanente e essa falta de segurança distinguem a época burguesa de todas as precedentes.
— Karl Marx e Friedrich Engels (2010, p. 43)

Vivemos tempos paradoxais. De um lado, há uma ampla discussão política e social sobre a crise ecológica, em particular sobre as mudanças climáticas. Em muitos países, até mesmo o tema da transição energética tem ganhado importância. A política ambiental é destaque na mídia e em uma miríade de estudos publicados, e é difícil estimar o número de conferências dedicadas a aspectos específicos das crises ecológicas e das respostas a elas. Afinal, há anos as políticas estatais e suas medidas administrativas enfatizam fortemente a sustentabilidade — a ideia já chegou a muitas empresas e a suas associações corporativas, além de alcançar um número crescente de trabalhadores e sindicatos. O meio ambiente e a sustentabilidade se tornaram pautas permanentes no currículo escolar, e as universidades dedicam aos temas ampla gama de programas de estudos especializados e cursos superiores em seus departamentos tradicionais.

Algo está sendo feito — e há uma longa história por trás de todos esses debates e atividades. A transição para as energias renováveis, por exemplo, teria sido inconcebível sem o movimento ambientalista na Alemanha

Ocidental, atuante desde os anos 1980, ou sem os conflitos intensos acerca do papel da energia nuclear; tampouco teria sido possível sem os pioneiros locais e nacionais que começaram essa transição antes mesmo da criação do conceito. Na Áustria, o referendo da usina nuclear Zwentendorf, em 1978, e os conflitos em torno da central hidrelétrica da planície de Hainburger, no início dos anos 1980, foram marcos históricos da conscientização política e ambiental na Europa.

Logo, é ainda mais paradoxal que a destruição do meio ambiente esteja avançando mais rápido e com maior abrangência do que nunca, como mostram estudos e relatórios alarmantes. O consumo global de recursos triplicou desde os anos 1970, acelerando-se de forma súbita na virada do milênio, segundo o Programa das Nações Unidas para o Meio Ambiente (United Nations Environment Programme, 2016a). A transformação social e ecológica necessária foi alcançada apenas em algumas áreas, e de forma insuficiente.[1] Para completar, nos lugares onde se deu essa reestruturação, ela foi contraposta por desdobramentos completamente insustentáveis: o automóvel médio está se tornando maior, os motores estão ficando mais potentes, as viagens de avião só aumentam, o consumo de carne continua altíssimo na maioria dos países do Norte global, e os smartphones[2] — cuja produção, do ponto de vista ecológico, é absolutamente insustentável — tornaram-se, de maneira muito rápida, recursos indispensáveis da vida cotidiana. A partir desse cenário, voltemos a atenção aos desenvolvimentos recentes.

---

1 Para a revisão das tendências de longo prazo, ver Winiwarter *et al.* (2011).

2 Em vários lugares, o número de pessoas que usam um smartphone mais que dobrou entre 2013 e 2019. Na Alemanha, passou de 29,6 milhões para 55,5 milhões, ao passo que na Rússia foi de 34,4 milhões para 73,3 milhões. Na Turquia, esse uso mais que triplicou, passando de quinze milhões para 48 milhões de pessoas (Statista, 2015).

Da crise dupla à crise múltipla

Há quase trinta anos, no Rio de Janeiro, proclamou-se a era do "desenvolvimento sustentável", em um importante marco de nosso tempo. Na Conferência das Nações Unidas sobre o Meio Ambiente e o Desenvolvimento (também conhecida como Rio-92, Eco-92 ou Cúpula da Terra), em junho de 1992, a assim chamada comunidade global pretendia dar um sinal verde ao enfrentamento da "dupla crise" do meio ambiente e do desenvolvimento (Unmüssig, 1998). Após o fim da Guerra Fria, com o aumento da consciência ambiental em vários países e o fracasso óbvio das estratégias clássicas de desenvolvimento, que encobriram a questão ecológica, houve uma tentativa de reorientação. As chamadas "convenções do Rio", que tratavam de biodiversidade e mudanças climáticas, bem como a Agenda 21, tinham a intenção de criar um enquadramento global para políticas locais, nacionais e regionais. No plano internacional, a ideia de uma "gestão global do meio ambiente" começou a tomar forma (Görg & Brand, 2002). Pensava-se que, se ao menos fossem criadas as condições e os incentivos políticos adequados, os problemas poderiam ser resolvidos e a reestruturação social e ambiental poderia avançar. Assim se estabeleceu o consenso acerca do deslumbrante conceito estrutural do "desenvolvimento sustentável".

As vozes críticas já observavam naquele momento que, apesar dos objetivos ambiciosos, muitos tópicos necessários *não eram* abordados — entre eles, por exemplo, a globalização capitalista, que não era sequer um tema de discussão, embora as negociações por uma organização mundial do comércio estivessem em curso desde meados dos anos 1980 e a Organização Mundial do Comércio (OMC) finalmente tenha se concretizado em 1995. A OMC foi criada a partir do mesmo espírito que permeou as políticas ambientais internacionais: tanto a Convenção-Quadro das Nações Unidas sobre a Mudança do Clima (UNFCCC) quanto a Convenção sobre Diversidade Biológica privilegiaram, essencialmente, os mecanismos de mercado no combate à crise ecológica. A relação imperial entre o Norte e o Sul globais também não foi alvo de debate, e o então presidente dos Estados Unidos, George H. W. Bush, já havia reafirmado que o estilo de vida estadunidense (*American way of life*) era inegociável. Apenas um ano e meio antes da Eco-92, a Guerra do Golfo (1990-1991) se tornara uma expressão da Nova Ordem Mundial anunciada. Após a conferência do Rio de Janeiro, quase ninguém pensou em questionar se as instituições políticas existentes — locais, nacionais ou internacionais — seriam capazes de resolver, em algum nível, os problemas enumerados. Ao contrário: os debates sobre a globalização e o enfraquecimento ou a transformação do Estado mal tiveram lugar nas discussões sobre o desenvolvimento sustentável — e, até aqui, a confiança nas instituições e nos governos era alta (Park *et al.*, 2008).

Entre 2007 e 2008, as crises econômicas e financeiras transformaram a discussão sobre sustentabilidade. As políticas ambientais foram colocadas sob pressão, e o foco mudou para o "núcleo dos negócios", ou seja, para garantir o crescimento capitalista, a produção e os empregos. Os subsídios para o sucateamento de veículos antigos na Alemanha e na Áustria são um bom exemplo de como as empresas, os sindicatos e os governos estabilizaram um setor-chave da indústria com uma perspectiva de curto prazo. Como parte de seu "pacote de recuperação" de 2009, o governo alemão promoveu a compra de veículos novos com um "bônus ambiental" de 2,5 mil euros (totalizando cinco bilhões de euros). Mais de 1,75 milhão de carros zero-quilômetro foram comprados por meio desse programa, entre janeiro e setembro de 2009. Na Áustria, foram trinta mil novos veículos adquiridos com um subsídio governamental de 1,5 mil euros por carro, em um esforço para apoiar a indústria automobilística. As medidas fizeram sentido em uma perspectiva econômica de curto prazo, pois permitiram que as empresas mantivessem seu quadro de funcionários sem suspender contratos de trabalho e sustentassem sua capacidade produtiva, que, de outra forma, teria sido reduzida. Esses bônus também traziam um viés social, uma vez que apoiavam tanto as grandes indústrias quanto seus trabalhadores sindicalizados, bem pagos e predominantemente homens. Contudo, outros setores igualmente relevantes para a economia — como o trabalho de cuidado, por exemplo — não contavam com o mesmo apoio. Além disso, estabilizar um único setor de uma indústria que requer uma reorganização radical é profundamente problemático, não só do ponto de vista econômico de longo prazo como também da perspectiva ambiental. É fato que carros novos costumam emitir menos poluentes do que os modelos mais antigos. No entanto, considerando que a "bagagem ecológica" (*ecological rucksack*) de um carro — a quantidade total de materiais e energia utilizados em sua produção, uso e descarte — é amortizada durante toda a sua vida útil, o débito ecológico residual será muito maior se o veículo for descartado antes do tempo. E foi exatamente isso que o bônus de sucateamento incentivou (Schwarzer, 2011).

A despeito desse tipo de política alheia à questão ecológica, esses também foram tempos de repolitização da crise ambiental, particularmente devido ao fracasso da Conferência das Nações Unidas sobre Mudanças

Climáticas de 2009, em Copenhague, e à emergência de um movimento global por justiça climática. Entre os eventos que causaram essa mudança de curso destaca-se o desastre nuclear de Fukushima, no Japão, em março de 2011, que alavancou a promoção das energias renováveis em vários países (ou, ao menos, naqueles onde essa causa se tornou um objetivo político devido à tragédia). Outro exemplo foi a tensão nos preparativos para a Conferência do Clima em Paris, no final de 2015, quando o tema da vez era o Acordo de Paris, destinado a suceder o Protocolo de Kyoto, assinado em 1997.

Em comparação com os debates sobre políticas ambientais dos anos 1990, a situação havia mudado claramente em dois aspectos. Um deles foi o crescimento econômico espetacular de alguns países em desenvolvimento e o consequente aumento da prosperidade para uma parte dessas populações, ao custo de um salto gigantesco na extração e no uso de recursos naturais — e um aumento súbito na emissão de gases de efeito estufa. Ainda hoje, várias nações com economias emergentes apresentam níveis mais altos de emissão de CO_2 em números absolutos — ou seja, não per capita — do que muitos países da Organização para a Cooperação e Desenvolvimento Econômico (OCDE), o chamado "clube dos países ricos". É uma tendência crescente: a China, por exemplo, emitiu cerca de 9,8 bilhões de toneladas de CO_2, ou sete toneladas per capita, enquanto os Estados Unidos emitiram 5,3 bilhões, somando, ainda assim, dezesseis toneladas per capita (Global Carbon Project, 2020). Coloquemos esses números em perspectiva: o Conselho Consultivo Alemão para as Mudanças Globais (WBGU) propôs que cada pessoa tivesse uma "cota" anual máxima de 2,7 toneladas de CO_2 à sua disposição entre 2010 e 2050 (Wissenschaftlicher Beirat der Bundesregierung Globale Umweltveränderungen, 2009). Isso significa que não se deveria exceder essa quantidade de consumo anual, o que garantiria uma probabilidade de 66% de se cumprir a principal meta climática: não aumentar a temperatura do planeta em mais de dois graus Celsius.[3] Deve-se lembrar que o crescimento populacional não é contabilizado nessa estimativa.

O segundo aspecto é que, desde o início da crise de 2007 e 2008, reconheceu-se que o fenômeno é múltiplo, isto é, engloba várias crises que se propagam (Demirović *et al.*, 2011). Dessa forma, as preocupações ambientais também são consideradas, ao lado da crise econômica e financeira. Um *think tank* da esquerda liberal de Londres chamado New Economics Foundation tem falado de uma "crise tripla", ou seja, um colapso de três dimensões: a combinação entre a crise dos mercados financeiros, das mudanças climáticas e do esgotamento dos recursos naturais (New Economics Foundation, 2010). Entretanto, a ideia de crise múltipla inclui outros elementos: a crise da representação política

---

3   A meta postula que um aumento na temperatura global média deve ser limitado a dois graus Celsius em relação à temperatura da era pré-industrial. Até esse ponto, pressupõe-se que a mudança climática permanecerá gerenciável, evitando-se atingir os chamados pontos da virada (*tipping points*), a partir dos quais os efeitos das mudanças climáticas seriam fortemente sentidos (como o degelo do *permafrost* [pergelissolo], que liberaria grandes quantidades de metano, um dos gases de efeito estufa). A meta é controversa, porque os pontos de virada e as condições sob as quais seriam atingidos (a concentração de gases de efeito estufa na atmosfera) não podem ser determinados com exatidão. Além disso, a elevação em dois graus Celsius já será demais para muitos países, pois prejudicará as condições de vida, sem necessariamente tornar as mudanças climáticas incontroláveis em escala global. É por isso que, no Acordo de Paris, buscou-se limitar o aquecimento a 1,5 grau Celsius. Ver Intergovernmental Panel on Climate Change (2018).

e dos partidos, por exemplo, também faz parte do cenário, uma vez que se tende a confiar menos na capacidade de resolução da política institucional. Foi justamente a crise de 2008 que revelou que os partidos conservadores, liberais e social-democratas representam, acima de tudo, os interesses da elite. Isso levou à formação de novos partidos em muitos países, ou ao fortalecimento daqueles que eram insignificantes. Na maioria das nações europeias, os partidos que se beneficiaram dessas mudanças estão à direita ou à extrema direita. Por outro lado, na Grécia, em Portugal, na Eslovênia e na Espanha, inicialmente foram os partidos de esquerda que se revitalizaram.[4] Desde o verão de 2015, regimes que já tendiam ao autoritarismo e à violência no tratamento dos grupos opositores responderam com intensa repressão, como foi o caso na Turquia. Aumentou a brutalidade das guerras civis, como a da Síria, enquanto os efeitos da globalização capitalista em outros países se tornaram mais óbvios e visíveis do que nunca.

Condições de vida já precarizadas estão se tornando insuportáveis sob a pressão da competitividade global. O movimento dos refugiados (a dita "crise dos refugiados") é uma reação a um cenário em que cada vez mais pessoas não veem futuro em seus próprios países. Muitos do Norte global têm se solidarizado com os refugiados, enquanto outros respondem com um racismo escancarado. Além dessas tensões, também vivenciamos uma crise da reprodução social causada pelo empobrecimento, pela

---

4 Sobre isso, ver os debates na revista *PROKLA* ("Editorial", 2015; "Religion, Ökonomie und Politik" [Religião, economia e política], 2016; "Ökonomie der Flucht und der Migration" [Economia da fuga e da migração], 2016; "Energiekämpfe: Interessen, Kräfteverhältnisse und Perspektiven" [Desafios energéticos: interesses, relações de poder e perspectivas], 2016; "Ausnahmezustand: Barbarei oder Sozialismus?" [Estado de sítio: barbárie ou socialismo?], 2016).

decomposição social e pelo rompimento das redes de segurança social. Isso nos levou, consequentemente, a uma crise das relações de gênero, dado que há uma sobrecarga de estresse sobre as mulheres com o trabalho adicional (Federici, 2019; Wichterich, 2013; Aulenbacher *et al.*, 2015b; Hajek & Opratko, 2016).

A crise múltipla assume as mais diversas formas em diferentes países, grupos populacionais e indivíduos. Ainda assim, porém, cabe falar em uma crise *mundial*. Há quase trinta anos, ficou claro que a "crise dupla" do meio ambiente e do desenvolvimento afetaria, primeiramente, os povos do Sul global. Hoje, temos uma crise múltipla enraizada no modelo de desenvolvimento *global*.

Os dezessete Objetivos de Desenvolvimento Sustentável (ODS) concretos e operacionais são uma expressão clara desse fenômeno. Eles foram adotados como parte da Agenda 2030 para o Desenvolvimento Sustentável, firmada na Assembleia Geral da Organização das Nações Unidas (ONU) em 2015, após um processo de três anos. Somente o tempo dirá se testemunharemos mudanças significativas ou se os esforços seguirão o caminho da modernização ecológica (ver capítulo 7). Para nossos propósitos, no entanto, o importante é notar que, se as metas de desenvolvimento adotadas em 2001, chamadas de Objetivos de Desenvolvimento do Milênio (ODM), foram fortemente orientadas aos países do Sul e a seus tópicos clássicos de desenvolvimento, então os ODS se aplicam a todos os países e imputam um alto valor às questões socioecológicas.

O preâmbulo dos ODS estabelece parâmetros elevados: "Se realizarmos plenamente nossas ambições da Agenda, a vida de todos mudará para melhor e nosso mundo será completamente transformado"

(Organização das Nações Unidas, 2015; Rivera, 2015; Martens & Obenland, 2016). Alguns dos objetivos, por exemplo, incluem a eliminação gradual de subsídios para combustíveis fósseis e exportações agrícolas (objetivos 12.c e 2.b). Em um dos documentos firmados pelos 193 países signatários do acordo, há inúmeros compromissos. As empresas privadas devem ser "encorajadas" a introduzir práticas sustentáveis e relatórios de sustentabilidade (objetivo 12.6). O objetivo 8 prevê o trabalho digno e o "crescimento econômico contínuo, inclusivo e sustentável".

Os ODS podem ser interpretados como um pressentimento das elites políticas globais de que, primeiramente, as estratégias clássicas de desenvolvimento do mercado capitalista estão em decadência, ao menos no contexto da crise múltipla e ecológica; em segundo lugar, de que as políticas imperiais de controle sobre vastas regiões do mundo já não são gerenciáveis; e, por fim, de que certo mecanismo possivelmente ficou no passado: o da externalização das crises e seus efeitos negativos a outras regiões, especificamente no Sul global, ou na forma de eventos futuros e distantes — algo particularmente flagrante nos casos de mudança climática e resíduos nucleares.

Uma grande transformação?

Atualmente, os discursos multifacetados em torno do desenvolvimento sustentável e suas aplicações por meio dos ODS e outras estratégias, como a economia verde (ver capítulo 7), permanecem altamente relevantes. Também se vê no ar uma ideia ainda mais abrangente: ao acompanhar as discussões científicas dos últimos anos, parecemos entrar em uma era de transformação, uma grande transformação socioecológica, em direção à sustentabilidade (Wissenschaftlicher Beirat der Bundesregierung Globale Umweltveränderungen, 2009; Jonas & Littig, 2017; Brand & Wissen, 2017; Brie *et al.*, 2018; Görg *et al.*, 2017). Até mesmo o acordo dos ODS é intitulado *Transformando nosso mundo: a agenda 2030 para o desenvolvimento sustentável*. Da mesma forma, por mais de duas décadas, a ideia de desenvolvimento sustentável tem sido uma concepção ambiciosa de transformação que pretende abrir um espaço político e estratégico para confrontar os graves problemas de nosso tempo.

Entre os falantes de alemão, o relatório do WBGU publicado em 2011 ainda é uma referência importante. O argumento central do estudo pontua que as sociedades precisam migrar sua base energética para as alternativas renováveis (Wissenschaftlicher Beirat der Bundesregierung Globale Umweltveränderungen, 2011). São utilizados jargões como "descarbonização" e superação da economia "fóssil-nuclear", as quais deveriam ser alcançadas por meio do desenvolvimento de energias renováveis, da redução do consumo de energia e do aumento da eficiência energética. A mudança deveria ocorrer primeira e principalmente nos países pioneiros da industrialização, onde são mais urgentes, mas deve se estender ao mundo todo. O relatório do WBGU, assim como outros estudos sobre a transformação, examina o processo de passagem para a sustentabilidade e pretende impulsionar essa transição, bem como acrescentar outras medidas.

No entanto, o conceito de transformação não é, de forma alguma, tão proeminente quanto o de "desenvolvimento sustentável". Ainda assim, exerce um papel semelhante nas discussões acadêmicas e políticas da atualidade: situar a crise ecológica em um contexto mais amplo.

O conceito de "transformação" é tão vago quanto o de "desenvolvimento sustentável". Em uma definição representativa, pode ser entendido como uma mudança "fundamental" que questiona e desafia os valores e as práticas rotineiras, alterando as perspectivas prévias para racionalizar novas decisões e caminhos (Nalau & Handmer, 2015, p. 351). Trata-se, portanto, de "alterações das características sistêmicas da sociedade, que englobam mudanças sociais, culturais, tecnológicas, políticas, econômicas e legais" (Attendees at JPI Climate Workshop on Societal Transformation in the Face of Climate Change, 2013, p. 1).

Embora o conceito de transformação ainda tenha pouca relevância política e social, ele já é amplamente reconhecido em círculos de especialistas. Além disso, aponta para a discordância entre as elites sobre como lidar com a crise múltipla nos marcos das atuais estruturas do capitalismo, evidenciando que as abordagens neoliberais nos levam ao caminho errado. "Transformação" vai muito além das perspectivas dominantes de política ambiental e sustentabilidade que tivemos até então, as quais supõem que a tecnologia e os investimentos — e as respectivas oportunidades financeiras e políticas desse modelo — podem ajudar na transição para uma sociedade com baixas emissões de carbono. Em vez disso, mudanças mais profundas se fazem necessárias e devem ser promovidas pelos "pioneiros da mudança", como as empresas ecologicamente orientadas, iniciativas cidadãs ou cientistas (Wissenschaftlicher Beirat der Bundesregierung Globale Umweltveränderungen, 2011, p. 94, 256-8). Essa visão é complementada pela esperança de uma mudança nos valores sociais em favor da sustentabilidade.

É claro que essa perspectiva esbarra em obstáculos, como os processos institucionais engessados que são difíceis de superar (as chamadas dependências de trajetória, ou *path dependencies*) e os interesses poderosos das indústrias automobilística e energética, bem como o sistema científico dominante. Ainda segundo o estudo do WBGU:

> As mudanças mais difíceis que devem ocorrer para se alcançar a grande transformação transcendem as tecnologias — mudam os estilos de vida, por exemplo, ou revolucionam a cooperação global, superando as barreiras políticas e lidando de forma responsável com as mudanças intergeracionais. (Wissenschaftlicher Beirat der Bundesregierung Globale Umweltveränderungen, 2011, p. 82)

O termo "transformação" se refere propositalmente à obra *A grande transformação*, de Karl Polanyi (2000), publicada originalmente em 1944.[5] Posto dessa forma, soa bastante radical — o que é totalmente apropriado, em vista dos profundos problemas envolvidos. Há, contudo, uma diferença em relação à forma com que o historiador austríaco analisou e compreendeu as dinâmicas do capitalismo liberal e industrial emergente. A moral dominante e a economia predominantemente local, de acordo com seu argumento, foram "desincorporadas" por maquinarias complexas, por um aumento rápido da produção e da criação de mercados nacionais (particularmente mercados de trabalho). O "mercado autorregulado" foi elevado ao status de utopia no século XIX, de modo que mecanismos de preço e proveitos de juros prevalecessem com o mínimo de interferência. Força de trabalho e natureza passaram a ser tratadas — juntamente com o dinheiro — como mercadorias; contudo, em sua produção, requeriam condições muito mais

---

5   Ver a reconstrução recente da obra de Polanyi em Dale (2016), Brie & Thomasberger (2018) e Atzmüller *et al.* (2019).

complexas, uma vez que não eram produzidas apenas como mercadorias para o mercado capitalista, mas possuíam seus próprios modos de criação. Como mercadorias fictícias, elas são parte de uma dinâmica biofísica complexa e, no caso do trabalho, também um produto das relações sociais, como os processos de socialização dos jovens ou a reprodução da força de trabalho fora da jornada laboral. Logo, de acordo com Polanyi e seguindo o pensamento de Marx, o capital que busca a mercantilização e a valorização tende a minar as próprias condições de reprodução do trabalho e da natureza — a menos que existam contramovimentos.

Como elaboraremos mais profundamente a seguir, a transformação imaginada no debate atual é muito menos radical do que a terminologia emprestada de Polanyi. De qualquer modo, há um completo silêncio em relação à questão dos mecanismos básicos da socialização capitalista que evoluíram historicamente na análise de Polanyi em *A grande transformação* — uma questão situada no epicentro da crise atual. Mais especificamente, enxergamos três principais lacunas.

As fronteiras da transformação socioecológica: uma nova ortodoxia crítica?

A primeira questão refere-se ao fato de que dinâmicas importantes implicadas no contexto das transformações rumo à sustentabilidade são com frequência subestimadas. Isso é particularmente relevante se considerarmos que dois terços da humanidade não vivem em uma sociedade industrial, e que parte significativa dessas populações empreende intensos esforços para industrializar suas sociedades — majoritariamente, com base em combustíveis fósseis (Winiwarter *et al.*, 2011). Em compensação, muitas contribuições ao debate da transformação dão a entender que as mudanças atuais tendem à sustentabilidade, e que se trata apenas de esclarecer alguns obstáculos no caminho para se obter êxito.

O segundo ponto é que os diagnósticos radicais da situação (ambiental) do mundo contrastam com as visões políticas inofensivas sobre como a transformação deveria ocorrer. Presume-se que os processos transformadores devem se efetivar nos marcos dos sistemas institucionais existentes, ainda que tenham de ser reformados: a grande transformação pode, então, "ser entendida como um projeto institucional de amplo alcance para reformar e *fortalecer* as estruturas institucionais, em relação às suas reflexividade, habilidade de participação, oportunidades de equilibrar o poder e capacidade de inovação em geral" (Schneidewind, 2013, p. 85, grifo nosso). E mais: "A economia deve ser amigável ao clima — dentro dos padrões usuais baseados no mercado e orientados ao lucro", e sob a garantia de investimentos seguros.

No entanto, um fato crucial fica de fora dessa lógica: os investidores ainda verão a natureza como uma "força produtiva gratuita" a ser explorada. Além disso, muitos consumidores são convencidos pela ideia de comprar o máximo que puderem pelo mínimo possível, e são encorajados a fazê-lo por mecanismos publicitários poderosos — outros, ainda, são forçados a comprar produtos baratos por sua situação social precária.

É impossível evitar a impressão de que, para os protagonistas desse debate, o ponto central é convencer os tomadores de decisão envolvidos na política e na economia de que a transformação é necessária. Poderíamos chamar essa visão de "educação para príncipes": em vez de lutar contra as elites para retirar seus privilégios e limitar seu poder, é preciso convencê-los da coisa certa a se fazer (Biesecker & Winterfeld, 2013). Isso ficou perfeitamente ilustrado em um desenho que consta no relatório do WBGU: a imagem mostra o presidente da comissão alemã ao telefone com o então presidente dos Estados Unidos, Barack Obama, tentando convencê-lo da urgência de se implementar uma política climática eficiente. Na raiz dessa abordagem há uma compreensão clássica e altamente simplificada da relação entre ciência e política, como Silke Beck (2011) e outros argumentaram em relação ao exemplo do Painel Intergovernamental sobre Mudanças Climáticas (IPCC): "A verdade dialoga com o poder" — a ciência explica a natureza do problema aos políticos e, dessa forma, posiciona o governo para desenvolver as soluções adequadas. Essa ideia se desfaz quando confrontada com as estruturas e relações de força da sociedade capitalista, inscritas em políticas estatais muito mais ágeis para resolver os problemas da indústria automotiva ou do setor bancário do que as questões climáticas globais. Isso também vale para a tendência geral do Estado em prestar mais atenção às mineradoras do que às demandas das populações afetadas pelo esgotamento de recursos e pela degradação ambiental. Sobre esse assunto, Claus Offe (1972) e Nicos Poulantzas (1974) abordam a "seletividade estrutural" do "Estado capitalista".[6]

Esse quadro se conecta a um terceiro aspecto: apesar do reconhecimento geral da crise múltipla, o conceito de transformação permanece restrito às questões da modernização

---

6 Além disso, como indica Beck (2011), a ciência é então flagrada em contradição: por um lado, alega não intervir em decisões políticas; por outro, pesquisas científicas embasam crescentes direcionamentos claros e urgentes de ação política. Isso leva a uma situação em que a ciência é politizada, mas a política climática não segue o mesmo caminho. Sobre essa questão, ver também o artigo de Roger Pielke (2013).

ecológica. Em essência, a maioria das contribuições para uma mudança social ou grande transformação mira na reestruturação do sistema energético, com alteração dos padrões de consumo e encorajamento de um papel ativo do Estado — e, particularmente, das empresas. A ciência e a tecnologia deveriam, supostamente, ocupar-se da "subestrutura". Um dos critérios, se não *o critério* central de uma transformação bem-sucedida, é a redução das emissões de CO_2. Ainda assim, pouca atenção é dada às questões clássicas da transformação social, tais como justiça social, garantia de um bem viver para todos, freios ao poder e à dominação e, como parte disso, uma mudança nas relações de propriedade. Além disso, o debate da transformação ainda ocupa um lugar à parte na reorganização da divisão social do trabalho, que deveria caminhar lado a lado com a valorização de novos modos de assegurar a existência humana, alternativos ao trabalho assalariado — no mesmo sentido da discussão sobre o trabalho de cuidado não pago e sem fins lucrativos.[7]

Tais questões aparecem de modo mais claro na discussão sobre as *fronteiras planetárias* e o *Antropoceno*, a "era geológica dos humanos".[8] Afirma-se corretamente que a humanidade se tornou uma força motriz geofísica: os humanos alteraram os sistemas naturais a tal ponto que, hoje, eles mal podem ser chamados de "naturais". A produção de plástico, alumínio, chuvas radioativas ou cinzas volantes deixou vestígios claros na biosfera, entre outras consequências. É disso que trata o conceito

---

7 O tema do trabalho não tem nenhum papel no relatório do WBGU. Conferir Biesecker & Winterfeld (2013), Haug (2011) e Winker (2015b).

8 Sobre fronteiras planetárias, ver Rockström *et al.* (2009). Sobre Antropoceno e geologia, ver Crutzen (2002, p. 23) e Steffen *et al.* (2011).

de Antropoceno. Pode-se presumir, em múltiplas áreas e suas inter-relações — mudanças climáticas, perda da biodiversidade, disrupção do ciclo de nitrogênio —, que o limite a partir do qual as mudanças do ambiente terrestre se tornariam incontroláveis já foi ultrapassado. Quando esses pontos de virada são atingidos, a própria sobrevivência humana é ameaçada.

No fim de agosto de 2016, durante um encontro na Cidade do Cabo, na África do Sul, o Grupo de Trabalho sobre o Antropoceno da Comissão Internacional de Estratigrafia fez uma declaração quase unânime, afirmando que a humanidade entrara em uma nova era da história da Terra, encerrando os doze mil anos do Holoceno. O momento de início do Antropoceno ainda é disputado: alguns argumentam que teria ocorrido no começo da Revolução Industrial, em meados do século XVIII; outros consideram como marco inicial o período pós-Segunda Guerra Mundial, em meados do século XX. Ao mesmo tempo, os termos "Antropoceno" e "fronteiras planetárias" foram empregados muito mais com o objetivo de apelar ao imaginário cultural do que de constituir definições científicas precisas (ou naturais). A ideia de Antropoceno denota "um objetivo político claro: pretende incitar à ação e impulsionar os esforços hoje insuficientes na luta contra as mudanças climáticas" (Görg, 2015a, p. 30).

Falta, porém, um ponto importante nessa discussão: não é apenas a "humanidade" agindo, pois o impacto humano no meio ambiente é socialmente mediado pelas relações de poder, classe, gênero e raça. E essa mediação conta muito: a população das sociedades capitalistas do Norte global consome, em média, muito mais recursos do que, por exemplo, os membros das sociedades indígenas (semi) subsistentes do Sul.

Essa relação é obscurecida pelas representações globais da crise ecológica — por mais críticas ao status quo que elas possam parecer. "Em suma, o Antropoceno revela o poder dos humanos, mas omite quem e o que é poderoso e como esse poder é sancionado" (Baskin, 2014, p. 8, *apud* Lövbrand *et al.*, 2015, p. 15). Ou, para formular com o auxílio de Marx e Engels (2010, p. 45): não se trata da abstração *humanidade*, mas de uma "sociedade burguesa, com suas relações de produção e troca, o regime burguês de propriedade, a sociedade burguesa moderna, que conjurou gigantescos meios de produção e de troca, [e] assemelha-se ao feiticeiro que já não pode controlar os poderes infernais que invocou".

A esse respeito, a certeza de que aderir às *fronteiras planetárias* garantirá à humanidade uma "margem segura de ação", como mencionado no subtítulo do famoso artigo de Rockström *et al.* (2009), não é apenas *absolutamente* insegura: chega a ser, de certa forma, cínica (Görg, 2015b, p. 241). Afinal, já há vítimas demais, em todo o mundo, afetadas por chuvas torrenciais, enchentes e secas. A "vulnerabilidade" — um termo proeminente no debate ambiental — não é uma questão abstrata global, mas um problema altamente concreto e de natureza social (Dietz, 2011).

Fazer essa observação vai muito além de se envolver em disputas mais estritamente acadêmicas que, à luz das necessidades urgentes, devem ser relegadas a segundo plano. A razão para o apontamento é que a ação em resposta à crise será moldada, em última instância, por diagnósticos políticos e científicos. Logo, se o diagnóstico for feito por alguém que não compreende a sociedade capitalista e a toma implicitamente como parte do desenvolvimento natural humano, então essa pessoa não terá mais do que algumas soluções técnicas ou mercadológicas para oferecer. Por essa razão, surpreende que Paul J. Crutzen, a quem devemos o conceito de Antropoceno, tenha, a propósito, sugerido algo como "projetos de grande porte de geoengenharia, por exemplo, para 'otimizar' o clima", em vez de insistir em uma mudança fundamental das relações sociais para resolver os problemas que confrontam a humanidade nessa nova era geológica (Crutzen, 2002, p. 23).

Essa crítica também se aplica, embora de forma atenuada, a uma das contribuições mais analiticamente substanciais e estrategicamente abrangentes do debate atual da transformação: o estudo da WBGU sobre a necessidade de uma nova grande transformação (Wissenschaftlicher Beirat der Bundesregierung Globale Umweltveränderungen, 2011). Especificamente, o texto identifica várias "megatendências", como mudança climática, degradação do solo, urbanização e competição pelo uso da terra, e dá nome aos interesses opostos à superação desses problemas ou à verdadeira transformação das sociedades em termos socioecológicos. No entanto, o estudo não analisa tais tendências ou ditos interesses no contexto das dinâmicas fundamentais da socialização capitalista. Dessa forma, leva a um reducionismo lamentável que Rainer Rilling (2011, p. 16) resume em poucas palavras: pode ser uma questão de "mudar o capitalismo — mas somente pela metade: seu industrialismo e fontes de energia permanecerão centrais, mas não sua economia política".[9]

---

9 São as mesmas omissões que Elmar Altvater criticou, em 1996, no estudo do Instituto Wuppertal sobre uma "Alemanha preparada para o futuro": "Será que é aceitável, pode-se questionar, falar sobre sustentabilidade ecológica e calar-se sobre o capitalismo, exigir uma revolução ecológica — pois é o mínimo que os cenários de redução de impacto exigem — e deixar quase todo o resto exatamente como está, política, econômica e socialmente?" (Altvater, 1996, p. 84).

O que se impõe é uma transformação dos formatos capitalistas como a mercadoria, a forma-valor e a política, ou seja, o próprio Estado, para fazer jus à "grande transformação" de Polanyi. Ele não era, de forma alguma, um mero teórico do "duplo movimento" — ideia de que as consequências nocivas de uma liberalização da economia e da sociedade levam à formação de um contramovimento (Polanyi, 2000, p. 98, 161) —, como é visto hoje em dia. Conforme mostrou Michael Brie, a recepção de *A grande transformação* perdeu de vista a "verdadeira mensagem de Polanyi sobre a representação do chamado duplo movimento no século xix — precisamente, ignorou o fracasso desse movimento no primeiro terço do século xx" (Brie, 2015, p. 27). Na visão do autor, Polanyi "não tinha mais esperanças, já em sua época, em um movimento de proteção social *baseado na* sociedade de mercado. [Essa sociedade] era, para ele, parte essencial do problema, intimamente ligada ao fascismo, e não a solução" (Brie, 2015, p. 28). Nas décadas de 1930 e 1940, como descreve Brie (2015, p. 29), a sociedade de mercado alcançara um estágio no qual, para Polanyi, a liberdade só poderia ser defendida por meio de uma transformação *socialista*.

Até certo ponto, é perfeitamente possível traçar analogias entre a situação atual e a época em que Polanyi escreveu *A grande transformação*. Afinal, muitos elementos levam à conclusão de que, sob as condições capitalistas, a crise socioecológica só pode ser gerenciada de forma extremamente seletiva, em termos sociais e territoriais. Como será discutido mais a fundo no capítulo 7, o "capitalismo verde" só é concebível como um componente de uma *revolução passiva*, no sentido gramsciano — isto é, uma transformação guiada pelas forças dominantes da sociedade. Essa revolução, porém, não seria capaz de deter as forças estruturantes que produziram a crise socioecológica. Ao contrário, poderia, no máximo, modernizá-las de maneira altamente seletiva e ecologicamente otimizada, à custa de outras regiões do mundo. Desse modo, os diversos problemas ligados ao modo de produção sob o domínio do valor de troca e da competição seriam aplacados a um nível tolerável somente em uma parte do mundo — e mesmo esses efeitos seriam mediados por classe, gênero e raça. Enquanto isso, os custos sociais e ecológicos do capitalismo verde seriam externalizados territorial e socialmente. Portanto, para se referir a Polanyi não apenas terminologicamente, mas também considerando o conteúdo de seu trabalho, é preciso entender a transformação como um processo que aponta para além do capitalismo.

Transformação, enquanto termo, contém um chamado linguístico à semântica radical de Polanyi — e isso é parte de seu sucesso. Obviamente, ela conduz à necessidade de uma mudança elementar e ao inconformismo generalizado ante as políticas atuais, insuficientes para enfrentar a crise múltipla. É um detalhe importante em uma época atravessada por crises e dinâmicas imprevistas, com políticas que resguardam patrimônios e posições, particularmente entre as elites, mas também no núcleo bem pago da classe trabalhadora e em vários outros grupos dos países prósperos.

Em tempo: as contribuições ao importantíssimo tema da grande transformação socioecológica também correm o risco de se fechar em uma espécie de "nova ortodoxia crítica", em uma predefinição da crise que acabe marginalizando perspectivas alternativas — sendo *orthós* o grego para "correto", e *dóksa*, para "opinião" ou "crença" (Brand, 2016b). A nova ortodoxia crítica vê a si própria como essencial para as manifestações de vanguarda, mas permanece fixa no sistema institucional atual e deposita sua confiança no discernimento da elite. Parece haver algo como uma "sobrecarga" política e estratégica, ou mesmo um viés que, enquanto estimula o debate, corre o risco de subestimar as causas profundamente integradas aos problemas e às crises. Há uma percepção (quase sempre implícita), claramente predominante em uma ampla camada do debate sobre a transformação, de que a mudança da correlação de forças e das instituições estabelecidas devem usar essas mesmas relações como ponto de partida.

Em suma, a "nova ortodoxia crítica", inegavelmente, inclui um discurso crítico. Ela tenta, de fato, formular as condições mais avançadas da transição para uma era pós-fóssil. O que mais lhe falta, no entanto, é considerar um entrincheiramento do fenômeno criticado em estruturas sociais e relações de poder, bem como considerar as possíveis dinâmicas que podem transcender essas mesmas estruturas e relações de forças. Falta, em outras palavras, a possibilidade de emancipação: aquela que prevê um bem viver para todos, que reflete criticamente sobre as imposições, exclusões e demandas dos ricos e poderosos, bem como os inúmeros privilégios de grande parte das populações em países abastados.

Lógicas de transformação, interesses e conflitos

Ao pensar sobre o projeto de transformação socioecológica e sondar as condições atuais para sua aplicação, é preciso deixar algo muito claro: há uma lógica de transformação inerente à sociedade capitalista e burguesa (Demirović, 2016a, 2016b). Uma das citações mais conhecidas na análise do capitalismo, constantemente empregada nos debates recentes sobre globalização, toca na essência desse fato. É uma passagem do *Manifesto comunista*, de Marx e Engels:

> A burguesia não pode existir sem revolucionar incessantemente os instrumentos de produção, por conseguinte, as relações de produção e, com isso, todas as relações sociais. A conservação inalterada do antigo modo de produção era, pelo contrário, a primeira condição de existência de todas as classes industriais anteriores. Essa subversão contínua da produção, esse abalo constante de todo o sistema social, essa agitação permanente e essa falta de segurança distinguem a época burguesa de todas as precedentes. Dissolvem-se todas as relações sociais antigas e cristalizadas, com seu cortejo de concepções e de ideias secularmente veneradas; as relações que as substituem tornam-se antiquadas antes de se consolidarem. Tudo que era sólido e estável se desmancha no ar, tudo o que era sagrado é profanado, e os homens são obrigados finalmente a encarar sem ilusões a sua posição social e as suas relações com os outros homens. (Marx & Engels, 2010, p. 43)

Logo, a questão da mudança não pode ser respondida com um simples "sim" ou "não" — essa resposta precisa partir de uma lógica de transformação. Para esse fim, podemos fazer uma distinção importante sobre o conceito de transformação. A lógica dominante atual é a da geração de lucros, acumulação de capital, busca por atividades econômicas expansionistas e exploração contínua dos seres humanos e da natureza. Junto com essas premissas, advêm os problemas que nos são familiares: da exploração do trabalho humano à exaustão, frequentemente acompanhada pela intensificação da carga de trabalho e pela síndrome de *burnout* [esgotamento]. É aqui que o significado do conceito de transformação deve evoluir para algo mais explícito. A lógica dominante de transformação, que implica a revolução permanente da sociedade burguesa, torna-se um problema — ela gera crises cada vez mais profundas e desenfreadas. É uma lógica poderosa e autoritária, que impede qualquer perspectiva de organização democrática e autodeterminação, emancipação ou vida digna para todos. Por isso, uma grande transformação socioecológica deveria levar em conta essas outras tendências, que são insustentáveis e conduzem com frequência à crise, mas também são extremamente poderosas em suas dinâmicas transformadoras (Brand & Niedermoser, 2019). Vamos retornar a essa questão em vários pontos deste livro.

Isso remete a outro aspecto importante. O debate atual sobre transformação nos leva a considerar uma tensão inevitável das mudanças sociais fundamentais, isto é, estruturais: por um lado, há essa série de abordagens necessariamente de pequena escala, que tomam a forma de experimentos, nichos, reformas políticas concretas e discursos que mudam constantemente, assim como práticas cotidianas e organizativas. Tais abordagens podem ter uma intenção estratégica e representar concessões, mas também podem surgir de forma inesperada, como resultado de crises. Ou, ainda, podem ser racionais e atraentes, como a mudança contínua da natureza da comunicação, devido às novas tecnologias. Em médio prazo, essas abordagens podem, é claro, levar a mudanças institucionais; daí as múltiplas formas de coabitação no chão de fábrica e na família, nas instituições de pesquisa e educação, no cenário midiático e em organizações políticas como os partidos ou o próprio Estado.

No entanto, as mudanças reais nas lógicas estruturais e dominantes (do capitalismo, do racismo, do patriarcado e das relações imperiais globais) não "advêm" somente dos processos de mudança e modernização que já estão em curso; elas demandam ação estratégica e estão ligadas, sobretudo, ao fato de nosso modo de vida insustentável e seu aprofundamento estarem entrelaçados a múltiplos interesses e rotinas interconectadas.

Nesse contexto, a ação transformadora pressupõe, juntamente com os processos de aprendizado e inovações, que os *conflitos* também são necessários para avançar nas causas sociais e ambientais. Geralmente, os embates surgem quando atores poderosos, em busca de seus interesses, deparam-se com oposição e críticas. Boa parte desses conflitos ocorre em meios controlados pelas partes envolvidas e em parlamentos, tribunais ou entre empregadores e sindicatos. Se os acordos são difíceis ou indesejáveis, os atores dominantes, em sua maioria, buscam asseverar seus interesses por meios que os favoreçam, frequentemente distantes dos escândalos e embates públicos. Quando as pessoas ou organizações com poderes limitados não se sentem representadas, elas têm a opção de organizar protestos — que podem ser rotulados politicamente à esquerda ou à direita, com viés social ou ecológico, ou de qualquer tipo.

O que importa, afinal, é que a perspectiva de uma transformação socioecológica implica, de forma crucial, a oposição aos poderes políticos e econômicos dominantes, precisamente aqueles que têm pouco ou nenhum interesse em uma mudança de amplo alcance. Um ponto de partida importante no momento seria o dissenso entre as elites, cujos setores progressistas teriam que se preparar para agir e formar alianças. Parece mais simples do que na verdade é, como reiteradamente mostraremos, inclusive porque os atores que podem ser considerados transformadores de um ponto de vista socioecológico não são dados de antemão; eles emergem do processo e do conflito, durante os experimentos para um novo modo de vida e organização social, e, nos conflitos, batalham por suas causas. De modo geral, tais atores não surgem a partir da autodesignação ou dos processos que promovem como "transformadores".

Sua formação se dá, para mencionar alguns exemplos, quando esses atores se reúnem para se opor à construção de um túnel caríssimo e geologicamente arriscado sob a estação principal da cidade alemã de Stuttgart (um projeto chamado Stuttgart 21), ou contra o aumento da extração e produção de eletricidade a partir do carvão. Também se levantam pela crítica à indústria da carne e pela rejeição ao consumo de proteína animal (ou, pelo menos, contra a carne industrializada), assim como por outras práticas radicalmente diferentes da vida cotidiana, defendidas individualmente ou por grupos.

Para esses atores socioecológicos transformadores, que de certo modo só podem ser formados em seu próprio processo de constituição, o desafio é manter uma visão clara das rupturas e mudanças estruturais em potencial, para que possam se preparar, lidar com o processo, impulsionar as conquistas e assegurá-las. A ação transformadora não descarta as políticas reformistas, mas as coloca em perspectiva para criar um horizonte abrangente e norteador (ver capítulo 8). Esse é um ponto muitas vezes esquecido nos debates públicos — e é justamente o que torna o debate da transformação tão importante.

Foi há cerca de trinta anos que Joachim Hirsch e seus colegas cunharam o termo "reformismo radical" para expressar essa ideia (Hirsch, 1990; Esser *et al.*, 1994; Roth, 2018). O conceito refletia a crítica às propostas social-democratas de reforma do capitalismo por meio da modernização, assim como pretendia o socialismo de Estado autoritário, dado que ambos concordavam que a sociedade poderia ser moldada por intermédio do Estado. De forma oposta, o reformismo radical vê a mudança a partir de uma ampla transformação das relações sociais, nas quais não caberia um ponto de Arquimedes (como o Estado ou a propriedade privada). O cerne da proposta de Hirsch é que, ao longo de inovações, processos de aprendizagem e conflitos, é preciso dar origem a modos e lógicas de reprodução social totalmente diferentes. Algo que seja capaz de substituir as dinâmicas capitalistas de transformação e seu ímpeto por acumulação e hegemonia — dinâmicas que aceitam crises, empobrecimento e destruição como algo natural. A "nova ortodoxia crítica" ignora esse aspecto, consciente ou inconscientemente, ao renunciar à análise das relações de dominação atuais, ou mesmo reafirmá-las.

A superação do modo de vida imperial como condição para a transformação socioecológica

Por que uma transformação rumo à sustentabilidade só obteve sucesso, até hoje, em sua fase embrionária? E por que ela não tem sido capaz de conter outras dinâmicas insustentáveis, ou mesmo revertê-las? Como mencionado, há interesses econômicos poderosos que se opõem a isso. A força que estrutura as políticas de crise contemporâneas — que costuma ser esquecida no debate da transformação — consiste no capital em busca de oportunidades rentáveis de investimento. O consenso entre elites políticas e econômicas requer que sua posição de poder, que tem sido fortalecida durante a fase neoliberal, permaneça inquestionável. Para os ricos, o foco da crise de 2007 e 2008 foi assegurar riqueza e status. O fato de terem obtido êxito e manobrado a situação para que suas dívidas fossem absorvidas pelo Estado — especialmente em nome do socorro aos bancos — é uma das razões para a atual dominância das políticas de austeridade na Europa e outras regiões, com seus mantras de "disciplina orçamentária" e "serviço da dívida". Na crise atual, também fica evidente que a margem de ação dos governos para projetos alternativos só é reduzida quando submetida às condições das políticas de austeridade neoliberais. Além de assegurar o status das elites, a competitividade continua sendo prioridade, e os governos, em vez de repensarem sua fixação na competição e no crescimento, tornaram-se executores oficiais do neoliberalismo.

Por que, mesmo com a conscientização crescente sobre a crise ecológica, as medidas de seu enfrentamento continuam tão inadequadas? Neste capítulo, mencionamos algumas razões, como as políticas ambientais nacionais e internacionais voltadas à "modernização ecológica", que rapidamente está chegando ao limite. Ademais, as respostas progressistas às políticas de austeridade europeias permanecem confinadas no paradigma do crescimento, demonstrando pouco interesse pela reestruturação socioecológica. Também apresentamos prioridades políticas para lidar com as crises múltiplas que se mostram ambientalmente insustentáveis. Em outros capítulos deste livro, trataremos das estratégias de desenvolvimento nos países do Sul global que, de um modo clássico, buscam a industrialização e a exploração de matérias-primas, e recebem apoio de empresas, governos e consumidores do Norte. Neste capítulo, enfim, discutimos a conexão entre várias dimensões da crise e esboçamos os contornos de um debate que, voltado à superação da crise ecológica, ganhou mais importância nos últimos anos: o da transformação socioecológica. Apesar de sua relevância, as estratégias aqui elaboradas não tocam em um ponto-chave da crise ecológica: o *modo de vida imperial*. No próximo capítulo, vamos nos debruçar sobre esse conceito.

3. O conceito de modo de vida imperial

O fato da hegemonia pressupõe indubitavelmente que sejam levados em conta os interesses e as tendências dos grupos sobre os quais a hegemonia será exercida, que se forme um certo equilíbrio de compromisso.
— Antonio Gramsci (2007, p. 48)

Este livro se propõe a apontar um conjunto de problemas que, até hoje, têm dificultado uma transformação socioecológica emancipatória. O modo de vida imperial é, a nosso ver, um entrave primordial para que se efetivem mudanças estruturais. Ele está profundamente incrustado nas instituições políticas, na economia, na cultura e nas mentalidades, nas formas de orientação das pessoas no mundo, nos interesses de atores social e politicamente relevantes e nas práticas da vida cotidiana. Neste capítulo, apresentamos uma introdução sistemática a esse conceito.

Definições

A ideia central do conceito de modo de vida imperial é a de que a vida cotidiana nos centros capitalistas só é possível, essencialmente, a partir da constituição de relações sociais entre humanos e relações entre sociedade e natureza *em outro lugar*, isto é, por meio do acesso ilimitado a mão de obra, recursos naturais e sumidouros (*sinks*) — ecossistemas que absorvem determinadas substâncias em maior quantidade do que as emitem no ambiente, em escala global, como as florestas tropicais e os oceanos, no caso das emissões de carbono.[1] Para que os centros capitalistas sobrevivam, é crucial que as relações com a natureza em outras sociedades do Sul global sejam organizadas estrategicamente, de modo a garantir a transferência de elementos naturais e produtos originados de mão de obra (quase sempre barata) para as economias do Norte. Em contrapartida, o modo de vida imperial do Norte global estrutura as sociedades de outras regiões de forma decisivamente hierárquica. Escolhemos a expressão

---

1   Os conceitos de "recursos" e "sumidouros" serão posteriormente problematizados, pois já contêm, terminologicamente, uma compreensão instrumental da natureza, como se ela fosse externa à humanidade e disponível para seu uso. É claro que os fenômenos naturais não são recursos ou sumidouros por si mesmos, mas foram empregados como tais de acordo com necessidades sociais específicas e historicamente variáveis. Ressalvas semelhantes poderiam ser feitas ao conceito de "força de trabalho". A separação entre uma pessoa e sua força de trabalho é uma abstração particularmente capitalista: os empresários, ao contrário dos senhores feudais, não têm as pessoas como um todo a sua disposição, somente sua força de trabalho. Isto posto, continuaremos a usar o termo porque seria difícil discutir as questões que nos interessam de outra forma e porque é precisamente seu uso crítico-analítico que pode trazer à tona o caráter instrumental e as relações sociais capitalistas (com seres humanos e natureza) que caracterizam o poder. Também poderíamos admitir um componente temporal no conceito de modo de vida imperial, pois a reprodução cotidiana de nossas sociedades relega muitos problemas para o futuro. Isso fica claro no caso das emissões resultantes da queima de combustíveis fósseis, que mudarão o sistema climático por um longo tempo, ou no caso dos resíduos nucleares, cujos perigos perdurarão por muitos anos. No entanto, esse tipo de extensão temporal — para o futuro — não é o assunto principal aqui.

vaga "outro lugar" propositalmente. Basta pensar que muitos itens básicos do dia a dia estão ligados a uma série de atividades invisíveis nos momentos da compra, do consumo e do uso: a origem das matérias-primas utilizadas na fabricação de eletrodomésticos e aparelhos médicos ou na infraestrutura de transporte, água e energia; as condições de trabalho sob as quais esses materiais são extraídos ou os tecidos e alimentos são produzidos; e o gasto energético necessário para tudo isso. "Produtos culturais" como a mídia impressa ou digital também fazem parte dessa economia invisível. É justamente essa invisibilidade das condições sociais e ambientais por trás dos produtos que possibilita a naturalidade da experiência de compra e uso. "Comida de lugar nenhum" (*food from nowhere*) é como o sociólogo rural Philip McMichael chama essa estratégia de ocultar as origens e os métodos de produção de gêneros alimentícios, normalizando a disponibilidade espaçotemporal ilimitada desses produtos (McMichael, 2009a). Alguns exemplos são as uvas do Chile oferecidas nas cafeterias norueguesas durante o inverno; os tomates plantados e colhidos por trabalhadores imigrantes sem documentação na Califórnia, nos Estados Unidos, para abastecer o mercado norte-americano, ou pelos trabalhadores não legalizados na Andaluzia, na Espanha, para o mercado europeu, ou, ainda, os camarões servidos às mesas do Norte global produzidos à custa da destruição dos manguezais na Tailândia e no Equador. Isso sem falar nas condições ambientais desastrosas e na exploração de mão de obra barata dos trabalhadores romenos na indústria da carne no estado alemão da Baixa Saxônia, que garante baixos custos de produção para a Alemanha e os países vizinhos.

O conceito de modo de vida imperial abrange os padrões de produção, distribuição e consumo construídos sobre as estruturas políticas, econômicas e culturais da vida cotidiana das populações do Norte global (Hobson & Seabrooke, 2009). Essa lógica também opera de forma crescente nos países com "economias emergentes" do Sul. Não nos referimos, contudo, apenas às práticas materiais desse conceito, mas principalmente às condições estruturais, aos discursos e princípios sociais que possibilitam essas práticas. Em outras palavras: os padrões de uma vida "boa" e "digna", a partir dos quais o modo de vida imperial se constitui, são moldados pela vida cotidiana, mesmo quando fazem parte de relações sociais mais amplas, e, especialmente, de infraestruturas materiais e sociais (Kramer, 2016, p. 29).

A esse respeito, nosso conceito de "modo de vida" se apoia na tradição de Antonio Gramsci e na teoria da regulação, dado que partimos do princípio de que uma forma social tão contraditória quanto o capitalismo só pode se reproduzir com a condição de se incorporar às práticas cotidianas e ao senso comum, tornando-se, por assim dizer, "natural". Com o adjetivo "imperial" queremos enfatizar, indo além de Gramsci, a dimensão global e ambiental expansionista desse modo de vida (novamente, entre os países do Norte global).

O modo de vida imperial é, portanto, um impulso essencial para a reprodução das sociedades capitalistas. Ele se estabelece nos discursos e nas visões de mundo, consolidando-se em práticas e instituições, resultando dos conflitos nos marcos da sociedade civil e do Estado. É baseado em desigualdade, poder e dominação e, ao mesmo tempo, cria essas mesmas forças — às vezes recorrendo à violência. Tampouco está separado dos sujeitos. Na verdade, ele molda os sujeitos e o senso comum, normalizando-o e ativando sua capacidade de agir: como mulheres e homens, como indivíduos maximizadores utilitários que se sentem superiores aos outros, como pessoas que lutam por formas particulares de boa vida (Gramsci, 1999). Ludwig (2012, p. 113) defende que a adoção da visão de mundo hegemônica coincide com a constituição do sujeito:

> Ao orientar e direcionar a mim mesmo, eu me subjetivizo. Integrar visões de mundo hegemônicas ao senso comum não é somente uma questão de ser forçado a tal, mas uma forma de autoatividade, justamente porque a hegemonia, diferentemente da coerção, é baseada em consenso.[2]

Isso também significa, contudo, que o modo de vida é contestado. Há um afluxo constante de interpretações e práticas alternativas e subversivas, uma integração entre demandas e desejos alternativos. Nesse caso, todo modo de vida contém sempre uma simultaneidade contraditória de subjugação e apropriação (Ludwig, 2012, p. 114; Habermann, 2008).

O modo de vida imperial conecta a vida cotidiana das pessoas às estruturas sociais parcialmente globalizadas. Sua intenção é tornar visíveis os pré-requisitos sociais e ecológicos dos padrões dominantes de produção, distribuição e consumo, bem como as relações de poder e dominação por trás dessas esferas. Nessa perspectiva, fica evidente como a dominação é normalizada, nas relações neocoloniais entre Norte e Sul, em termos de classe, gênero e raça, e também nas práticas diárias de consumo e produção, a ponto de não serem mais percebidas. Esse conceito, portanto, também abarca os modos de produção e leva em conta as formas assumidas pelo capital e pelas organizações trabalhistas em relação aos padrões de consumo.

---

2 Ver também Gramsci (1999, p. 293).

Nosso conceito também se diferencia de dois outros termos que são semanticamente e, até certo ponto, teoricamente similares: o conceito de *condução da vida cotidiana (alltägliche Lebensführung)* e de *estilo de vida*. A ideia sociológica de condução da vida cotidiana, já bem desenvolvida, refere-se ao modo como os indivíduos integram as várias facetas dos desafios cotidianos em uma concepção relativamente coerente da própria vida. Ela "denota um arranjo e uma relação entre as diferentes atividades práticas que uma pessoa executa diariamente em várias áreas da vida", como afirma Diezinger (2008, p. 204). Nos marcos desse conceito, de um padrão particular de condução da vida cotidiana, o que importa é o acesso aos recursos materiais, culturais e sociais e a real possibilidade de usá-los (Diezinger, 2008, p. 204), já que esses recursos são distribuídos de forma desigual e se tornam motivo de crítica e ressentimento. Eis o ponto em que os conceitos de condução da vida cotidiana e de modo de vida se interseccionam. Ao mesmo tempo, "a condução da vida cotidiana" deixa as condições sociais nas sombras, principalmente aquelas que ocorrem pelas costas dos atores e resultam das atividades estratégicas moldadas pelo poder. É por isso que nosso conceito de modo de vida é mais bem-sucedido em considerar os modos de produção e distribuição das *condições* por trás da condução da vida cotidiana — tanto em termos materiais quanto culturais. Além disso, as questões de conscientização sobre a crise e mecanismos dominantes ou alternativos também recebem mais atenção. Finalmente, enquanto o conceito de condução da vida cotidiana procura compreender como as pessoas gerenciam as imposições do trabalho neoliberal e a pressão para o consumo, além das formas pelos quais assimilam essas práticas à visão que possuem sobre a própria vida, a ideia de modo de vida imperial questiona o fato de essa vida cotidiana poder ser conduzida sob as condições neoliberais simplesmente porque suas consequências destrutivas à sociedade e ao meio ambiente são passíveis de externalização.

Já as diferenças em relação ao conceito de *estilo de vida*[3] se dão conforme ele é aplicado ao debate sobre individualização, e prevê um momento de liberdade de escolha totalmente abstraído das estruturas raciais, de classe e de gênero, bem como da organização das sociedades capitalistas enquanto Estados-nação. Em compensação, o "modo de vida" enfatiza as assimetrias incrustadas nas estruturas sociais, sem negar qualquer liberdade de escolha ao indivíduo. Se o conceito de estilo de vida fosse utilizado na teoria de Pierre Bourdieu, estaria mais próximo da nossa ideia de modo de vida, dado que pressupõe uma concepção de relações sociais desiguais que se manifestam corporalmente nas preferências pessoais. Nas sutis "distinções" de gostos e comportamentos, a desigualdade social é reproduzida e o corpo do indivíduo é inscrito nessa lógica, tornando-se, portanto, "natural", por assim dizer (Bourdieu, 2007). É aqui que nosso conceito entra em cena, enfatizando as precondições imperiais desses padrões de comportamento.

Níveis conceituais: as práticas cotidianas e a estrutura social

O conceito de modo de vida imperial ressalta que "práticas corriqueiras, como sair de férias, dirigir ou caminhar, nutrir-se, consumir água ou energia e outras atividades triviais são moldadas primariamente pelos

---

3   Sobre isso, ver ampla discussão em Rossel & Otte (2011).

hábitos, pelas rotinas e pelas regras da vida cotidiana" (Jonas, 2017, p. 120).[4] O que determina se as *práticas cotidianas* serão aceitas ou rejeitadas são as percepções, as emoções e os afetos imediatos, bem como os temas comuns e socialmente incorporados que as conectam. Um exemplo é a importância atribuída ao consumismo, ao consumo de carne ou a dirigir seu próprio carro. A realidade dessas práticas representa um obstáculo a muitas alternativas. Para simplificar: a insustentabilidade é um fato bastante prático e vivenciado de forma inconsciente pela maioria.

Contudo, ser "inconsciente" não significa que o modo de vida imperial não esteja conectado a múltiplas estratégias intencionais que garantem sua perpetuação. Não há dúvidas: basta pensar nos investimentos na indústria automobilística e na pecuária, nas usinas termelétricas a carvão, ou nas políticas de livre-comércio e nos slogans que encorajam as pessoas a encontrar a felicidade nas compras. Pense-se, ainda, nas políticas climáticas que reduzem ecossistemas complexos, como florestas tropicais, à função de sumidouros de CO_2; na construção de projetos de infraestrutura, como portos, que tornaram possível o comércio global de matérias-primas; e mesmo no simples ato de poupar dinheiro para comprar um carro novo. No entanto, essa miríade de ações intencionais, da mesma forma que as decisões estratégicas como políticas governamentais ou do mundo dos negócios que as antecedem, têm uma história muito mais antiga do que o atual momento de ação e tomada de decisão — uma história que não precisa ser contada aos indivíduos. A "verdade da interação", afirma Pierre Bourdieu (1977, p. 81), "nunca jaz inteiramente na interação". As atividades e decisões estão imbricadas no contexto social, que as apresenta como racionais ou normais, um contexto inscrito nos sujeitos que tomam

---

4   Ver também Jonas & Littig (2015).

ou executam essas decisões. Para compreender essas interações e decisões subjacentes, temos que considerar o *habitus*, a "cultura tornada natureza, ou seja, *incorporada*", bem como as relações sociais internalizadas pelos próprios sujeitos, como define Bourdieu (2007, p. 179, grifo nosso). As atividades e decisões podem, dessa forma, ser vistas como atos de "reconhecimento" *e* "falso reconhecimento", como ações conscientes que dependem de uma variedade de precondições inconscientes (Bourdieu, 2007, p. 300).

Comprar um carro é uma ação indiscutivelmente consciente. No entanto, se for compreendida apenas como um ato de escolha racional, após uma análise de custo-benefício do indivíduo, ignora-se uma dimensão crucial: a de que o ato de comprar resulta, essencialmente, de condições institucionais e infraestruturais, bem como de imaginários dominantes internalizados pelo hábito (Kramer, 2016, p. 29). Sistemas viários construídos em detrimento do transporte público, incentivos governamentais para comprar e dirigir veículos particulares, imagens dominantes de masculinidade e representações da liberdade individual, cadeias de valores que permitem a aquisição de recursos e o trabalho barato em outros lugares,[5] padrões frouxos de emissão de poluentes, competição por status social por meio de automóveis — esses e vários outros fatores, que existem acima do indivíduo e não precisam ser reconhecidos por ele, influenciam a decisão de se fazer uma compra. Eles emprestam à decisão sua "racionalidade", revestem-na de normalidade e apagam as precondições que justificam e reproduzem a hegemonia, incluindo sua violência estrutural, às vezes explícita (Sonderegger, 2010).

5   Ver o rico material empírico em Dicken (2015).

Ao mediar a ação consciente e suas precondições inconscientes, a categoria de *habitus* também permite que o plano das atividades cotidianas se conecte ao das *estruturas sociais*. As inter-relações subsequentes são essenciais à discussão: o capitalismo atinge sua produtividade social e econômica nos grandes centros — e, cada vez mais, nos chamados países emergentes — porque a força de trabalho e a produção natural são valoradas e monetizadas primeiramente em outros lugares, e os valores criados são então transferidos para os centros. Nessa dinâmica, as relações de vida se conectam pelo comércio global de mercadorias — não apenas em termos de produtos finais, mas também de produtos primários e intermediários, como matérias-primas. "[Um] motor de trator ou ferrovia simplesmente não seria viável se não fosse pelos modos desiguais de precificação do tempo humano e do espaço natural na sociedade global", lembra Hornborg (2010, p. 43). Marx (2017, p. 295) já apontara que materiais baratos eram essenciais ao desenvolvimento capitalista: de um lado, devido à transferência de valor aos centros capitalistas e, de outro, à importância da queda nos preços das matérias-primas como uma "tendência contrária" à de queda da taxa de lucro.[6]

Tais formas de transferência de riqueza mediadas pelo mercado acompanham modelos de espoliação executados por meio da política, da lei ou da força, como no caso da privatização dos comuns ou da propriedade pública. Elas resultam, fundamentalmente, da pressão exercida pelas empresas e pelos consumidores do Norte global, que é praticamente invisível nos locais de produção ou extração. Muitas vezes, também, são acompanhadas por deslocamentos, empobrecimento e destruição ambiental.

---

6   Ver também uma leitura histórica instrutiva sobre as "coisas baratas" em Moore & Patel (2018).

A designação dos sumidouros de CO2 — ou melhor, a redução de ecossistemas à sua capacidade de absorver CO2 — contém elementos de eventual espoliação *e* trocas mercadológicas. Quando, por exemplo, um lote de terra usado por pequenos agricultores no Sul global é declarado como "improdutivo", e o direito de uso costumeiro é transformado em um sistema jurídico formal que marginaliza os antigos usuários, estamos diante de um ato de espoliação.[7] A mesma terra é então integrada ao sistema de comércio internacional de emissões e, eventualmente, vendida a alguma empresa de energia do Norte global, que provavelmente estabelecerá uma plantação de eucalipto visando à absorção de CO2 e, assim, cumprindo suas obrigações na redução das emissões de carbono (Newell & Paterson, 2010, p. 132-3). Trata-se, portanto, de um processo mediado pelo mercado. As terras antes utilizadas pela comunidade local são submetidas à lógica ecocapitalista de intercâmbio por meio da espoliação, da privatização e da integração ao mercado global. Com isso, os usuários originais são marginalizados e a complexidade ecológica da terra é reduzida a formas altamente questionáveis de proteção climática em defesa dos padrões destrutivos de produção e consumo do Norte global. A poderosa metáfora das "pegadas ecológicas" (Wackernagel & Beyers, 2010) é, de certo modo, uma expressão desse intercâmbio ecológico desigual, uma vez que as pegadas são extremamente diferentes entre países e grupos sociais específicos, e deixam claro que algumas regiões vivem apenas graças aos custos ambientais arcados por outras.

No Sul global, a apropriação dos recursos naturais e da força de trabalho e a utilização desproporcional de

---

7   Ver, por exemplo, o estudo em Honduras feito por Heuwieser (2015a).

sumidouros tomam a forma de trocas mediadas pelo mercado ou espoliações asseguradas por vias legais ou políticas ou à força. Em termos sociais, econômicos e ecológicos, tais intercâmbios são absolutamente desiguais e marcados por poder e dominação. Nem todos os povos ou grupos podem contar com a mão de obra e os recursos "de outros lugares", particularmente de outras partes do mundo (mas também dentro de suas respectivas sociedades). Em vez disso, o acesso varia de acordo com as vertentes de desigualdade: classe, gênero e raça, estreitamente ligadas às relações neocoloniais entre Norte e Sul. Esse aspecto imperial se expressa no acesso monumental e quase sempre destrutivo à força de trabalho de outros humanos e à natureza.

Dimensões do conceito

O modo de vida imperial possui várias dimensões que atravessam os níveis conceituais de "ação cotidiana" e "estrutura social". Tais dimensões nomeiam aqueles momentos úteis à análise, à crítica e à transformação do caráter imperial dos padrões específicos de produção e consumo. Ao mesmo tempo, referenciam-se nas fontes teóricas que alimentam o conceito de modo de vida imperial.

Valoração, acumulação e reprodução

O desenvolvimento do capitalismo global e sua relativa estabilidade estão intimamente relacionados a determinadas fases do modo de vida imperial. Os primeiros a lucrar com esse modelo são os ricos e os proprietários dos meios de produção dos centros capitalistas, seguidos de amplos setores de trabalhadores assalariados. Da mesma forma, lógicas colonialistas permeiam toda a história do capitalismo. Para tornar o cenário mais complexo, vários grupos dos países do Sul global — das elites às classes médias — também podem ser incluídos entre os beneficiários. Assim, as relações sociais e entre sociedade e natureza não são estruturadas apenas nos centros do capitalismo, mas também nas colônias e nos países onde os produtos são fabricados sob condições econômicas, políticas, trabalhistas e socionaturais específicas.

As dinâmicas capitalistas ocorrem em condições de competitividade na economia global e são asseguradas e reguladas por meio do Estado e de acordos internacionais. As empresas buscam obter as condições mais favoráveis possíveis à exploração, e o capital possui, como enfatizam Marx e Engels (2010) no *Manifesto comunista*, uma tendência a produzir o mercado global. Assim, a mercantilização do trabalho e da natureza é um estágio essencial na expansão do capitalismo que, desde os primórdios, assumiu uma dimensão transregional, até mesmo global. Consequentemente, o capitalismo também implica a valoração e a apropriação no seio das sociedades e além de suas fronteiras, e está diretamente relacionado ao (neo)colonialismo e ao racismo (Luxemburgo, 1985; Harvey, 2004; Dörre, 2015; Chakrabarty, 2000; Mezzadra, 2012).

Os conceitos de *valoração* (*Inwertsetzung*) e *apropriação* (*Landnahme*) referem-se ao estágio de desenvolvimento do modo de produção capitalista que pode ser observado na relação entre o capitalismo e o que está *fora* dele — os chamados meios não capitalistas. Esses meios não são apenas regiões e países, mas também áreas da sociedade, como infraestruturas físicas e sociais, ou mesmo atividades e necessidades humanas. O momento de *acumulação* associado à valoração, por outro lado, está relacionado à criação de mais-valia no processo produtivo, à realização da mais-valia na esfera da circulação e ao crescimento do capital investido. É um processo que ocorre no *interior do capitalismo* e que só se torna possível por meio da tendência expansionista do capital (Görg, 2004; Foster *et al.*, 2010).

À luz do conceito de modo de vida imperial — e aqui nos baseamos na teoria da regulação (Lipietz, 1987; Boyer, 1990; Becker, 2002; Jessop & Sum, 2006; Atzmüller *et al.*, 2013) —, é preciso assinalar dois pontos. Em primeiro lugar, a acumulação capitalista sempre engloba produção e consumo (Aglietta, 1979, p. 151-3). A acumulação funcional requer, invariavelmente, uma correlação entre os padrões de produção e consumo, como se deu no caso dos bens duráveis e modelados para o consumo de massa (carros, televisões, lavadoras de roupas e geladeiras) produzidos nas décadas posteriores ao fim da Segunda Guerra Mundial, período do fordismo (ver capítulo 4). Por meio do consumo de bens produzidos de modo capitalista, a reprodução da força de trabalho se torna "um momento inerente ao circuito do capital" (Sablowski, 2010, col. 1.642).[8]

Em segundo lugar, a correlação entre os padrões de produção e consumo não é criada de forma automática ou obrigatória. Na verdade, trata-se do resultado provável das lutas sociais e da institucionalização das relações de forças governamentais e sociais e, finalmente, de acordos que emergem dessas lutas. No fordismo, as conquistas do Estado de bem-estar social garantidas pelos movimentos trabalhistas e o condicionamento da renda salarial ao aumento da produtividade foram elementos centrais de um "modo de regulação" que não apenas alavancou a prosperidade social nos países do Norte global, como também

---

8   Ver também Steckner & Candeias (2014).

permitiu que trabalhadores desses países recebessem uma fatia inédita da riqueza produzida.

Foi por meio desse mecanismo que se formaram as bases para a generalização social do modo de vida imperial no Norte global — um modo outrora acessível apenas à classe alta e média alta. Simultaneamente, a reprodução social da maioria da população acabou dependente do modo de vida imperial de várias formas. Primeiro, considerando-se a relação Norte-Sul, os recursos para a produção e o uso de bens necessários à reprodução social (minerais, combustíveis fósseis, produtos agrícolas) passaram a ser extraídos ou cultivados por mão de obra barata do Sul global; mais tarde, sob a égide da "nova divisão internacional do trabalho" (Fröbel *et al.*, 1977), a produção em si foi realocada aos países do Sul global em indústrias de mão de obra intensiva, como as têxteis e de vestuário. Segundo, essas relações de dependência se evidenciavam nas relações entre sociedade e natureza, dado que mineração, extração de petróleo e produção agrícola e industrial foram destrutivas para o meio ambiente e suprimiram os meios de vida de modelos econômicos alternativos do Sul global. Terceiro, o modo de vida imperial se inscreveu nas relações de gênero, principalmente por meio da generalização fordista do trabalho assalariado exclusivo para homens, designados "provedores", o que relegou as mulheres ao trabalho não remunerado de cuidado ou a postos não qualificados na linha de produção de aparelhos eletrônicos e eletrodomésticos (Schmidt, 2013). A visão de mundo andro/eurocêntrica e baseada na *masculinidade hegemônica* é, portanto, parte integrante do modo de vida imperial (Aulenbacher *et al.*, 2015b). Por fim, o racismo estrutural e o neocolonialismo também são parte essencial desse contexto, manifestos por meio da valoração inferior do trabalho no Sul global, justificando-se pela exploração e opressão, e criando um senso de superioridade nas sociedades do Norte (Saïd, 2015). Logo, a externalização dos custos materiais, sociais e ecológicos é acompanhada, como aponta Stephan Lessenich (2019, p. 69), pelos "processos de exclusão simbólica e experiências de desvalorização [...] [que andam] lado a lado com as práticas de dispersão do ônus e de transferência de culpa que projetam a responsabilidade pelos danos nas próprias vítimas".[9]

Por meio dos padrões de produção e consumo, a *reprodução* dos indivíduos e de suas famílias se torna um momento constitutivo do modo de vida imperial, sua precondição e seu resultado. Um aspecto crucial do capitalismo é que a reprodução da força de trabalho é dependente do mercado. Uma vez que as pessoas são "libertadas" dos meios requeridos para assegurar a própria existência (terra, ferramentas de trabalho e materiais) e separadas do contexto comunitário de uma "economia moral" (Thompson, 1971), a maioria é obrigada a vender sua mão de obra no mercado para poder sobreviver. Ao mesmo tempo, essa necessidade as empurra para o modo de vida imperial: especificamente, o processo de produção do qual retiram sua renda e os produtos dos quais necessitam para sua reprodução dependem da apropriação desigual da força de trabalho e da natureza em outros lugares.

O que se segue é de extrema importância para as considerações políticas e analíticas: a imposição estrutural para a adoção do modo de vida imperial, que muitas vezes causa destruição e sofrimento em outros lugares, não é, necessariamente, vivenciada como tal — ela é vista, com mais frequência, como uma forma de expandir a margem de ação do indivíduo (Graefe, 2016, p. 43). Para muitas pessoas, o modo de vida imperial significa a oportunidade de ter uma

---

9 Ver também Massarrat (2006a, 2006b).

vida subjetivamente realizada: a apropriação desigual do trabalho e da natureza cria as condições para a geração de renda, do mesmo modo que a aquisição de produtos (eletrodomésticos, alimentos industrializados, carros, smartphones) facilita a vida cotidiana e a torna mais agradável. Ademais, os recursos ampliam a gama de atividades de lazer e as metas de viagens, criando uma efetiva segurança, ou ao menos um senso autêntico de segurança, diante de situações de crise.

A imposição estrutural do modo de vida imperial também assume formas diferentes de acordo com o lugar onde os indivíduos vivem, com sua classe, gênero e raça. Enquanto algumas pessoas conseguem evitá-lo ao comprar produtos locais ou sazonais, outras possuem uma capacidade de ação limitada, especialmente quando se trata da organização de sua rotina diária de trabalho, dos produtos que consomem ou das relações em que se inscrevem. Quem possui um salário modesto e um patrimônio reduzido, ou depende de seguro-desemprego e programas de transferência de renda, só consegue acessar uma parte da riqueza social à medida que se beneficia das condições precárias de trabalho e da exploração do meio ambiente em outro lugar — por exemplo, ao comprar produtos baratos, como camisetas e mantimentos de baixo custo.

A vida imperial é, ao mesmo tempo, necessidade *e* promessa, imposição *e* precondição para viver e participar da sociedade. A relação entre imposição e facilitação, bem como a habilidade de escapar à coação, variam conforme a posição social do indivíduo. Essa posição não determina sua linha de conduta, mas delimita a margem de ação e, portanto, estabelece o leque de opções disponível para determinada pessoa. A perspectiva que propomos escancara, portanto, a reprodução extensiva da vida diária por meio de condições estruturais — ao mesmo tempo restritivas e facilitadoras — que são produzidas nas múltiplas práticas cotidianas.

Hegemonia e subjetivação

O modo de vida imperial caminha lado a lado com ideias específicas de progresso cujo cerne material reside no desenvolvimento das forças produtivas: os computadores devem ser mais poderosos e a comida deve ficar ainda mais barata — a despeito das condições sociais e ecológicas sob as quais são produzidos. Essas ideias se baseiam na relação articulada entre os padrões de produção e consumo. Por conseguinte, correspondem à dinâmica de acumulação capitalista e podem externalizar suas consequências negativas, de tal modo que se torna difícil desafiar o modo de vida imperial. É por isso que ele é *hegemônico*: é largamente aceito e assegurado em termos socioeconômicos, políticos e institucionais, profundamente incrustado nas práticas cotidianas das pessoas.

Para Gramsci (2007, p. 59), a hegemonia denota uma constelação de dominação na qual é compartilhado o "consenso dos governados".[10] Os elementos materiais e ideológicos desse consenso dominante, por sua vez, são fixados por meio do "senso comum" (Gramsci, 1999a, p. 115), que faz aspectos centrais da dominação social parecerem naturais e inquestionáveis. Desse modo, as relações sociais existentes são amplamente aceitas por indivíduos e atores coletivos, como empresas, sindicatos, instituições públicas, meios de comunicação etc., e se tornam parte de sua visão e interpretação de mundo — ou seja, sua produção de sentido.

10 Ver também Buckel & Fischer-Lescano (2007).

Em primeiro lugar, a hegemonia tem uma dimensão estratégica: representa a habilidade da classe dominante de generalizar seus próprios interesses e visões de mundo. As classes subalternas tomam para si esses interesses (por exemplo, em relação ao crescimento econômico e à competitividade) — ou, antes, são obrigadas a adotá-los, conforme sua posição social. O interesse das forças dominantes se torna, assim, o interesse comum, isto é, uma ideia amplamente partilhada do que conta como socialmente "normal", "necessário" ou mesmo "natural"; a classe dominante se torna a classe na "liderança". Isso pressupõe que ela apresente e persiga seus interesses de modo que se tornem atraentes para toda a sociedade — ou, ao menos, para a maioria. Não se trata do resultado de algum plano-mestre, mas algo que ocorre ao longo do caminho, por meio de conflitos entre diferentes setores da classe dominante, bem como entre esta e as classes subalternas.

Um aspecto material central da hegemonia, ao qual Gramsci se refere em sua análise do "americanismo e fordismo" (2001, p. 241-82), consiste nas regularidades e nos comportamentos esperados criados por meio de uma organização específica do processo de produção e da implantação de um padrão de consumo correspondente. Por meio do *Homo oeconomicus*, um comportamento historicamente específico, guiado pelo valor de troca e pela competição, é normalizado, torna-se parte da natureza humana (Gramsci, 1999). Essa "naturalização a-histórica de padrões de comportamento dominantes", como define Habermann (2008, p. 126), também é produto da ciência econômica prevalente, que contribui para a constituição das subjetividades que ela apenas finge descrever.

Em segundo lugar, a hegemonia é criada com base no modo de vida e no senso comum cotidiano, nas orientações práticas das pessoas em circunstâncias concretas. Nesse sentido, é algo pelo qual se deve lutar, não apenas estrategicamente, mas também em tudo que é dado como certo na vida cotidiana, nas ações rotineiras que fundamentam o modo de vida imperial: dirigir carros, sonhar com a casa própria, comprar dispositivos baratos de entretenimento e comunicação. Esse fato é de extrema importância se pensarmos em alternativas sociais e políticas: a ação estratégica por si só não será suficiente se os interesses em vista não se tornarem parte integrante das rotinas e práticas cotidianas, que por sua vez dependem das condições de vida. Nesse sentido, a hegemonia é uma práxis simbólica e materialmente abrangente que contém "as iniciativas individuais por meio das quais muitos indivíduos e grupos sociais, ao se submeterem ativamente aos hábitos partilhados pelo coletivo, consentem em ser governados" (Demirović, 1997, p. 257).

Uma teoria da hegemonia que atribui grande importância ao senso comum e às práticas cotidianas fornece uma compreensão mais ampla da dominação. Ao mesmo tempo, ela amplia a visão sobre os sujeitos que a ela se subordinam e a maneira como o fazem, ou seja, os processos de *subjetivação* por meio dos quais a dominação produz e estabiliza a si mesma, mas que também podem ser usados para desafiá-la (Brockling *et al.*, 2000; Boltanski & Chiapello, 2005; Foucault, 2007; Ludwig, 2011, 2012; Welzer, 2011). Quando a dominação não usa força, disciplina e opressão para se sustentar, mas, ao contrário, apoia-se nos desejos e nas vontades da população, ela se torna parte da identidade individual — e a molda para se tornar ainda mais efetiva. A essa altura, a dominação não é mais meramente externa aos sujeitos individuais; em vez disso, emprega os próprios mecanismos que os sujeitos usam para influenciar a si mesmos e, portanto, mostra sua eficácia justamente por não ser percebida como dominação.

Exemplifiquemos esse processo. O capitalismo se mostra atraente às pessoas por seu apelo à capacidade do indivíduo de agir racionalmente e ser responsável por seu próprio sucesso ou fracasso. Em sua fase neoliberal, o capitalismo abraçou a crítica emancipatória dos novos movimentos sociais das décadas de 1960 e 1970, que mirava originalmente as tendências disciplinadoras, paternalistas e patriarcais que caracterizavam o Estado e a sociedade no fordismo. Com isso, transformou essa crítica em oportunidade para conduzir a própria modernização. Enquanto as oportunidades de vida e consumo se expandiram significativamente para alguns, a competição e a desigualdade social se agravaram para outros. A corrida destrutiva por polos de produção e posições de status se tornou normal, o que aumentou a apropriação desigual da mão de obra e da natureza e, consequentemente, fortaleceu o modo de vida imperial. A forma predominante de subjetividade do capitalismo neoliberal se tornou o "eu empreendedor", internalizando os imperativos do neoliberalismo de modo a invisibilizar a dominação.

A subjetivação também possui um aspecto corpóreo. Classe, gênero e raça tornam-se corpos — como já indicamos na referência a Pierre Bourdieu. Eles se inscrevem em modos de movimento, emoção e gosto (Ludwig, 2011). O poder é, assim, "naturalizado". Ele se reproduz ocultando a diferença por meio do consumo, como forma de afirmar uma posição social e "materializar" o eu. Esse modo de autoafirmação e distinção se torna ainda mais importante "em tempos de agravamento dos perigos sociais", como mostra Stefanie Graefe (2016, p. 43). A autoafirmação, mediada pelo consumo, torna-se uma força motriz do modo de vida imperial.

Tal como ocorre na formação de padrões de produção e consumo mais ou menos coesos, a formação da subjetividade e da hegemonia não é um processo no qual o "capital" simplesmente fabrica os sujeitos e as práticas diárias necessárias ao seu funcionamento. Ao contrário: trata-se de uma luta contínua em que as pessoas estão sempre fazendo concessões entre seus desejos e suas oportunidades sociais, sem igualdade de acesso aos recursos do poder. A hegemonia e a subjetivação nunca são, portanto, totais. Os pleitos por participação e as concepções de justiça que acompanham os dois conceitos poderiam, na verdade, ser articulados de maneira reflexiva e crítica ante as relações sociais existentes. Isso é possível se as promessas do modo de vida imperial se mostrarem irrealizáveis para um número cada vez maior de pessoas, ou se o impulso para o consumo se sobrepuser aos possíveis ganhos de distinção, produzindo continuamente mal-estar social e sofrimento. Estudos recentes sobre as patologias da subjetividade neoliberal, no campo da sociologia do trabalho, mostraram que esse ponto de virada já pode ter sido atingido para muitas pessoas (Neckel & Wagner, 2013; Eversberg, 2014; Lessenich, 2014; Graefe, 2016).

Em relação à ideia de *habitus* mencionada anteriormente, também cabem as questões: em que situações o *habitus* cai por terra? Qual o ponto em que as demandas e os desejos não podem mais ser atendidos? Esse é possivelmente o caso em tempos de crise, mas também quando se acumulam pequenas inquietudes cotidianas ou novas experiências, ou mesmo como um momento de rejeição daquele modo de vida. É algo que pode se manifestar em pequenas mudanças no dia a dia de um indivíduo, muitas vezes temporárias, mas que também podem se estabilizar e produzir efeitos em um nível social mais amplo.[11] Pensando além de Bourdieu,

---

11 Critica-se frequentemente Bourdieu por ver apenas práticas inconscientes, tornando-as, dessa forma, passivas, ignorando seu potencial como ação, (auto)reflexão e processos

o mal-estar do *habitus* também pode desembocar na politização das relações estabelecidas e na busca prática por alternativas.

Ainda assim, não há um vínculo automático entre as experiências crescentes de desigualdade e uma consciência social reflexiva que possa traduzi-las em práxis emancipatória. Muitas outras formas de politização são possíveis, especialmente as reacionárias. Além disso — como demonstrado pela evolução política desde 2008 —, situações de crise podem ser estabilizadas precisamente pelo apoio estatal às práticas que constituem o modo de vida imperial. Veja-se a tentativa, por exemplo, de manter a produção e as vendas de automóveis com incentivos ao sucateamento de carros. Outra tendência nas políticas de crise é a de reduzir os preços dos produtos agrícolas industrializados por meio de acordos de livre-comércio.

Não obstante, a experiência da desigualdade abre espaço para confrontos sociais e políticos em torno de alternativas. É um espaço que não pode existir enquanto as promessas do modo de vida imperial forem realidade para muitas pessoas ou, pelo menos, pareçam estar ao seu alcance — desde que as formas dominantes de se orientar na sociedade estejam mais ou menos intactas e sejam vistas como normais. Nessa situação, o principal desafio para as forças emancipatórias (desafio ao qual retornaremos no último capítulo) é identificar algumas ideias ou, no mínimo, os resquícios de uma "economia

de aprendizagem — sobre essa e outras críticas, ver Sonderegger (2010, p. 22-8). A objeção surge de uma leitura mais "rigorosa", segundo a qual, para Bourdieu, as estratégias de poder e as estruturas dominantes são, "em um sentido muito determinado, sempre conscientes, expressas na fala, e podem ser implantadas se a situação (aos olhos de seus agentes) for crítica ou urgente" (Sonderegger, 2010, p. 27).

moral" (Thompson, 1971) e, a partir delas, criar uma visão convincente de uma vida igualmente boa que também seja ecológica e socialmente justa.

Hierarquização

Como já indicamos algumas vezes, ainda que falemos de *um* modo de vida imperial, esse fenômeno singular se reproduz ao longo de múltiplas linhas de divisão social — entre países e regiões, cidade e país, classes, gêneros, raça, bem como entre a sociedade e a natureza. Ele envolve uma série de relações de poder e dominação, já que a "vida melhor" que oferece para determinadas pessoas em certos lugares exige a subversão das condições de vida de outras pessoas em outros lugares (inclusive próximos, mesmo que muitas vezes invisíveis).

Essa multiplicidade se manifesta, por exemplo, no consumo conspícuo, por meio do qual os ricos afirmam sua posição social e os membros da classe média alta destacam suas pretensões de ascensão. No consumo e na compra de bens de luxo, o valor simbólico do produto supera seu valor de uso: um Rolex de cem mil reais não informa melhor as horas do que um relógio de pulso qualquer que custe menos de um centésimo desse preço. No entanto, se usado discretamente em contextos apropriados, a posse ostensiva pode garantir prestígio a seu proprietário.[12] Juntamente com a distinção conquistada por meio do consumo há uma nova forma de hierarquização apontada por Fred Hirsch (1979): os ricos também se diferenciam por meio de bens

---

[12] Para um exame dos efeitos socioecológicos do consumo de status em sociedades desiguais, ver Wilkinson & Pickett (2010). Ver também Veblen (2011).

exclusivos, que, ao contrário dos produtos de marca, são escassos e perdem valor quando usados por outras pessoas. Esses bens de "posição" incluem objetos de arte, antiguidades e propriedades em áreas muito caras.

Para ilustrar o argumento, foram identificadas diferenças substanciais entre os gêneros nos padrões de consumo que produzem as mudanças climáticas. As práticas de transporte e consumo de carne são dois casos significativos (Appel, 2010). Além disso, a responsabilidade pela crise ecológica — apesar da adoção generalizada do consumo baseado em combustíveis fósseis no fordismo — varia de acordo com a classe. Mesmo evitando o conceito de classe, o Instituto Wuppertal descobriu que

> as comunidades de estilo de vida, também conhecidas como meios sociais, que possuem a melhor educação, a maior renda e os mais altos níveis de consciência ambiental, também exibem, ironicamente, o maior consumo de recursos. [...] O efeito *eco-friendly* de suas decisões, que são em grande parte embasadas pela consciência ambiental, é anulado por sua condição material, que lhes possibilita pagar por mais produtos e serviços do que pessoas em meios sociais inferiores. [...] Embora pessoas com menos estudo e dinheiro não sejam tão ambientalmente conscientes, elas são, na realidade, muito mais amigáveis ao meio ambiente — sobretudo porque sua renda é baixa demais para custear um estilo de vida baseado no consumo intensivo de recursos. (Sachs & Tilman, 2009, p. 152)[13]

---

[13] Em outra publicação do Instituto Wuppertal, a abordagem central é uma "classe de consumidor transnacional". Esse conceito é esclarecedor, pois aponta a disseminação dos padrões de consumo do Norte global entre as classes média e alta do Sul. Contudo, não é um conceito de classe

Conceituar o modo de vida imperial não significa ignorar que poderosos atores capitalistas, com seu poder estrutural sobre a reprodução da força de trabalho e seus mecanismos de marketing cada vez mais sutis, empurram as pessoas para modos de vida específicos.[14] Tampouco quer dizer que todos os seres humanos vivem de maneira semelhante, mas sim que a sociedade é dominada por concepções específicas e amplamente compartilhadas do que seja a "boa vida" ou o desenvolvimento social. Os aspectos do modo de vida que servem à hierarquização da sociedade estão em tensão permanente com aqueles mais integrativos, que buscam garantir a hegemonia: o modo de vida imperial é baseado na desigualdade social e a reproduz. Ao mesmo tempo, permite lidar com a desigualdade social. Para isso, estabiliza as sociedades desiguais, fazendo com que a riqueza da classe alta pareça uma promessa de felicidade redentora para as classes subalternas, ainda que em quantidades mínimas.[15]

Externalização

Na seção "Valoração, acumulação e reprodução" já sugerimos que a produção capitalista de mercadorias, a concorrência, a orientação para o valor de troca e a mercantilização do trabalho e da natureza, bem como a apropriação da

no sentido marxista, pois não se trata do lugar do indivíduo no processo de produção (Sachs, 2005).

14 Em pesquisas futuras, seria apropriado investigar quais aspectos imperiais são compartilhados por várias relações de poder de acordo com classe, gênero ou raça — e quais contradições podem surgir, respectivamente.

15 Sobre a dimensão internacional da hegemonia, ver Gill (2003) e Bieler *et al.* (2015).

mais-valia, não são concebíveis sem *outro lugar* a partir do qual todos esses fenômenos possam lucrar em termos sociais, econômicos e ecológicos. A reprodução da força de trabalho nos países ricos é bastante capacitada graças a seu acesso "privilegiado" à mão de obra, aos recursos e aos sumidouros de outros lugares. Isso se manifesta principalmente em mercadorias baratas, como alimentos, bens de consumo duráveis ou os materiais para sua confecção, produzidos em outros países e regiões em condições social e ecologicamente destrutivas. Mesmo quando os salários estão estagnados ou em queda, "o carrinho de compras" pode ficar maior.[16] Marx chamou isso de aumento da "mais-valia relativa": ao reduzir o valor das mercadorias necessárias à reprodução da força de trabalho, o valor da mão de obra diminui e as taxas de mais-valia e lucro aumentam (Marx, 2011, p. 481-4). Sob as condições do mercado capitalista global e das relações industriais fortemente institucionalizadas nos centros, esse fenômeno se fundamenta em um sistema no qual o processo produtivo utiliza matérias-primas ou produtos intermediários fabricados em outros locais. Stephan Lessenich (2019, p. 51) fala em uma "sociedade da externalização", que atinge um estado permanente de terceirização com efeitos negativos.

> Exteriorizamos porque *podemos*, porque as estruturas sociais nos permitem fazê-lo, porque os mecanismos sociais nos autorizam, porque a prática geral confirma o que fazemos. Até certo ponto, no entanto, também

16 Sabemos que mercados globais relativamente abertos podem fazer com que a reprodução da força de trabalho nos países com maior poder de compra se torne mais barata. Ao mesmo tempo, porém, o trabalho remunerado é pressionado pela quebra de parâmetros, perda de salário ou desemprego.

externalizamos porque *não podemos fazer de outra forma*, porque as estruturas sociais nos forçam a fazê-lo, porque mecanismos sociais nos levam a fazê-lo, porque a prática geral em nosso ambiente social nos leva a fazê-lo.

As teorias sociais e econômicas feministas expandiram a perspectiva de externalização. Os elementos constitutivos da produção capitalista não incluem apenas a (super)exploração dos seres humanos e da natureza mediada pelo mercado, que muitas vezes requer uma valoração brutal. Eles também incluem a apropriação do trabalho de cuidado. A externalização, assim, é entendida em um sentido abrangente, como um "princípio" que contribui de modo decisivo para o funcionamento da economia capitalista (Biesecker & Winterfeld, 2014, p. 2-5). As autoras também elucidam que a estrutura capitalista de externalização, no sentido de uma desvalorização do que está à parte dela, tal como o trabalho socialmente feminino não remunerado e os serviços fornecidos pela ecologia natural, "torna-se a base para sua apropriação gratuita ou de baixo custo. A globalização do capitalismo, portanto, também leva à globalização desse princípio. Sua expressão máxima se dá em processos atuais de apropriação conectados às novas fronteiras" (Biesecker & Winterfeld, 2014, p. 2-5).

Juntamente com os processos de produção específicos, a importância de um *outro lugar* é visível na conexão entre trabalho remunerado e reprodução — mais precisamente, em "cadeias de cuidados" cada vez mais conectadas. Christa Wichterich propõe o conceito de "extrativismo transnacional do cuidado", que demonstra o fato e o método pelo qual "as classes médias globais garantem a própria reprodução por meio da apropriação de capacidades de cuidado de outras regiões mais pobres, desapropriando-as e, dessa forma, transferindo a crise da reprodução para esses povos" (Wichterich, 2016b, p. 60).

Ao mesmo tempo, apesar da imigração e do trabalho de cuidado organizado em nível transnacional, a estimativa socialmente limitada da moral do cuidado feminizada e racializada permanece no mesmo lugar, assim como suas respectivas ocupações. Wichterich prossegue:

> As situações de crise e as lacunas de fornecimento no Norte global são assim superadas e deslocadas para economias domésticas de outros países. Como uma variante do problema de conciliação de demandas, as provedoras de cuidados do Sul global ou do Leste [da Europa] são obrigadas a intervir individualmente para preencher a lacuna assistencial criada pelo "esgotamento do cuidado" em sua própria família — e lidar com a situação, delegando o cuidado dos próprios filhos e familiares idosos a parentes, vizinhos ou imigrantes de regiões ou países ainda mais pobres. (Wichterich, 2016b, p. 60)[17]

O modo de vida imperial abarca, portanto, uma crise de externalização socioeconômica e ecológica que mantém a vida e as relações de trabalho relativamente gratificantes e atrativas para certos grupos (privilegiados) em regiões específicas, em desfavor de outras regiões e grupos sociais. A tendência de externalizar problemas e crises é inerente às sociedades dominadas pelo modo capitalista de produção e ocupa um lugar poderoso no sistema global, política e economicamente. Como resumiu Erik Olin Wright (2010, p. 69), há uma "pressão sistemática sobre empresas para gerar externalidades negativas em busca da maximização de lucros".

---

17   Ver também Winker (2015b).

Sobre o valor de uso do conceito

Por fim, gostaríamos de resumir o valor político e acadêmico oferecido pelo modo de vida imperial em nove pontos. *Primeiro*, o conceito esclarece a ligação íntima entre o modo de produção capitalista, as práticas cotidianas e as formas de subjetividade — incluindo as formas de trabalho remunerado e não remunerado. As estratégias de valoração e realização do valor capitalista, as estruturas e os processos das políticas estatais, bem como as relações de forças dominantes, articulam-se em mecanismos de pensamento e ação, inscrevem-se nas identidades e nos corpos das pessoas, e são escolhidas e desejadas. Elas se impregnam nos poros da vida cotidiana.

Segundo, com o conceito de modo de vida imperial — que, graças ao adjetivo "imperial", une-se a uma semântica fortemente política —, o dedo em riste da desaprovação moral não deve ser apontado para pessoas que possuem e dirigem um carro, ou para quem, sem questionar, escolhe voar em curtas distâncias, apesar das opções de transporte alternativo, ou mesmo para aqueles que comem carne produzida industrialmente. É claro que esses hábitos devem ser criticados e mudados — inclusive por meio do comportamento individual, com restrições legais e até proibições, desde que acompanhadas de novas alternativas. Mas esse não é o escopo do conceito que empregamos de forma política e analítica, no sentido de que o principal ponto de partida para mudanças sociais não é "assumir uma responsabilidade pessoal" e fazer uma escolha individual "entre um comportamento moral e imoral" (Welzer, 2013, p. 78). Trata-se, na realidade, de expor as estruturas sociais e os padrões de desigualdade que reproduzem o modo de vida imperial.

Terceiro, o conceito aponta para uma causa fundamental que nos trouxe a essa situação, a saber, a persistência das práticas de esgotamento de recursos e emissão de poluentes, apesar da ampla conscientização sobre a crise ecológica. O modo de vida imperial mostra que a reprodução social é alcançada nos centros capitalistas sobretudo por meio do acesso à força de trabalho e aos recursos naturais em outros lugares — o que teve um efeito estabilizador nas recentes crises da globalização neoliberal. Indica, também, que as relações sociais em outros locais — até mesmo por meio de sua inclusão no mercado mundial — são estruturadas exclusivamente para esses propósitos.

Quarto, o conceito aponta as razões pelas quais as políticas ambientais globais estabelecidas desde os anos 1990 têm sido ineficazes. Vivemos uma verdadeira crise na gestão de crises, uma vez que o modo de vida imperial não desempenha papel algum de destaque nas políticas atuais — a melhor expressão disso são as Conferências das Partes (cop) anuais da Convenção-Quadro das Nações Unidas sobre Mudança do Clima. Não há uma única menção no Acordo de Paris, de 2015, às fontes de energia fóssil como a principal causa das mudanças climáticas. Mesmo as formas dominantes de política ambiental nacional contemplam, no máximo, a modernização ecológica, e não abordam os modos problemáticos de vida e produção (Brand & Wissen, 2018). Por isso, o conceito de modo de vida imperial desencoraja altas expectativas nas políticas governamentais e intergovernamentais diante das exigências para a transformação socioecológica — sem eximir o Estado de sua responsabilidade ou se contentar em olhar cinicamente para as formas políticas estabelecidas. Afinal, são as relações sociais de forças e as orientações dominantes que estão no coração das atuais relações entre sociedade e natureza — e não podem ser superadas apenas com a política estatal. Isso também se reflete nos chamados governos progressistas da América Latina, que nas duas primeiras décadas do século XXI fracassaram na criação de alternativas ao neoextrativismo orientado para o mercado mundial e, portanto, continuaram a extrair matérias-primas e combustíveis fósseis e a cultivar produtos agrícolas negociados no mercado global à custa do meio ambiente. Eles viram a conquista de uma fatia maior do mercado mundial como resultado final das lutas sociais para uma melhor distribuição de riquezas, mas não questionaram o todo nem suas condições de produção.

Quinto, o conceito explica por que, apesar dos múltiplos compromissos com a sustentabilidade e alguns esforços notáveis para lidar com a crise ecológica, nosso presente é dominado por políticas neoimperiais de recursos, novas formas de extrativismo e medidas de externalização de problemas ecológicos e econômicos. Uma crescente valorização da natureza no capitalismo apenas finge lidar com a crise enquanto estimula a economia capitalista. Isso é promovido pelas relações de forças, instituições e grupos de interesse dominantes, mas também pelo modo de vida hegemônico. Não se trata, de maneira alguma, de enfraquecer a própria ideia de imperialismo com o conceito de modo de vida imperial. Ao contrário: a intenção é lançar luz ao entrincheiramento hegemônico da política imperialista nas práticas e percepções cotidianas, especialmente nas classes média e alta das sociedades do Norte global. Para nós, é uma questão de fundamentação teórica e, com isso, uma exposição das políticas imperialistas e sua persistência em uma época em que as contradições socioecológicas do modo de vida imperial se tornam mais aparentes.

Sexto, o conceito de modo de vida imperial relativiza altas expectativas sobre bons argumentos, discussões públicas e racionais, ou o iluminado interesse da "humanidade" como um todo (ou mesmo de forças sociais dominantes).

Todos esses mecanismos falham devido aos padrões de percepção profundamente enraizados em orientações e práticas, ou estão seletivamente integrados às mesmas. O resultado é uma consolidação dos padrões concretos de produção e consumo pela modernização, em vez de um desafio aos padrões vigentes. Algo semelhante vale para muitas abordagens (supostamente) alternativas, nas quais as raízes profundas do modo de vida imperial permanecem, na melhor das hipóteses, negligenciadas, como no caso de uma *economia verde* (ver capítulo 7).

Sétimo: o conceito contém, invariavelmente, um aspecto de luta e mudança. No segundo capítulo, defendemos que a essência das sociedades capitalistas consiste precisamente em seu estado permanente de autotransformação. A questão é: em quais direções caminharemos, sob quais lógicas e quais constelações de interesses e relações de forças. O modo de vida imperial está definitivamente se tornando "mais verde" em termos de sustentabilidade ambiental. Mas também está ficando "mais marrom" com o aumento do consumo de energia fóssil e outras matérias-primas não renováveis. Não há jogo de soma zero entre as indústrias do "verde" e do "marrom", mas a expansão de certos setores está ligada ao simples fato de que há mais oportunidades de lucro para o capital. O modo de vida imperial, portanto, deve se revolucionar constantemente, ou melhor, deve ser revolucionado por muitos atores com seus interesses específicos, a fim de manter suas características essenciais. Isso também significa que a concretização desse modo de vida é e será sempre contestada. Por exemplo, as pessoas por ele afetadas negativamente, como trabalhadores de países do Sul global, ou os próprios governos, podem elevar os padrões sociais ou ambientais e, assim, influenciar as formas concretas de externalização.

Oitavo, o conceito de modo de vida imperial ilumina as precondições, os pontos de partida e as formas de politização emancipatória da crise ecológica. É um passo inicial importante para nos opormos ao fatalismo catastrófico recém-difundido, que por si só é um instrumento de estabilização das relações sociais que desempenham um papel primordial na catástrofe imaginada. Não se trata de fechar os olhos para cenários bem fundamentados como os descritos pelo IPCC; a questão é que o tempo está se esgotando, até porque estamos na iminência de atingir pontos de virada climáticos: por exemplo, o já citado derretimento do pergelissolo (*permafrost*), que liberaria na atmosfera altas quantidades de metano (um dos gases de efeito estufa mais agressivos). Em uma situação tão urgente, vale a pena aderir a um projeto complicado e contraditório de emancipação para se opor às formas autoritárias e tecnocráticas de lidar com a crise que, na verdade, só aprofundam os problemas.

Nono, o conceito constitui, portanto, um ponto de partida para possíveis projetos emancipatórios e para o horizonte de transformação socioecológica. Construir alternativas reais requer uma crítica constante das condições atuais e de falsas alternativas, além de exigir a criação de estratégias anti-hegemônicas e de um modo de vida atrativo que seja viável para os seres humanos, mas não social ou ecologicamente destrutivo. Isso demanda conflito e resistência, tanto contra atores poderosos como contra as atuais práticas imperiais do modo de vida dominante — assunto do capítulo 8.

4. A construção histórica do modo de vida imperial

Nesse nosso mundo, mundo de centros poderosos e
subúrbios submetidos, não há riqueza que não seja,
no mínimo, suspeita.
— Eduardo Galeano (1980, p. 287)

Uma história completa do modo de vida imperial poderia ser objeto de um projeto de pesquisa inteiro. Seria preciso recorrer a numerosas fontes históricas e obras historiográficas, e reinterpretá-las pelas lentes de nosso quadro conceitual. Também haveria que se rastrear os desenvolvimentos estruturais, bem como as diversas práticas, lutas e demandas empiricamente observáveis que têm se estabelecido periodicamente nessas estruturas, além daquelas que se provaram historicamente incapazes de fazê-lo ou que só sobreviveram de forma circunscrita. Teríamos, então, uma micro-história de várias camadas sobre a vida cotidiana de diversos grupos sociais, em regiões específicas e em diferentes períodos. Esses últimos, em particular, jamais caberiam neste pequeno volume.

Gostaríamos, porém, de usar este espaço para dar alguns exemplos ilustrativos de como o modo de vida imperial se desenvolveu em várias fases históricas — e quais continuidades e efeitos mantêm até hoje. O que mais nos interessa aqui é, em primeiro lugar, entender como a dinâmica do modo de produção capitalista se expandiu sistematicamente e submeteu de forma crescente as relações entre a sociedade e a natureza à mercantilização por meio do processo de apropriação. Esse ímpeto, aliás, sempre provocou contradições e crises sistemáticas.

Em segundo lugar, também é relevante compreender que as lutas de várias classes, segmentos de classe e grupos sociais por melhores condições de vida e mais possibilidades em períodos e locais específicos foram, de fato, bem-sucedidas, e como isso foi possível. Até mesmo esses movimentos vitoriosos foram, de acordo com a tendência geral, reintegrados sob condições de dominação colonial, patriarcal, racista e de classe. É por isso que as lutas em prol de causas socioeconômicas quase sempre *resultaram* na ampliação e consolidação do modo de vida imperial, e raramente levaram à concretização de modelos econômicos e sociais baseados em solidariedade e que não possuíssem efeitos ecologicamente destrutivos. Nosso argumento principal propõe que o modo de vida imperial é o resultado de uma negociação entre os interesses dos que estão no poder e as demandas e os desejos dos subalternos, externalizando tanto os pré-requisitos para produzir suas condições de vida quanto suas consequências negativas — é essa a dimensão imperial desse modo de vida.[1] Muitas vezes, esse padrão é consequência de compromissos sociais firmados nos próprios lugares onde as lutas por melhores condições de vida foram bem-sucedidas, com base em sua posição mais "vantajosa" na divisão internacional do trabalho, garantindo a dinâmica capitalista e a produção de mais-valia.

Em terceiro lugar, junto às alternativas que ocorrem *dentro* do capitalismo — muitas vezes completamente integradas e programadas para aprimorar as condições materiais de vida de grupos sociais médios —, sempre há

---

1 A intenção não é, de forma alguma, depreciar as lutas por um modo de vida solidário.

alternativas paralelas *a esse* sistema. Às vezes, tais caminhos levam até mesmo à modernização do capitalismo e acabam integrados, suprimidos ou forçados a continuar em um nicho. Aqui, não estamos preocupados com uma história do modo de vida imperial em si, mas em situar sua gênese e, assim, entendê-lo em sua mutabilidade histórica. Para contar a história do modo de vida imperial, porém, também é crucial descobrir possibilidades de intervenção, que emergem continuamente como um lugar de luta (Brenssell, 2013).

Com o objetivo de esboçar alguns aspectos da constituição histórica do modo de vida imperial, distinguiremos quatro fases nos próximos dois capítulos. A primeira vai do estágio inicial do capitalismo e do processo de colonização até o final do século XVIII. A segunda fase é a do capitalismo liberal e do avanço da colonização até o imperialismo dos séculos XIX e XX. Após uma longa transição durante as duas grandes guerras mundiais, a terceira fase, relativamente breve, começou com o fordismo, que se estendeu dos anos 1950 aos 1970. A quarta fase, da globalização capitalista neoliberal, segue em curso, mesmo com as crises enfrentadas atualmente em algumas partes do mundo.[2]

Reconhecemos que tratar de diferentes fases do desenvolvimento capitalista é sempre uma questão de heurística. A despeito de quaisquer semelhanças, a verdadeira história do processo ocorreu com certo atraso em várias regiões (o fordismo, por exemplo, estabeleceu-se nos Estados Unidos bem mais cedo), ou

---

2 A composição desse quadro foi feita a partir de nossa própria esquematização da economia política internacional neogramsciana e da teoria da regulação com uma orientação histórica, teórica e estrutural. Ver Alnasseri *et al.* (2001), Cox (1987), Candeias (2004), Sieder & Langthaler (2010) e Jessop (2009).

de maneira diferente no plano local (por exemplo, a mesma industrialização vigorosa não se deu em todos os lugares) e com descontinuidades. Tampouco pretendemos sugerir uma unidade de dominação colonial e neocolonial, ou considerar que os desenvolvimentos e atores fora da Europa não tivessem influências, relações internas de forças ou dinâmicas próprias.[3] Isso seria eurocêntrico e apresentaria as sociedades não europeias como passivas, tornando sua "modernização" visível apenas de fora (sob o olhar europeu). A esse respeito, a historiografia do modo de vida imperial também toma as regiões externas à Europa como centros de competência, fatores de poder e agentes históricos.

Os objetos de uma história global, no sentido de uma "história social global", são — juntamente com a análise das estruturas estabelecidas, operadas e dissolvidas — as "interações e transferências cada vez mais intensas entre regiões do mundo e a formação de redes econômicas, políticas, sociais e culturais, bem como as instituições e mídias que as habilitam, organizam e impulsionam" (Sieder & Langthaler, 2010, p. 10). Dessa forma, as "transferências e interligações" através das fronteiras podem ser colocadas em perspectiva, sem que seja preciso falar "do mundo inteiro" (Sieder & Langthaler, 2010, p. 10).

Também devemos considerar que o processo de interação entre diferentes regiões do mundo não é, de forma alguma, simétrico. Quando as sociedades capitalistas avançadas do Norte global "interagem" com os meios não capitalistas nas sociedades do Sul, são as primeiras que ditam os termos e levam as segundas ao desaparecimento — ou, no mínimo, lhes impõem uma lógica capitalista. Seguir essa regra aparentemente "simples" não significa

---

3   Sobre esse risco, ver a crítica ao conceito de modo de vida imperial em Burchardt & Peters (2015, p. 248).

reduzir tudo ao economicismo ou determinismo, mas, sim, apresentar uma hipótese mais ampla de "sobredeterminação". As relações e os processos sociais são sobredeterminados quando têm causas múltiplas que não podem ser reduzidas uma à outra, influenciando-se mutuamente. Eles não devem ser pensados como um resultado inevitável das leis econômicas, mas como *efeitos complexos* criados no transcorrer da própria história, "através do mundo das formas múltiplas da superestrutura, das tradições locais e das circunstâncias internacionais" (Althusser, 2015 [1965], p. 88).[4]

Os argumentos aqui apresentados se baseiam na tradição da ecologia política, em cujos marcos a sociedade e a natureza não são entendidas como unidades isoladas, mas no amplo contexto das "relações entre sociedade e natureza" (Görg, 2011; Becker & Jahn, 2006; Haberl *et al.*, 2016; Brand & Wissen, 2018). A natureza, consequentemente,

> representa uma precondição por meio da qual as atividades sociais mediadoras são viabilizadas, e abrange uma variedade de potenciais e contextos de impacto, que são socialmente maleáveis, mas escapam a uma organização e a um controle abrangentes. É por meio disso que a experiência de independência e autonomia da natureza se constitui. (Jahn & Wehling, 1998, p. 83)

A consideração de que tanto a sociedade como a natureza são diferenciadas em si mesmas nos lembra que não se trata de duas entidades totalmente iguais (uma "sociedade" homogênea não é mediada por uma "natureza" homogênea). Ao contrário, a mediação é um processo que ocorre em níveis espaciais muito diferentes — do

4   Ver também Hall (2012, 2017, 1986, 1977).

local ao global — e em campos bastante diferentes, como alimentação, moradia, transporte ou vestuário. Isso também é relevante para o curso dos desenvolvimentos históricos.

Nesse sentido, este capítulo tenta apresentar um esboço do desenvolvimento do modo de vida imperial desde o período colonial. A partir daí, poderemos esboçar a importância do modo de vida imperial para o desenvolvimento do capitalismo industrial desde o final do século XVIII e, finalmente, para o fordismo. Esta última fase levou a uma primeira "universalização" do modo de vida imperial, especialmente nos países industrializados do Norte global, mas também nos países semiperiféricos (particularmente na América Latina), onde surgiu uma "classe média".[5] No final da década de 1960, o capitalismo pós-guerra se viu em uma crise que também sinalizava a instabilidade das formas dominantes de apropriação da natureza até então hegemônicas.[6]

Esse tópico é abordado no quinto capítulo, em que mostramos de que maneira a crise do fordismo abriu uma janela histórica de oportunidade, durante a qual o modo de vida

---

5 Usamos o conceito de "classe média" ou "estrato médio" conscientes de sua imprecisão. Queremos nos referir, principalmente, aos grupos profissionais e funcionais que se diferenciam da classe trabalhadora devido a seus salários mais altos e por estarem "integrados à escala das responsabilidades gerenciais" (Kadritzke, 2016a, p. 481). Uma análise semelhante da "média" social e uma crítica de seu lugar na teoria sociológica recente pode ser encontrada em Kadritzke (2016b).

6 Especialmente neste quarto capítulo enfocamos a universalização do modo de vida imperial nos centros capitalistas, mas também sua relação com as classes médias da semiperiferia. Ao fazê-lo, tentamos considerar a dinâmica capitalista de valorização, acumulação e expansão; as lutas por prosperidade e participação material e a crescente melhoria das condições de vida de amplos setores da população; a hierarquização estrutural que já é inerente ao modo de vida imperial; e a externalização tal como funciona hoje.

imperial foi desafiado. Por um lado, o mundo experimentou um momento poderoso e generalizado de descolonização nas duas décadas seguintes à Segunda Guerra Mundial. Nos anos 1970, esse fenômeno levou a debates sobre uma nova ordem econômica internacional. A crise ecológica também se tornou uma pauta central em várias iniciativas — veja-se o aumento brusco dos preços do petróleo e os "domingos sem carro" (*car-free Sundays*); o desejo e o surgimento de práticas alternativas de vida; a primeira Conferência das Nações Unidas sobre o Meio Ambiente Humano, em Estocolmo, em 1972; e o relatório *Os limites do crescimento*, do Clube de Roma. Novos movimentos sociais também surgiram, formulando críticas conceituais e, ainda assim, bastante práticas ao modo de vida imperial predominante, buscando mudá-lo e desafiá-lo, a exemplo do movimento de solidariedade e paz, do movimento feminista, das organizações de juventude e, principalmente, do movimento ambientalista. Essa fase deixou um legado de lições e experiências com efeitos de longo prazo, com os quais ainda hoje podemos nos conectar e ativar nossas lutas.

Essa janela, entretanto, fechou-se novamente. O capitalismo se reestruturou a partir da década de 1980, levando ao aprofundamento do modo de vida imperial nos centros e à sua difusão nos países do Sul global.[7] Isso gerou inúmeras ramificações, até a atual

---

[7] No quinto capítulo, também queremos mostrar, por meio de certos aspectos históricos e contemporâneos, que o modo de vida imperial se espalha e se torna hegemônico tanto pela (a) valorização, acumulação e expansão do capitalismo quanto pelas (b) lutas por melhores condições de vida nos países do Sul global. Ele é acompanhado por (c) formas de hierarquização. Mas não só. Algo é (d) universalizado, mas, por razões ecológicas, econômicas e sociais, não pode se estender a todo o mundo.

situação política e social. É cada vez menos eficaz externalizar as precondições e consequências negativas do modo de vida imperial nos centros do capitalismo, porque os próprios países em desenvolvimento utilizam políticas de externalização para garantir esse mesmo modo de vida e manter seus compromissos sociais. Por sua vez, esse quadro leva a *tensões ecológico-imperiais* e representa um obstáculo significativo para a implementação razoavelmente eficaz de políticas nacionais e internacionais voltadas à sustentabilidade. Em vez disso, a atual constelação consiste, por um lado, na impossibilidade "pós-política" de se extraírem alternativas das instituições vigentes e, por outro, em políticas marcadas por um progressivo autoritarismo.

Colonialismo e capitalismo industrial

O modo de vida imperial se integrou ao colonialismo a partir do século XVI, quando "novos" espaços eram constantemente submetidos à apropriação capitalista (*Landnahme*) e à valoração. Esse processo foi assegurado por meio da violência física direta ou pela ameaça de violência, ou mediado por imposições estruturais. Já a essa altura, o aumento da produtividade e da prosperidade nas metrópoles era fundamentado em uma ordem mundial de recursos que favorecia os centros ligados ao início do capitalismo. Espanha e Portugal foram os primeiros a garantir esse arranjo para o capitalismo mercantil, seguidos pela Holanda (Crosby, 1972).

O modo de vida imperial dos centros europeus moldou as relações sociais e as relações entre sociedade e natureza, especialmente nas colônias latino-americanas. O sistema de extrativismo estabelecido pelos países dominantes continua vigente (Gudynas, 2010; Acosta, 2013; Ramírez & Schmalz, 2018; Svampa, 2012, 2019; Brand *et al.*, 2016), garantindo o que o teórico do desenvolvimento André Gunder Frank chamou de "desenvolvimento do subdesenvolvimento" (Frank, 1967). Essas sociedades eram governadas por donos de *plantations*, companhias mineradoras, administrações coloniais, pela burguesia mercante urbana e pela aristocracia. Desde meados do século XVI, metais como ouro e prata e produtos agrícolas como café, açúcar e tabaco foram produzidos para a Europa com uso de trabalho forçado.[8] Nesse ponto, a demanda dos centros capitalistas foi decisiva. A cidade de Potosí, no que veio a ser a Bolívia, considerada o centro da produção global de prata em meados do século XVI, tinha 150 mil habitantes naquela época (no mesmo período, duzentas mil pessoas moravam em Londres e quatrocentas mil, em Paris). Trabalhadores locais — especialmente povos indígenas, na mineração — e escravizados da África foram explorados em condições de trabalho que variavam de precárias a catastróficas. Outros modos de vida baseados em coleta, agricultura ou caça foram em grande parte prejudicados e, em muitos casos, destruídos.[9]

As campanhas de pilhagem e conquista foram impulsionadas pelo mito de *El Dorado*, a história de um cacique indígena que governava uma cidade feita de ouro puro e um vasto território repleto do metal precioso.

---

8   Jack Ralph Kloppenburg Jr. (1988) examina a "acumulação primitiva" de recursos genéticos vegetais, mostrando que os produtos minerais e agrícolas não foram os únicos levados aos grandes centros. Como resultado de viagens científicas de exploração, elementos da biodiversidade do Sul global também foram apropriados na forma de sementes de enorme valor econômico.

9   Para uma compreensão mais ampla, ver Komlosy (2018).

Havia ainda as justificativas ideológicas para a exploração colonial, principalmente em termos racistas, como os que aludiam a uma "missão" civilizadora. A natureza era vista como "selvagem" e devia ser "domada". A diversidade de culturas e economias entre os povos indígenas foi negada e, em sua maior parte, destruída.

O historiador do consumo Manuel Schramm (2010, p. 371) destaca que um novo padrão estava surgindo no modo de vida das colônias latino-americanas — semelhantes às da África —, que perdurou no século XIX e foi responsável pela integração dos subalternos ao mercado mundial:

> as elites eram tão fortemente orientadas para o consumo europeu que quase não havia chance de se desenvolver uma indústria doméstica de bens de consumo, pois não havia clientes suficientes. O resultado foi uma divisão peculiar entre as elites europeizadas das cidades e um interior que ainda era predominantemente caracterizado pela economia de subsistência. Entre eles, havia uma classe média que tentava imitar o consumo europeu sem dinheiro suficiente para comprar produtos importados. Foi aqui que os fabricantes nacionais encontraram sua melhor oportunidade de sucesso.[10]

10 Vamos nos concentrar na Europa e na América Latina. Na China, no Império Otomano, no Japão e na Índia, houve muito menos interferência europeia na agricultura e na produção até o século XIX. No final do século XVIII, a China ainda possuía uma renda per capita superior à da Grã-Bretanha, e até meados do século XIX ainda apresentava um desempenho econômico melhor. Além disso, novas pesquisas históricas mostram que o sistema mundial capitalista não foi desenvolvido apenas pela Europa, mas organizado de maneira multipolar em várias partes do mundo, desde suas origens no início da modernidade até o princípio do colonialismo europeu. Uma visão geral sobre esse tema pode ser vista em Kurtenbach e Wehr (2014). Em "Die

A oposição ao domínio espanhol e português emergia repetidamente, à medida que sua dominação se tornava mais rígida diante da crescente concorrência da Grã-Bretanha, a partir da década de 1770. Em 1780, uma notória rebelião se descortinou no Vice-Reinado do Peru, liderada por Tupac Amaru, contra os tributos abusivos sobre a população indígena e seu recrutamento forçado para a força de trabalho. Foi a primeira vez que ecoaram os gritos por independência da Espanha. A revolta, que foi reprimida após dois anos, permanece como um marco da memória coletiva (indígena) de uma sociedade não racista e não imperial.

Após a Revolução Francesa (1789), houve uma rebelião ainda mais ampla contra a colonização pelo Norte global, especialmente na colônia francesa de Saint-Domingue. Ali, quase 90% da população, formada em sua maioria por negros escravizados, cultivava açúcar para a França, enquanto os 10% restantes dos seiscentos mil habitantes eram afro-europeus livres, mas com direitos muito limitados. A classe dominante era composta por colonos brancos originários da França. Em resposta à Revolução Francesa, os afro-europeus e, mais tarde, os escravizados rebeldes começaram a exigir direitos civis e políticos. Ao cabo de muitas batalhas sangrentas, os escravizados conquistaram a liberdade em 1794. Alguns anos depois, os governantes franceses foram finalmente expulsos da ilha após contínuos combates, e, em 1804, o Haiti se tornou o segundo país politicamente independente

Entstehung der Konsumgesellschaft" [A emergência da sociedade de consumo], Manuel Schramm (2010) argumenta que, já em 1800, na China, no Império Otomano, no Japão e na Índia, os bens de consumo eram comprados por amplos setores da população, com o comércio igualmente voltado para esse mercado desde o início.

do hemisfério ocidental, depois dos Estados Unidos (Schüller, 1994).

As revoltas na América Latina lutavam não só pela abolição da escravidão, mas também contra a constante apropriação de terras e a externalização do modo de vida imperial. Fosse o produto em questão o açúcar ou o café na Colômbia ou no Caribe, a borracha no Brasil ou os minérios metálicos no Chile, na Bolívia ou no Peru,[11] o padrão era o mesmo: seres humanos e natureza eram valorados de acordo com o ritmo do desenvolvimento nos centros capitalistas. Isso provocou uma oposição que derivava não apenas da economia moral das comunidades indígenas e afro-americanas (no sentido amplo das Américas), mas também dos esforços das elites brancas locais em participar da prosperidade transferida para os centros. Todos os pré-requisitos foram reunidos para transformar o modo de vida imperial do Norte global em um modelo atraente também para esses territórios, mesmo que antes só tivessem experimentado seus custos sociais e ecológicos. Assim, o colonialismo criou as condições econômicas e políticas para o desenvolvimento colonial e europeu.

Além da expansão e da apropriação territorial, o colonialismo também se valeu da profunda transformação das sociedades europeias e, a partir do século XVIII, do uso de combustíveis fósseis. No que diz respeito à Inglaterra, Rolf Peter Sieferle (1982) argumenta que o uso de carvão retirado das profundezas da terra, inicialmente preferido à madeira por conta da facilidade de seu transporte, foi traduzido em ganhos de área de superfície disponível: as terras que antes eram usadas para fins energéticos se tornaram disponíveis para a pastagem de ovelhas, que também forneciam a lã necessária para a produção de

11   Ver a abordagem ampla de Galeano (1980).

tecidos. A introdução do carvão, no entanto, não reduziu apenas os custos do capitalismo agrário. Graças às suas características enquanto fonte energética, o uso industrial de carvão também aumentou a produtividade da fabricação de ferro e ajudou o capitalismo industrial a avançar.

Andreas Malm (2016) apontou, em seu estudo inovador sobre o *capital fóssil*, que o carvão também serviu como meio crucial para disciplinar a força de trabalho. Em contraste com a energia hidrelétrica — a outra principal fonte de energia nos primeiros anos do capitalismo industrial —, a energia a vapor podia ser gerada independentemente do espaço e do tempo, possibilitando a concentração de um grande número de trabalhadores nas fábricas urbanas, além de seu disciplinamento por meio das máquinas. A partir de meados do século XIX, o uso de carvão em larga escala se tornou, assim, um importante meio de subsunção real do trabalho ao capital. A dominação e a degradação da natureza através da queima de energia fóssil andavam de mãos dadas com o domínio de uma classe social por outra. Ou, como diz C. S. Lewis, "o poder do homem sobre a natureza [...] acaba por ser um poder exercido por alguns homens sobre outros homens, tendo a natureza como instrumento" (Malm, 2016, p. 314).

O país pioneiro nesse processo de desenvolvimento foi a Inglaterra. Lá, a instituição do capitalismo foi apoiada por um "sistema de compromisso" político, cuja essência consistia na incorporação da aristocracia a um Estado centralizado já a partir do século XVI, ao mesmo tempo mantendo a propriedade altamente concentrada da terra, protegida por direitos. O domínio pessoal sobre as populações locais (especialmente o da nobreza sobre os camponeses) foi eliminado, a aristocracia foi desmilitarizada, e um monopólio político de coerção legítima foi construído. O poder do Estado se tornou público e "impessoal" (Gerstenberger, 2009).[12] A aristocracia, no entanto, permaneceu a classe dominante, embora exercesse seu poder, como mostrou Ellen Meiksins Wood (2017), principalmente por *meios econômicos* — em contraste com os seus pares da Europa continental — mediados por sua propriedade privada. *Politicamente falando*, eles faziam parte de um Estado cada vez mais centralizado, no qual a soberania relativa e compartilhada (o arranjo típico do feudalismo) se rompeu e, com isso, dissolveu-se a base do poder da aristocracia.

A perda relativa do poder político "não econômico" significava que as classes dominantes não podiam mais se apropriar do trabalho excedente por meio da coerção direta, mas dependiam antes de meios econômicos — ou seja, da coerção mediada pelo mercado. Aqui, os direitos de propriedade funcionavam em benefício das classes dominantes: como a terra estava altamente concentrada nas mãos da aristocracia, grande parte da safra era produzida por agricultores que pagavam aluguel, e não por camponeses que possuíam a terra. Para suportar a pressão econômica dos donos da terra e obter acesso a mais glebas, os agricultores dependiam do aumento contínuo da produtividade e da apropriação do trabalho excedente das massas cada vez mais despossuídas.

Os imperativos do mercado se espalharam por domínios sociais cada vez amplos. A adaptação a essa lógica se tornou uma necessidade de reprodução social para as classes superiores, de modo que permanecessem competitivas

---

12   O monopólio estatal da violência não é uma característica única do Ocidente, como costuma se considerar, pois também se formou em outras regiões do mundo (Kurtenbach & Wehr, 2014). Estudos feministas mostram que o monopólio do Estado ocidental sobre a violência física é reivindicado apenas de forma fictícia, pois a violência doméstica é ignorada (Sauer, 2001).

em relação a outros grandes proprietários de terras e agricultores arrendatários ou, no caso de trabalhadores agrícolas despossuídos, para encontrar um comprador para sua força de trabalho. Esse processo culminou na produção da estrutura social das sociedades capitalistas:

> A famosa tríade de grandes proprietários, inquilinos capitalistas e trabalhadores assalariados foi o resultado, e, com o crescimento do trabalho assalariado, também aumentaram as pressões para se elevar a produtividade do trabalho. O mesmo processo criou uma agricultura altamente produtiva capaz de sustentar uma grande população não envolvida na produção agrícola, mas também uma massa crescente sem-terra que constituiria uma grande força de trabalho assalariada e um mercado doméstico de bens de consumo baratos — um tipo de mercado sem nenhum precedente histórico. Esse é o pano de fundo da formação do capitalismo industrial inglês. (Wood, 2017, p. 103)

Se o capitalismo inglês se desenvolveu a partir de suas próprias relações internas de classe e de propriedade, foi a pressão externa da Inglaterra que impulsionou o processo na Europa continental, na forma de um desenvolvimento capitalista liderado pelo Estado. A tendência à expansão territorial intrínseca ao capitalismo também se manifesta na pressão que as empresas britânicas exercem sobre as empresas e os estados da Europa continental usando seus produtos — que os europeus continentais só podem combater desenvolvendo as próprias forças produtivas (Gerstenberger, 2009; Wood, 2017).

Outro elemento espacial da dinâmica capitalista é ainda mais importante em nosso contexto. Wood já o apontou: a separação entre imperativos econômicos e coerção política, um aspecto constitutivo do capitalismo, criou a condição prévia para uma expansão econômica que, contudo, exigia apoio extraeconômico. Esse apoio, porém, em contraste com as economias pré-capitalistas, não estava vinculado ao controle político de longo prazo do território que se pretende desenvolver economicamente:

> A unidade pré-capitalista de poderes econômicos e políticos, como a do senhorio feudal, significava, entre outras coisas, que os poderes econômicos do senhor feudal nunca poderiam se estender além do alcance de seus laços pessoais ou alianças e poderes extraeconômicos, de sua força militar, regime político ou autoridade judicial. (Wood, 2017, p. 177)

Por outro lado, o capital, por meio de "imperativos especificamente econômicos (de mercado) [...], é capaz de ultrapassar os limites da coerção direta e ir muito além das fronteiras da autoridade política" (Wood, 2017, p. 178). Essa foi uma condição importante para o desenvolvimento e o florescimento do modo de vida imperial. Como concluiu Sieferle (1982), esse aspecto, junto a todos os outros, possibilitou que o suprimento energético fosse "libertado" das restrições nacionais e se globalizasse, ou seja, externalizasse seus custos sociais e ecológicos:

> A Revolução Industrial não foi uma emancipação absoluta das limitações da terra, mas a acumulação local de uma capacidade de exportar e redistribuir tais restrições na sociedade global. Ela não acabou com os obstáculos da terra (europeia) de uma vez por todas, apenas forneceu à Europa maneiras de se apropriar dos recursos terrestres de outros continentes. (Hornborg, 2010, p. 43)

Os Estados Unidos também passaram a exportar quantidades cada vez maiores de produtos agrícolas a partir de meados do século XVIII, e, em troca, importavam bens de consumo da Europa. Pouco a pouco, construíram sua própria indústria de bens de consumo, fabricando produtos para amplas faixas da população. De certa forma, em um país rico em recursos e que não possuía estruturas sociais feudais, esse processo pavimentou o caminho para o modo de desenvolvimento fordista.

Inicialmente, o modo de vida imperial se limitou a fornecer bens de luxo às classes altas. Mesmo assim, já surgiam os primeiros sinais de sua disseminação por toda a sociedade — como o destacado consumo, pelas classes inferiores britânicas, de açúcar importado (Schramm, 2010, p. 366-7). Contudo, apesar de fomentar uma economia cada vez mais orientada para o consumidor, o modo de vida imperial não era hegemônico na moldagem da reprodução e, portanto, da vida cotidiana da maioria da população. Como analisa Edward P. Thompson (2013, p. 318) sobre a situação na Inglaterra durante a Revolução Industrial,

> O trabalhador "médio" permaneceu muito próximo do nível de subsistência, mesmo cercado pela evidência do aumento da riqueza nacional, muito da qual era claramente fruto de seu próprio trabalho e passava, por meios igualmente evidentes, para as mãos de seus empregadores. Em termos psicológicos, isso era sentido como um declínio nos padrões de vida.[13]

13 Schramm (2010, p. 365) oferece uma perspectiva diferente. Segundo o autor, a Inglaterra exibia aspectos importantes de uma sociedade de consumo desde 1800, incluindo, por exemplo, "um alto grau de comercialização na agricultura, produção florescente de bens de consumo, um sistema de transporte muito eficiente para o padrão pré-industrial, liberdade pessoal de compra e venda, publicidade comercial e assim por diante".

Logo, o modo de vida imperial *não* era um terreno de conciliação entre as classes dominantes e os subalternos. Os privilégios de explorar a natureza e os seres humanos permaneceram, em grande parte, uma prerrogativa das classes altas.

Capitalismo liberal, neocolonialismo e imperialismo no século XIX

Em essência, a situação não mudou na fase do capitalismo liberal iniciada no século XIX. A novidade dessa fase não residia no fato de que as classes subalternas do Norte global — isto é, a classe trabalhadora, que crescentemente representava uma força social organizada — se apropriavam dos padrões de consumo das classes altas. A única exceção a isso era o consumo de açúcar, já mencionado — segundo Osterhammel (2014, p. 228), o açúcar de cana foi, além do chá, a única "importação exótica que mudou hábitos fora do pequeno círculo de comidas e bebidas de luxo [...]. [A] produção mundial de açúcar dobrou entre 1880 e 1900 e dobrou novamente entre 1900 e 1914". O açúcar "realmente se tornou um alimento dos pobres, um rápido impulso de energia para a força de trabalho exausta da Grã-Bretanha industrial" (Osterhammel, 2014, p. 228-9).

As funções que os padrões imperiais de produção e consumo acumularam como estabilizadores sociais são aparentes nos produtos alimentícios. A novidade do capitalismo liberal foi a ascensão da burguesia à classe economicamente dominante e a escala global sob a qual o capitalismo industrial e o imperialismo intensificaram a competição pela força de trabalho e pelos recursos naturais. No plano ideológico, a "família burguesa" se afirmou como modelo, e o "progresso" se tornou uma linha-padrão para justificar qualquer política, incluindo a colonial. Como resultado disso, o racismo, amplamente construído sobre teorias biológicas pseudocientíficas, também se intensificou. Nesse sentido, tornou-se parte do modo de vida imperial, na medida em que construiu um *Outro* atrasado que precisava ser integrado a um *Nós*, justificando a exploração de outras regiões do mundo.

A transformação do capitalismo inicial e industrial no Norte global trouxe profundas mudanças ao setor agrícola e se desenvolveu em ritmos muito variados em diferentes regiões. Como já mencionamos, a Inglaterra foi o centro onde se engendrou uma nova base energética e tecnológica na sociedade a partir de meados do século XVII, acompanhada de uma profunda agitação social causada pelo uso de carvão e, posteriormente, pela máquina a vapor. Em 1800, cerca de 90% do carvão queimado em todo o mundo era extraído na Grã-Bretanha — em parte, para exportação (Krausmann & Fischer-Kowalski, 2010, p. 43-5). O carvão atingiu o ápice como fonte de energia em meados do século XIX. Entre 1850 e 1914, a produção mundial cresceu, passando de cerca de oitenta milhões de toneladas por ano para mais de 1,3 bilhão. A Grã-Bretanha, que era a maior produtora de carvão no início desse período, cedeu essa posição aos Estados Unidos com a chegada da Primeira Guerra Mundial (Osterhammel, 2014, p. 655). As proporções da Europa e dos Estados Unidos envolvidas na produção industrial passaram de 23% em 1750 para 85% em 1880 — ano em que a China produzia um terço dos bens industrializados no mundo. Inicialmente, as principais indústrias eram têxteis, de ferro e de aço; os produtos elétricos, químicos e alimentícios ganhariam espaço mais tarde.

No contexto dessas condições históricas, Karl Polanyi identificou particularmente o século XIX com uma violenta "desvinculação" das relações sociais em favor dos processos de mercado capitalistas, antes organizados social e coletivamente:

> A história econômica mostra que a emergência de mercados nacionais não foi, de forma alguma, o resultado da emancipação gradual e espontânea da esfera econômica do controle governamental. Pelo contrário, o mercado foi a consequência de uma intervenção consciente, e às vezes violenta, por parte do governo[,] que impôs à sociedade a organização do mercado, por finalidades não econômicas. (Polanyi, 2000, p. 290)

Um sinal claro da intensa expansão capitalista foi o crescimento da população da Europa, de apenas 190 milhões em 1800 para quatrocentos milhões em 1900. A expectativa média de vida também subiu nesse período. Serge Moscovici fala dos recursos complementares de pessoas e matérias-primas, por um lado, e de conhecimentos e habilidades, por outro (Moscovici, 1968, p. 186-90). Esses elementos se tornaram a base da revolução industrial e agrícola e do processo intensificado de urbanização. Os avanços tecnológicos, a aplicação industrial da ciência e a constante racionalização dos procedimentos operacionais foram tão importantes para essas mudanças sociais e econômicas quanto a disponibilidade de matérias-primas. É claro, porém, que havia outro elemento essencial, fosse nos países em rápida industrialização, fosse em suas colônias: a construção de infraestrutura pesada, como ferrovias, navegação a vapor e telégrafos.

Politicamente, o modo de vida imperial foi assegurado no Ocidente durante o "longo século XIX" — como Ilya Ehrenburg e Eric Hobsbawm denominaram o período entre a Revolução Francesa e a Primeira Guerra Mundial

— sob a égide da *Pax Britannica* (Hobsbawm, 1988). O governo britânico estava em posição de ditar amplamente as leis do transporte internacional, além dos padrões em finanças, produção e comércio. Com poderio naval e o domínio econômico mais avançado da Europa, a Grã-Bretanha criou padrões globais de produção e distribuição capitalistas. Além disso, com o título de maior poder colonial, governou a Índia entre 1813 e 1947, controlou o comércio da China (após as duas guerras do ópio, entre 1839-1842 e 1856-1860) e causou o enfraquecimento econômico do império alemão. No entanto, a predominância internacional da Grã-Bretanha ficou sob pressão a partir do final do século XIX. A competição por colônias e principalmente por matérias-primas levou ao desenvolvimento do imperialismo histórico a partir da década de 1870, sujeitando as colônias a violências brutais e à exploração dos recursos naturais. A Conferência de Berlim, que ocorreu de novembro de 1884 a fevereiro de 1885 e dividiu o continente africano, mostrou, no entanto, que as potências imperiais estavam completamente de acordo. Ao mesmo tempo, as tensões aumentavam, particularmente com o Império Alemão, e levaram à Primeira Guerra Mundial.

O forte crescimento da demanda por materiais utilizados na indústria, a produção de bens de consumo e a demanda por produtos agrícolas tiveram profundas implicações no desenvolvimento econômico, político e cultural dos países periféricos. Juntamente com produtos "clássicos", como café, tabaco, açúcar, prata e ouro, novos produtos se tornaram importantes para os centros e passaram a ser produzidos nas colônias e nos novos Estados-nação, no caso da América Latina. Entre eles estavam algodão, minério de ferro e, um pouco mais tarde, grãos, seguidos de carne e banana, após a invenção das tecnologias de refrigeração na década de 1880. Até o desenvolvimento dos fertilizantes químicos, havia também uma intensa demanda por salitre. A invenção do automóvel na década de 1880 e do trator, no *fin de siècle*, levaram a uma demanda crescente de borracha da Amazônia e da matéria-prima que estava se tornando o lubrificante da economia: o petróleo bruto. Devido a seus altos custos de investimento, a mineração exigia um estreito entrelaçamento político e econômico nos países periféricos. Os chamados "magnatas da mineração" mantinham relações estreitas com as altas finanças, lembra Komlosy. Além disso, prossegue o autor, "faziam lobby com seus governos para acomodá-los com políticas, leis, infraestruturas e instituições coloniais (por exemplo, bolsas de valores e institutos de pesquisa)" (Komlosy, 2016, p. 46).

Nessa época, a América Latina testemunhou a formação de uma "burguesia compradora" completamente dependente do capital estrangeiro (Poulantzas, 1974, p. 165). Enquanto isso, os grandes proprietários de terra mantinham domínio econômico e político. A partir de meados do século XIX, esses países e outras colônias passaram a beneficiários líquidos não apenas de bens de consumo, mas também de bens de capital, como máquinas. As importações de capital levaram à expansão das ferrovias e à modernização do setor de mineração dominado pelas empresas estrangeiras. Uma "ordem neocolonial" se consolidou, tornando-se estável o suficiente, em comparação aos anos anteriores, para durar até a Grande Depressão e proporcionar às elites e às classes médias sua própria riqueza — especialmente na América Latina (Donghi, 1993).

Ao mesmo tempo, desenvolveram-se discursos totalmente compatíveis com a estrutura do mercado mundial e o modo de vida imperial: era necessário "usar o enorme potencial de recursos para o desenvolvimento", as cidades "civilizadas" tinham que lidar com um "interior bárbaro", que precisava ser explorado, controlado e economicamente valorado (Kaltmeier, 2011). Os povos indígenas eram potenciais "obstáculos ao progresso", enquanto as sociedades europeias eram os modelos de desenvolvimento e de boa vida, ou seja, o ponto de referência comum das elites do Sul global e dos milhões de emergentes da classe média e da classe trabalhadora.

No entanto, não foi apenas nas colônias que o capitalismo liberal de livre-mercado veio acompanhado de condições de vida e trabalho catastróficas para a maioria das pessoas: o mesmo se deu nos centros. O capitalismo produziu seu próprio adversário. Por fim, o impulso do desenvolvimento capitalista — como escreve Polanyi — também nasceu do "conflito entre o mercado e as exigências elementares de uma vida social organizada" (Polanyi, 2000, p. 289).[14] A partir da década de 1860, vários "contramovimentos" e "contracorrentes coletivas" surgiram em resposta a essas tendências destrutivas, na forma de mobilizações trabalhistas, leis de regulação das fábricas, criação de programas sociais, leis para limitação do comércio e medidas de controle da riqueza por meio da fundação de bancos centrais.

Um ponto central do conflito no século xix que reuniu os trabalhadores dos centros capitalistas e consolidou as reivindicações por uma vida melhor foi a luta pela diminuição da jornada de trabalho.[15] A demanda surgiu na Grã-Bretanha na década de 1830 e foi copiada com sucesso na Nova Zelândia e na Austrália. Inicialmente, a exigência era (junto com a abolição do trabalho infantil) uma jornada de dez horas e, depois, de oito. Portanto, o movimento sindical se formou, em grande parte, nas batalhas por uma jornada menor

---

14 Ver também Brie (2015).

15 Sobre a legislação fabril inglesa de 1833-1864, ver Marx (2011, p. 439-62).

(Hermann, 2015, p. 109-11). É claro que o dia útil de oito horas só foi estabelecido como norma em muitos lugares a partir do século xx — e está sujeito a pressões crescentes hoje em dia. Na Inglaterra do século xx havia uma tradição mais antiga de absenteísmo pós-fim de semana chamada "santa segunda" (*Saint Monday*), na qual os artesãos pulavam o dia útil seguinte à folga no domingo ou, pelo menos, trabalhavam com menor intensidade (Thompson, 1967, p. 73).

Fordismo: universalização do modo de vida imperial nos centros

O período fordista do capitalismo, que tomou forma nos Estados Unidos a partir da década de 1930 e na Europa após a Segunda Guerra Mundial, e cujo nome, claro, homenageia o fabricante de automóveis Henry Ford, marcou uma ruptura decisiva.[16] Enquanto a jornada de trabalho continuava sendo um ponto central de disputa entre trabalho e capital, a luta por uma fatia da abundância de mercadorias produzidas sob o capitalismo passou para o primeiro plano. Em contraste com os séculos xix e xx, como escreve Juliet Schor, o aumento da produtividade após a Segunda Guerra Mundial deixou de ser usado como um motivo para encurtar o dia útil:

16 Um relato histórico abrangente discutiria, além do New Deal nos Estados Unidos, também o fascismo europeu, que de certa forma impulsionou o desenvolvimento posterior do modo de vida imperial.

Em vez disso, o crescimento da produtividade foi transformado em rendas maiores e usado para a expansão da *produção*. Salários e lucros aumentaram. A produtividade e o aumento dos salários reais foram explicitamente vinculados. Consequentemente, cresceu a demanda por consumo, porque o dinheiro estava circulando no bolso da população. (Schor, 2015, p. 61)

As pessoas renunciaram a um possível aumento de seu tempo livre em troca da oportunidade de consumir mais. Essa é a essência da "conciliação de classe fordista", que se tornou a base do desenvolvimento relativamente estável dos centros capitalistas no pós-guerra.

Sob esse pacto, a reprodução da força de trabalho foi associada ao circuito do capital. O consumo da classe trabalhadora — aqui reside uma das mudanças centrais trazidas pelo fordismo — estava então concentrado na posse e no consumo de *mercadorias*, ou seja, os produtos que atendiam às necessidades diárias não eram mais bens produzidos pelos próprios trabalhadores assalariados, mas comprados por eles (Aglietta, 1979, p. 158). O modo de vida racionalizado, disciplinado e consumista desses trabalhadores estava ligado a uma tremenda dinâmica de produção. Os carros tornaram a mobilidade acessível a uma parcela cada vez maior da população, enquanto as refeições diárias passaram a depender crescentemente do consumo de carne produzida de forma industrial (que, por sua vez, tornou-se um indicador primário de prosperidade) ou de outros alimentos industrializados, e a vida passou a ser caracterizada por residências unifamiliares com aquecimento central, geladeira, televisão e jardins cultivados para ornamentação, em vez de hortas para legumes. As formas econômicas (semi)subsistentes, como a agricultura de meio período e o cultivo eventual de vegetais, foram refreadas. A renda "disponível" (renda pessoal, deduzidos os impostos) cresceu. Burkhart Lutz (1989) chamou de "apropriação interior" (*innere Landnahme*) essa mercantilização da reprodução dos trabalhadores assalariados. Graças a esse processo internalizado, a universalização da relação salarial encontrou seu equivalente nos padrões de consumo.

Os Estados Unidos formaram, assim, o ponto de partida para o estabelecimento do fordismo. Após a Segunda Guerra Mundial, o país não só era o maior credor do mundo, como multiplicara sua capacidade produtiva — sua participação na produção industrial mundial passou de um terço em 1913 para 42% logo antes da crise econômica de 1929. Com o fim da Segunda Guerra, houve uma reorientação da produção de armas para bens de consumo industrializados, apesar do início da Guerra Fria e da onipresença dos militares.

Além disso, os Estados Unidos não eram apenas a economia mais produtiva do setor industrial: a partir da década de 1940, também possuíam a economia agrícola de maior rendimento. As plantas cultivadas por cruzamento levaram a enormes saltos na receita, enquanto a criação de uma base de colheita uniforme permitiu às empresas agrícolas industriais agilizar o cultivo, aumentar o uso de máquinas e substituir a força de trabalho humana. A industrialização da agricultura foi acompanhada pelo avanço de empresas de sementes e agroquímicos, bem como de companhias que processavam ou vendiam os alimentos resultantes. Foram os agricultores do sexo masculino, em particular, que receberam apoio financeiro para implementar a modernização da agricultura, tanto nos países metropolitanos quanto nas periferias.

Os parâmetros de consumo resultantes desse processo incentivaram a homogeneidade e transformaram o sistema agrícola global devido à forte orientação para os produtos de origem animal, exigindo pastagens extensas e imensas quantidades de ração. Critérios econômicos rigorosos foram introduzidos para a criação intensiva de animais, com suas raças híbridas, períodos curtos de engorda, tecnologias modernas de confinamento e divisão estrita de trabalho no processo de produção, principalmente para porcos e aves. Em certo sentido, esse desenvolvimento é, juntamente com o milho híbrido, o emblema do agronegócio fordista (Kloppenburg Jr., 1988). A produção industrial e o processamento de carne nos currais de Chicago também contribuíram para o desenvolvimento original da organização fordista, uma vez que o próprio Henry Ford copiou a ideia da esteira transportadora a partir do método de abate por "linha de montagem".

O surgimento de padrões de consumo "modernos" e "ocidentais" veio acompanhado de uma redução na durabilidade dos produtos, seja em termos do material em si, seja no valor dos bens que foram projetados para seguir o ritmo acelerado das "tendências de moda". No plano da distribuição, isso ocorreu após o desenvolvimento de redes de varejo e armazéns com serviços de autoatendimento e pedidos por correio a partir do final do século xix; e também na década de 1950, com a criação de shopping centers suburbanos. A publicidade e o marketing foram profissionalizados e se converteram em objeto de estudos científicos. Os custos de bens de consumo foram reduzidos com o aumento da produtividade, barateando na mesma medida a reprodução da força de trabalho. Além disso, os trabalhadores puderam acessar uma parte da crescente mais-valia através de aumentos reais de salário.

De modo geral, e a despeito das diferenças em escala nacional, a conciliação de classe do fordismo foi institucionalizada via corporativismo, o que harmonizou as formas de solucionar conflitos de classe com os requisitos para acumular capital sem perturbações. Com isso, o paradigma social-democrata passou a dominar a Europa Ocidental. Os conflitos centrais foram organizados em torno da distribuição da riqueza na sociedade, mas não direcionados contra as formas de produção ou a propriedade e a disposição desses meios. As demandas por redistribuição foram voltadas ao Estado, que se tornou um ator cada vez mais importante. Além disso, o governo começou a intervir como regulador em áreas como segurança do trabalho, higiene alimentar e normas de saúde, que ganharam importância em um cenário de industrialização crescente.

Como a produção foi organizada de acordo com as ideias de Frederick W. Taylor — com uma separação rígida entre trabalho conceitual e prático, segmentando o processo de trabalho em etapas curtas e repetitivas —, a produtividade aumentou no mesmo ritmo, e essas mudanças formaram a base do modo de desenvolvimento fordista. O Estado tornou esse cenário possível, construindo a infraestrutura necessária para o transporte de fontes de energia e outras matérias-primas, produtos e pessoas. O fordismo também se baseava no acesso constante e ilimitado a um exterior e a *outro lugar*, particularmente o "outro lugar" de trabalho reprodutivo não pago e da força de trabalho e das matérias-primas do Sul global. Estes últimos foram os principais objetos de apropriação agressiva e externalização.

O automóvel — ao lado de residências particulares e eletrodomésticos — funcionava como o veículo emblemático do modo de vida fordista e sua forma correspondente de subjetividade (ver capítulo 6). Enquanto isso, a produção padronizada fomentada nas grandes corporações exigia um alto grau de disciplina dos trabalhadores, e não apenas no trabalho: o modelo de um provedor branco, masculino e de relações patriarcais familiares entre os gêneros foi estabelecido na maioria dos países do Norte global, em sintonia com os padrões fordistas de produção e consumo.

Como disse Antonio Gramsci em 1934, com os Estados Unidos em mente:

> Revela-se claramente que o novo industrialismo quer a monogamia, quer que o homem-trabalhador não desperdice suas energias nervosas na busca desordenada e excitante da satisfação sexual ocasional: o operário que vai para o trabalho depois de uma noite de "orgias" não é um bom trabalhador; a exaltação passional não pode se adequar aos movimentos cronometrados dos gestos produtivos ligados aos mais perfeitos automatismos. (Gramsci, 2001, p. 269)

Gramsci (2001, p. 248) chama isso de "adaptação psicofísica à nova estrutura industrial", que produz um "novo tipo de ser humano". Portanto, não surpreende a descoberta de que Henry Ford dirigia seu próprio "Departamento Sociológico", que sujeitava os trabalhadores a um controle rigoroso: "Era esperado que vivessem frugalmente, não fumassem ou bebessem demais; suas esposas deviam ser boas donas de casa e não ter um emprego" (Schmidt, 2013, p. 405). Esse processo de simplificação e racionalização não se limitava, portanto, apenas ao âmbito profissional, mas foi incorporado à vida cotidiana, às práticas intelectuais e até às intervenções estatais.

No contexto deste livro, a "apropriação interior" foi decisiva. Esse fenômeno ilustrava como o modo de produção capitalista penetrava os poros, por assim dizer, da vida cotidiana dos trabalhadores e era injetado nas instituições do Estado e da sociedade — mas também sinalizava que o modo de vida imperial das classes média e alta havia sido universalizado em toda a sociedade. Ele se tornou hegemônico, ou seja, amplamente aceito, como um componente das coisas que tornavam a (re)produção social atrativa e viável. A autopercepção dominante da sociedade era expressa por conceitos como "sociedade de consumo" ou "sociedade de classe média nivelada" (como o sociólogo Helmut Schelsky denominou em meados da década de 1950), pela nova figura do "consumidor" ou pela promessa de "prosperidade para todos" de Ludwig Erhard, o primeiro--ministro da Economia da Alemanha Ocidental. Portanto, o modo de vida imperial virou o terreno de conciliações entre capital e trabalho nos centros imperiais e capitalistas.

O padrão de produção e consumo do fordismo é extremamente oneroso em termos de recursos e emissões, pois exige materiais e sumidouros globais em uma escala historicamente sem precedentes. Acima de tudo, esses altos custos estão relacionados à intensificação do uso de combustíveis fósseis — o petróleo em primeiro lugar, mas também o carvão — para fins energéticos e não energéticos:

> O petróleo não era apenas a base material de inúmeros produtos (por exemplo, plásticos, roupas e medicamentos), mas também seu principal combustível de transporte. Dessa forma, assegurava-se que mesmo os produtos sem petróleo em sua composição fossem distribuídos e consumidos por meios de mobilidade baseados em petróleo. (Huber, 2013, p. 180-1)

Outras inovações tecnológicas nos campos da química, agricultura, telecomunicações, engenharia, eletrônica e transporte também garantiram a dinâmica do fordismo, exigindo, da mesma forma, um gasto extremo de energia e matérias-primas. A automobilidade — ou seja, o uso difundido de automóveis viabilizado pelos respectivos processos de produção, tecnologias, infraestruturas e políticas públicas — ampliou particularmente a extração de recursos e, em consequência disso, a transformação da paisagem natural. Como lembram Krausmann e Fischer-Kowalski (2010, p. 52): "Para cada quilômetro de rodovia, são necessárias quarenta mil toneladas de cimento, aço, areia e cascalho, e as ruas precisam de dez a quinze vezes mais superfície do que as ferrovias. A essa altura, o setor de transportes está substituindo a indústria como o maior consumidor direto de energia".

O uso de recursos domésticos dobrou nos Estados altamente industrializados (Europa Ocidental, América do Norte, Nova Zelândia, Austrália e Japão) entre 1950 e 1970. Além disso, cerca de metade dos materiais utilizados globalmente foi gasta nesses países. Apenas entre 1960 e 1970, a importação líquida de combustíveis fósseis triplicou no Ocidente industrial — um dado qualificado por exportadores vultuosos como Austrália e Canadá (Schaffartzik *et al.*, 2014, p. 90-2).

Em meados do século XX, o modo de vida fordista estava politicamente ancorado na ordem mundial da *Pax Americana*, repousando no poder econômico dos Estados Unidos sobre as regiões que mais influenciava. Ao mesmo tempo, uma *Pax Sovietica* se contrapunha em uma parte significativa do mundo, com seu claro centro econômico e político — e onde também era possível discernir características estruturais de um modo de vida fordista (periférico).[17] No entanto, vamos

---

17   Schramm enfatiza a diferença entre o modelo socialista e o ocidental-individualista de consumo. O primeiro também implicava, com diferenças substanciais entre países e ao longo do tempo, "aspectos da distribuição 'equitativa' de recursos (com restrições à liberdade de escolha individual) e uso coletivo de bens duráveis, como carros e eletrodomésticos" (Schramm, 2010, p. 45).

nos concentrar no desenrolar do modo de vida imperial no mundo capitalista. O domínio militar e político dos Estados Unidos no Ocidente e a rivalidade entre os sistemas orientais e ocidentais resultaram — da perspectiva do Norte global — em relações globais relativamente estáveis (fato notado pelo acesso controlado a recursos baratos, como o petróleo).

Uma parte fundamental da "visão dominante do mundo ocidental" (Dunlap & Catton Jr., 1994, p. 12) era a ideia de que a "sociedade" poderia se emancipar cada vez mais da "natureza" ou das restrições naturais por meio de inovações tecnológicas e científicas. O que realmente ocorreu, porém, não foi uma "emancipação" do mundo natural, mas a externalização das consequências de relações extremamente destrutivas entre sociedade e natureza. Esse fenômeno foi uma condição prévia essencial para o funcionamento dos padrões de produção e consumo fordistas. Quanto mais essas práticas de uso intensivo de recursos e emissões se tornavam universais nas sociedades do Norte global, maior era a demanda por *outros lugares*: locais que servissem como origem e destino dos recursos, ou como espaço de armazenamento para seus custos sociais e ecológicos. A chamada atitude "no meu quintal, não" (ou NIMBY, de *not-in-my-backyard*) prevaleceu como um elemento crucial de externalização, ou seja, "eu" não deveria sofrer, no meu próprio quintal, as consequências negativas das minhas ações. Essa atitude também marcava a postura cotidiana do modo de vida imperial. No campo da produção, a década de 1960 assistiu ao surgimento de uma tendência de se deslocar muitas "indústrias sujas" — em outras palavras, indústrias que demandam trabalho intensivo ou causam danos ambientais — para os países do Sul global. As indústrias afetadas foram as de aço, têxteis, de produtos químicos e eletrodomésticos, além de materiais específicos utilizados nas cadeias desses produtos.

Muitas sociedades ocidentais do Sul global cultivavam o chamado modo de produção e vida "periférico--fordista". A Grande Depressão expôs a dependência dos países do Norte global e, consequentemente, intensificou a industrialização e a urbanização em algumas nações e regiões do Sul, levando a um aumento das classes trabalhadoras e médias. Foi particularmente o caso dos países já descolonizados da América Latina, que agora poderiam dirigir a própria política econômica. O Estado expandiu seu escopo (Donghi, 1993, p. 247): introduziu tarifas protecionistas, transferiu renda das exportações para o mercado interno e conciliou os interesses das classes média e alta urbanas com os da classe trabalhadora (ou, pelo menos, deu os primeiros passos nessa direção). Em certa medida, o Estado agiu contra os interesses da oligarquia agrária, por exemplo, reconhecendo a luta pela reforma agrária liderada pelos movimentos camponeses. Junto a isso, surgiu uma forma de "nacionalismo do consumo" (Schramm, 2010, p. 376) bastante significativa, que se manteve pela década de 1970, alimentada pelas importações caras e pela conscientização sobre tradições regionais, como no caso das tortilhas mexicanas, ligadas à produção de milho. Em alguns países, essa tendência levou até mesmo à nacionalização de recursos minerais e matérias-primas — foi o caso do setor de petróleo no México, em 1938.

Na década de 1960, a "revolução verde" proclamada no setor agrícola resultou na universalização dos métodos de produção desenvolvidos no Norte global. Foram as empresas estadunidenses em particular que, dispostas a difundir o modo de vida fordista, lideraram o projeto de internacionalização de métodos agrícolas industriais e suas respectivas ideias de modernização. Com isso, o melhoramento genético de plantas, combinado à química agrícola, à assistência alimentar e aos programas de marketing e de acesso ao crédito, tornaram-se componentes estratégicos da política externa (econômica) dos Estados Unidos (Kloppenburg Jr., 1988; McMichael, 2009a).

Os hábitos de consumo das classes médias da América Latina e de outras partes do Sul global acabaram se assemelhando, dessa forma, aos de seus pares no Norte. A partir de meados do século XX, o modo de vida da classe trabalhadora também se tornou mais e mais dependente da economia capitalista. Nesse sentido, os sinais da expansão do modo de vida imperial nos países (semi)periféricos eram visíveis desde o desenvolvimento do fordismo. Isso se provou ainda mais verdadeiro quando as nações do Sul global começaram a se organizar mais intensamente, a partir da década de 1960 — por exemplo, no contexto da Conferência das Nações Unidas sobre Comércio e Desenvolvimento (Unctad) —, a fim de reforçar a reivindicação de uma parcela da prosperidade gerada pelo Norte global, que se deu em grande parte graças aos recursos e à força de trabalho do Sul. A demanda por uma nova ordem econômica internacional, levantada pela primeira vez na Unctad III, realizada em 1973, em Santiago, no Chile, e adotada no ano seguinte pela Assembleia Geral da ONU, exemplifica essas mudanças. O modo de vida imperial se converteu no núcleo material da promessa de desenvolvimento e progresso, que não se cumpriria no Sul global — e, de fato, para a maioria da humanidade, não se realizou até hoje. O consenso internacional normativo enfocou a ideia de "desenvolvimento" como um processo de modernização e industrialização guiado pelos modelos das metrópoles ocidentais ou orientais (Sachs, 1997; Ziai, 2017). De maneira muito limitada, a "apropriação interior" também é visível em partes do Sul global, sem, no entanto, causar qualquer mudança nas exportações de recursos naturais do mercado mundial ou na estrutura fundamental do extrativismo.

De acordo com essa tendência, as necessidades cada vez mais onerosas de recursos do modo de vida fordista exigiam relações antidemocráticas entre o Norte e o Sul. Isso é especialmente óbvio no caso do petróleo bruto, por exemplo, no seu processo de extração (como recurso), bem como nas consequências ecológicas de sua combustão (o uso de sumidouros e o aquecimento global). A respeito da extração, pode-se observar a cooperação dos Estados capitalistas e de empresas do Norte global com movimentos conservadores, unindo--se a governos no Sul para garantir o acesso aos depósitos de petróleo e suprimir os esforços democráticos da oposição (Mitchell, 2011). Quanto aos sumidouros como as florestas, que absorvem o CO_2 resultante da combustão de petróleo e outros combustíveis fósseis, apesar de estarem localizados principalmente nos países do Sul global, são reivindicados ou sobrecarregados em massa — vide as mudanças climáticas — pelo Norte.[18] Por esse motivo, os padrões fordistas de produção e consumo não podem ser mantidos democraticamente e requerem força militar, relações econômicas desiguais ou coerção política institucionalizada na forma de acordos comerciais.

No final da década de 1960, ficou claro que a capacidade de aumentar a produtividade do modo de desenvolvimento fordista estava esgotada, levando a dificuldades na valorização do capital e, portanto, a fenômenos de crise. Além disso, os Estados Unidos perderam sua posição de predominância econômica, em grande parte devido à exportação bem-sucedida do

---

18 As medidas aqui são as emissões de CO_2 per capita, que permanecem significativamente mais altas nos países do Norte global do que nos do Sul (embora tendam à convergência). Ver International Energy Agency (2014, p. 84-6).

amplo modelo de produção e consumo fordista — sobretudo para a Europa Ocidental. Em outras palavras, a instabilidade é resultado da universalização do modo de vida imperial no Norte global.

Na fase de crescimento do capitalismo global, principalmente nos países do Norte, as reivindicações por uma vida melhor feitas pelos trabalhadores e seus representantes foram mais ou menos satisfeitas para amplos setores da população — ao menos em termos de necessidades materiais. Em muitos países do Sul global, devido à expansão mundial do capitalismo, isso levou ao crescimento da classe média e ao início da industrialização. Durante a crise do fordismo periférico, na década de 1970, muitos governos tomaram empréstimos baratos para sustentar os padrões de consumo da classe média e, graças a eles, preservaram sua legitimidade, enquanto testavam também uma forma de "industrialização endividada" (Altvater, 1987, 1992). Nesse cenário, surgiram movimentos e causas radicais, formados a partir das experiências de descolonização e após a Revolução Cubana (1959), desafiando o modo de vida imperial do Norte global. Parte deles foi submetida à repressão brutal de regimes autoritários ou ditaduras militares. Mesmo assim, muitas pessoas mantiveram aceso o desejo de uma vida fundamentalmente melhor. Na década de 1970, quando o período fordista chegou ao fim, o modo de vida imperial ficou preso em sua própria crise — mas ainda permaneceu atrativo e expansivo.

5. Modo de vida imperial: a universalização e o aprofundamento global

Vemos, no entanto, que o capital, mesmo em sua plena maturidade, não pode prescindir da existência concomitante de camadas e sociedades não capitalistas.
— Rosa Luxemburgo (1985, p. 250)

Oportunidades perdidas: a crise do fordismo

Da perspectiva atual, a década de 1970 parece ter sido uma janela de oportunidade histórica durante a qual o modo de vida imperial foi desafiado — e por várias razões. Um precursor do crescente descontentamento foi o livro *Primavera silenciosa*, de Rachel Carson (1962), que analisou os efeitos negativos dos pesticidas na cadeia alimentar, seguido de várias outras obras abordando o tema. Uma quebra de safra na produção de milho nos Estados Unidos em 1970 chamou a atenção para os perigos ocultos do modelo de agricultura fordista, fundamentado em variedades de alto rendimento e monoculturas. Publicações como o já citado relatório *Os limites do crescimento* (1972), encomendado pelo Clube de Roma, iniciaram amplos debates sociais. A primeira Conferência das Nações Unidas sobre o Meio Ambiente Humano ocorrida em Estocolmo, em 1972, a qual também já mencionamos, abriu caminho para a fundação do Programa das Nações Unidas para o Meio Ambiente (Pnuma).

Após a guerra árabe-israelense do Yom Kippur, em outubro de 1973, as nações da Organização dos Países Exportadores de Petróleo (Opep) aumentaram o preço do barril (159 litros) de três para cinco dólares — o que hoje parece inacreditavelmente baixo. Isso colocou em risco um dos fundamentos do modo de vida imperial, em especial nas metrópoles capitalistas e nos países periféricos que não controlavam as próprias reservas de petróleo. Além disso, a apropriação desigual dos recursos naturais foi cada vez mais politizada pelos governos e pelos movimentos de libertação do Sul global. O foco principal eram os preços das matérias-primas, considerados muito baixos e voláteis, o que dificultaria a libertação desses países da dependência neocolonial. Até mesmo o papel problemático das empresas transnacionais, o acesso às tecnologias e o espaço para o desenvolvimento industrial nacional se tornaram tópicos de amplo debate político na sociedade e na academia (Altvater & Mahnkopf, 1996b; Zinn, 2015). Tudo isso representava apenas uma parte das discussões sobre uma nova ordem econômica internacional, a ser liderada pelos países recém-descolonizados no início da década de 1970, particularmente no contexto da Unctad, e exigiria que as antigas relações de dependência fossem superadas (ver capítulo 4). Essa demanda era democrática em sua essência: um questionamento sobre quem está no controle e quem tem "legitimidade" para extrair os recursos naturais e se beneficiar de seu uso.

Os problemas do modo de vida imperial também vieram à tona com a perfuração de petróleo nos Estados Unidos, cuja produção atingiu o pico de 3,8 bilhões de barris em 1970. Por volta de 2008, essa extração tinha caído para 2,1 bilhões, devido a fontes cada vez mais escassas. Com o aumento do consumo de petróleo — cerca de um terço a mais ao longo desse período —, os Estados Unidos passaram a depender muito mais das importações.

Em alguns países, como Bélgica, Holanda e Alemanha Ocidental, a expectativa de escassez de petróleo levou à adoção dos já mencionados "domingos sem carros". A Áustria, por sua vez, tentou reduzir o fluxo de automóveis com os rodízios, limitando a condução em alguns dias para as placas pares ou ímpares — ou seja, apenas metade dos carros em cada dia.

Em algumas sociedades, a versão dominante, linear e ambientalmente destrutiva de progresso foi desafiada por movimentos ambientais e outros movimentos sociais de alcance variado. O movimento ambientalista emergiu inicialmente à parte de outros grupos de protesto, como os movimentos estudantil, feminista e de solidariedade popular. Tornou-se, no entanto, uma parte importante dos novos movimentos sociais ao longo dos anos 1970. Na Alemanha Ocidental, em 1972, um importante ponto de coordenação se constituiu em torno da Bundesverband Bürgerinitiativen Umweltschutz [Associação de iniciativas de cidadania para a proteção do meio ambiente] (BBU) e dos grupos tradicionais de conservação que existiam desde o século XIX. Novas agremiações também se formaram, entre elas: Friends of the Earth International, fundada em 1969 como uma divisão menos conservadora do Sierra Club; Conselho de Defesa de Recursos Naturais (1970); Greenpeace (1971); Sea Shepherd Conservation Society (1977); e a Bund für Umwelt und Naturschutz [Federação para o meio ambiente e a conservação da natureza], fundada na Alemanha Ocidental em 1975 (Brand, 1999).[1] Ao mesmo tempo, o movimento de solidariedade criticava as estruturas econômicas e políticas

---

1   Sobre o movimento ambiental na Alemanha Oriental, ver Rucht (1994) e Rink (2002).

desiguais que, em muitos países, levaram a regimes abertamente repressivos.

A década de 1970 testemunhou verdadeiros desafios às orientações, formas de ação e instituições fordistas, que ocorreram em múltiplas frentes e levaram pessoas a experimentar modos de vida alternativos, com maior ênfase ao valor da cooperação e da comunicação. Novas formas de vida, flexibilidade e mobilidade social emergiram por meio de experimentos alternativos e da rejeição ao regime de disciplina fordista.

Essa janela histórica de oportunidade se fechou, porém, com a imposição de uma resposta neoliberal à crise. Por um lado, essa resposta integrou muito do que havia nesses experimentos ao buscar a modernização do capitalismo, já que mesmo essas alternativas se transformaram em força produtiva para uma economia capitalista recém-reestruturada. A crítica ao modelo fordista de trabalho e vida disciplinados, feita particularmente por movimentos contraculturais, levou à demanda por uma existência cotidiana mais livre e uma pluralização de práticas de vida. Estas, por sua vez, foram integradas ao capitalismo neoliberal à medida que as fronteiras entre trabalho e vida foram borradas, e ideias como "autodisciplina" e "autoaperfeiçoamento" passaram a modelar cada vez mais a vida cotidiana e o trabalho das pessoas. Como afirmaram Hardt e Negri (2000, p. 275), "os movimentos anteciparam a consciência capitalista de uma necessidade de mudança de paradigma e ditaram sua forma e natureza".[2]

Por outro lado, o papel estabilizador do modo de vida imperial também se fez presente nessa crise: o período foi marcado por insegurança e desemprego crescentes e, posteriormente, pelo aumento da concorrência entre

---

2   Ver também Boltanski & Chiapello (2005). Para uma reavaliação recente do trabalho emocional, ver Penz & Sauer (2016).

trabalhadores, por cortes massivos nos serviços sociais e rupturas. No entanto, nesse processo, camadas mais ou menos amplas da sociedade foram integradas a esse modelo de desenvolvimento e seus respectivos compromissos sociais. Os custos de reprodução da classe trabalhadora poderiam, assim, ser mantidos em um nível relativamente baixo.

Em retrospecto, podemos ver que a resposta à crise do fordismo, que surgiu a partir da década de 1980, seria chamada mais tarde de globalização neoliberal. Isso levou a uma enorme expansão e apropriação capitalista (*Landnahme*), bem como ao aumento da concorrência, tanto na sociedade quanto em níveis econômicos e geopolíticos globais (Altvater & Mahnkopf, 1996a).[3] Essas tendências ainda receberam um segundo impulso após a queda do Muro de Berlim, em 1989, e o colapso da União Soviética, no início dos anos 1990. Um terceiro impulso se seguiu: a ascensão espetacular de países em desenvolvimento, como a China, a partir do final dos anos 1990, e o crescimento dinâmico de países no Sul global, que financiaram sua expansão econômica com exportações de recursos naturais. Ao longo de aproximadamente dez anos, por volta de 2003, esses países se beneficiaram da alta demanda histórica sem precedentes por commodities e dos preços em disparada.

Desde a década de 1970, a globalização capitalista tem sido, em sua essência, resultado e parte de uma estratégia das forças dominantes para restaurar a lucratividade do capital. Esse objetivo foi alcançado principalmente por meio de reestruturação e aprofundamento da divisão internacional do trabalho, desmantelamento

---

3   Sobre formas de apropriação da natureza, ver Castree (2008).

de barreiras comerciais, liberalização dos mercados financeiros, privatização, destruição de funções sociopolíticas do Estado, aumento da insegurança e precariedade das categorias de trabalhadores, além do rompimento e do enfraquecimento dos sindicatos. Em muitos países do Sul global, onerados por dívidas significativas e dependentes de crédito internacional, foram implementados programas de ajuste estrutural. Nesse âmbito, John Williamson (1990) criou um termo para as políticas neoliberais adotadas pelo governo dos Estados Unidos, pelo Fundo Monetário Internacional (FMI) e pelo Banco Mundial: "Consenso de Washington".

A divisão internacional do trabalho mudou conforme a indústria dos centros capitalistas deslocou parcialmente a produção que requer mão de obra intensiva — como a do setor têxtil, por exemplo — para países do Sul global (Fröbel *et al.*, 1977). Isso reestruturou o acesso à força de trabalho global, mas também às matérias-primas, por meio do mercado mundial. Entre os fatores decisivos para essa transformação, destacam-se as políticas liberais de investimento e comércio, a desregulamentação dos mercados de matérias-primas e produtos, a criação da Organização Mundial do Comércio (OMC) em meados dos anos 1990 e, posteriormente, na Europa, o Tratado de Lisboa.

Algo frequentemente esquecido nas discussões críticas é que a globalização capitalista nos centros se estrutura a partir de um novo acordo conciliatório entre as elites e os subalternos — nesse caso, particularmente a classe média —, que, em essência, contém um novo grau de aprofundamento do modo de vida imperial. Tal conciliação é tolerada e até amplamente aprovada por muitos, graças às oportunidades materiais de consumo oferecidas. Embora continue sendo desafiado pelas minorias populares e movimentos sociais, o modo de vida imperial desfruta de ampla aceitação. E assim permanece no Norte global.

O aprofundamento do modo de vida imperial no Norte global

Nos países que se industrializaram mais cedo, os padrões de produção e consumo baseados em combustíveis fósseis não apenas sobreviveram incólumes à crise econômica da década de 1970 como também se intensificaram. A produção, a distribuição e o consumo de produtos industriais baratos cresceram por meio da globalização, e a agricultura industrializada se expandiu.

Embora o gasto total de recursos da União Europeia, por exemplo, tenha permanecido estagnado em um nível alto desde meados da década de 1980, a proporção de importações aumentou. Além disso, também aumentaram as "bagagens ecológicas" dos produtos importados, ou seja, os recursos utilizados nos países exportadores do Sul global (Sachs, 2005, p. 68-70).[4] O "comércio ecologicamente desigual" se manifesta quando as economias do Norte recebem matérias-primas baratas e, portanto, tornam-se capazes de reter os custos de reprodução da força de trabalho em um nível relativamente baixo.

No entanto, a corrida pelos recursos naturais também ocorre no Norte global. Em uma área da região conhecida como Appalachia, nos Estados Unidos, a chamada mineração de superfície, uma prática ecologicamente problemática por si só, foi substituída pela técnica de "remoção de topo de montanha", que é exatamente o que parece: os cumes das montanhas são destruídos com explosivos e simplesmente removidos

---

4 A "bagagem ecológica" de dado produto resulta da subtração de seu volume da quantidade total de recursos utilizada para sua produção.

para facilitar o acesso às jazidas de carvão. Os resíduos são despejados em vales e o ecossistema fluvial é devastado por uma extensão de 1,9 mil quilômetros. As areias betuminosas de Athabasca, na província canadense de Alberta — uma área de aproximadamente 150 mil quilômetros quadrados, quase o dobro da Áustria —, são objeto de propaganda por supostamente conterem 170 bilhões de barris de petróleo, com direito a incentivos econômicos para sua extração, o que faria do Canadá um dos países mais ricos do mundo nesse recurso (Braune, 2014; Wagner, 2013).

O aprofundamento do modo de vida imperial no Norte global também é visível nos recursos da "era da informação", que, desde os anos 1990, prometeu criar uma economia "desmaterializada" ou "virtual". Todavia, a economia "virtual" ainda demanda recursos materiais, que precisam ser extraídos. Alguns exemplos incluem metais de terras raras, que, particularmente na China, são obtidos sob condições de alto risco para a saúde dos trabalhadores e o meio ambiente (Bäuerle *et al.*, 2011). Da mesma forma, o descarte de aparelhos elétricos não é menos problemático do que sua produção: dois terços dos aparelhos inutilizados na União Europeia não são eliminados adequadamente. Apesar de ter sua exportação proibida, esse lixo eletrônico acaba, por vários caminhos, em países como Gana ou China. Antes da proibição de importação de resíduos em 2017, por exemplo, milhões de toneladas de lixo eletrônico eram transportadas todos os anos por Hong Kong até Guiyu, na China continental, a cerca de 250 quilômetros de distância. Aproximadamente 80% da população da cidade chinesa, em geral trabalhadores migrantes, não recebia equipamentos de proteção nas empresas de reciclagem: desmontava os aparelhos sem luvas. Para identificar os diversos tipos de plástico, relata Dannoritzer (2015, p. 89), os trabalhadores "seguram os pedaços sobre a chama de um isqueiro e os classificam de acordo com o cheiro do plástico queimado, separando-os em caixas diferentes. Esse trabalho é frequentemente realizado por menores que inalam vapores tóxicos dia após dia". A recente proibição de importações de resíduos mostra a ambiguidade brutal do modo de vida imperial: as pessoas que viviam da reciclagem de resíduos estão perdendo sua única fonte de renda, embora ainda chegue algum lixo ilegal (Wong, 2018).

Um componente essencial do modo de vida imperial é a expansão da agricultura industrial — acompanhada de grilagem e espoliação —, o que aumenta o poder das empresas agrícolas e de alimentos e demanda uma quantidade maior de energia. Como parte de um padrão que vincula o aumento do consumo de carne à prosperidade, essa expansão é acompanhada por um sistema crescente de criação industrial de animais e por enormes problemas éticos e ecológicos que lhe são típicos. Produzir uma caloria de carne de ave requer, em energia, uma quantidade quatro vezes maior, enquanto a carne suína e o leite requerem catorze vezes a quantidade final de energia calórica; os ovos, 39 vezes, e a carne bovina, dependendo do tipo de ração, de vinte a quarenta vezes. "Hoje, mais energia é investida na produção agrícola do que é obtida por meio de seus alimentos. A grande quantidade de produtos agrícolas de alta qualidade que serve de ração para os rebanhos é parcialmente responsável por isso", lembram Krausmann e Fischer-Kowalski (2010, p. 56). As empresas do setor agrícola, de sementes, farmacológico, químico, de engenharia e de alimentos impulsionam essa dinâmica e são culturalmente representadas sobretudo na indústria de fast-food e nas redes de supermercados em constante expansão. No campo regulatório, as políticas estatais e internacionais garantem a existência continuada desse modelo. Hoje, o consumo de carne por pessoa dobrou em todo o mundo, em comparação com as duas gerações anteriores. No mesmo período, a população mundial também mais que dobrou: em 1961, três bilhões de pessoas consumiram, em média, 23 quilos de carne per capita, enquanto, em 2014, cerca de sete bilhões de pessoas consumiram 43 quilos de carne per capita — oitenta quilos na Europa e, na América do Norte, 116 quilos (Ritchie & Roser, 2020a, 2020b). Em todo o mundo, a produção de carne mais que quadruplicou, passando de 71 milhões para 331 milhões de toneladas (Weis, 2013). Na Alemanha, foram consumidos 88,6 quilos de carne per capita em 2018, sendo mais da metade carne de porco; esse número permaneceu praticamente o mesmo nos últimos anos. Até 2050, a Organização das Nações Unidas para Alimentação e Agricultura (FAO) estima que a produção de carne aumente para 465 milhões de toneladas por ano (Heinrich-Böll-Stiftung *et al.*, 2018).[5]

A produção e o consumo de carne fazem parte do quadro que Philip McMichael chama de "regime alimentar corporativo": grandes empresas agrícolas e alimentícias, juntamente com supermercados, dominam a cadeia global de produção e distribuição. Além disso, o Acordo sobre a Agricultura da OMC, de 1995, é o instrumento político central que liberaliza os mercados agrícolas e expande o poder das corporações multinacionais (McMichael, 2009a). Em contraste com seu antecessor fordista, o regime alimentar corporativo é marcado pela forte privatização da pesquisa agrícola nas áreas em que as patentes e a biotecnologia se tornam mais importantes. O modelo internacionalmente

---

5   O gado consome cerca de um terço de todo o cereal produzido no mundo. Além disso, a pegada hídrica total da produção de carne é alta: a bovina requer cerca de 15,4 mil litros por quilograma, e a carne suína, seis mil litros. A agricultura usa aproximadamente 70% da água doce disponível no mundo, e o gado, cerca de 30% dessa quantidade (Food and Agricultural Organization, 2018, p. 20, 53).

estabelecido de "segurança alimentar" tem por objetivo garantir que a população tenha acesso a alimentos, mas relega a um plano secundário os processos e as condições concretos de produção e distribuição, ignorando o poder das empresas nesse sistema.

À medida que se torna mais global e corporativa, a produção de alimentos acarreta pressões às práticas agroecológicas semissubsistentes, adaptadas às condições locais e menos nocivas ao meio ambiente — práticas que continuam a fornecer uma grande parcela do suprimento global de alimentos. Ao mesmo tempo, o regime alimentar corporativo tira proveito dos baixos custos de reprodução dos pequenos agricultores e em geral os vincula a um sistema de contratos. Dessa forma, a produção local passa a ser totalmente controlada e valorada pela produção global. As estimativas conservadoras da FAO estipulam que entre vinte milhões e trinta milhões de agricultores tenham perdido a terra após a fundação da OMC, em 1995 (McMichael, 2009b). Agricultores despossuídos e trabalhadores migrantes privados de direitos são transformados em um exército de reserva para a monocultura industrializada (Boylos & Behr, 2008). As condições sociais, econômicas, políticas e ecológicas concretas de produção simplesmente não são levadas em consideração no regime alimentar corporativo. Como vimos anteriormente, para caracterizar sua dinâmica, McMichael também usa o termo "comida de lugar nenhum".[6]

No caso, "lugar nenhum" vai além da indeterminação da origem: é, antes de tudo, um sinal da invisibilidade imposta à devastação social e ecológica que decorre da disponibilidade ilimitada de todos os

---

6 A esse respeito, ver os exemplos vívidos apresentados em Hartmann (2015a).

alimentos possíveis em todos os lugares e em todos os momentos. Isso só funciona porque as *consequências* dessa devastação são exteriorizadas espacial e temporalmente e, portanto, não se aplicam àqueles que desfrutam dos benefícios do regime alimentar corporativo. As consequências ambientais "dificilmente são perceptíveis na Europa, nem notamos as flutuações de preços devido a secas, inundações ou aumento da demanda por ração — mas a realidade é diferente nos países do Sul", lembra Sezgin (2015, p. 26). Essas consequências vão da desestabilização social a conflitos sangrentos, e são apenas o outro lado do efeito estabilizador e legitimador da disponibilidade de comida barata no Norte global. A ampla aceitação dessas condições é a expressão máxima do racismo estrutural e do neocolonialismo que moldam as relações entre Norte e Sul.

O aprofundamento do modo de vida imperial no Norte global toma a forma de um acesso cada vez maior à natureza e ao trabalho no tempo e no espaço, acompanhado por um sistema de transporte em plena expansão e aceleração. As exportações mundiais quase quadruplicaram, passando de cerca de cinco trilhões de dólares em 1995 para quase dezenove trilhões em 2014. Logo, aumentaram num ritmo notavelmente mais rápido do que o da produção global. Em relação ao volume de cargas no comércio global, o desenvolvimento do transporte internacional de contêineres, por exemplo, pode ser visto no crescimento de quarenta milhões de toneladas por ano, em 1995, para 120 milhões de toneladas em 2011, e 160 milhões em 2018 (Statistisches Bundesamt, 2012, p. 649; United Nations Conference on Trade and Development, 2018, p. 13).

Observando-se um período de tempo mais longo e com o apoio de várias fontes, estima-se que as exportações mundiais de mercadorias cresceram 17,4 vezes entre 1960 e 2013 (Bundeszentrale für politische Bildung, 2016a). A produção de mercadorias, por outro lado, "só" cresceu 5,7 vezes.

O que chama a atenção é que a proporção de produtos prontos subiu no mesmo período 33 vezes e compreendeu 64,7% das exportações totais em 2013 (Bundeszentrale für politische Bildung, 2016b). Logo, a globalização não se resume ao comércio da produção intermediária, mas também inclui a exportação de mercadorias para consumo final. As máquinas (incluindo aquelas projetadas para escritórios e comunicação) e os veículos, ou os produtos relacionados a veículos, representaram 32,4% do valor monetário das exportações mundiais de mercadorias em 2013, seguidos por combustíveis e propelentes (17,8%), produtos químicos (10,9%) e alimentos (8%), segundo dados da OMC (World Trade Organization, 2014).

Apesar da crise de 2008, as exportações de mercadorias em 2009 caíram apenas 12% em relação ao ano anterior, e aumentaram 14% em 2010 (World Trade Organization, 2015, p. 14-6). A tendência de se enfrentar as crises capitalistas por meio do aprofundamento e da expansão do modo de vida imperial foi preservada. Não há fim à vista para esse desenvolvimento. O Fórum Internacional dos Transportes (ITF), *think tank* da OCDE para o setor de transportes, estima que o valor do comércio global aumentará 3,4 vezes entre 2010 e 2050. Esse crescimento se traduz em um aumento de 4,3 vezes nas toneladas por quilômetro medidas no volume de carga.[7] As emissões de CO_2 causadas pelo transporte

---

[7]   O crescimento maior no volume de carga pode ser atribuído, de um lado, à mudança esperada na composição dos produtos e, de outro, ao prolongamento esperado das rotas de transporte em cerca de 12%. Até 2050, o Corredor do Pacífico Norte, que possibilita o comércio entre os Estados Unidos e a China, terá substituído o Corredor do Atlântico Norte entre os Estados Unidos e a Europa como a principal rota comercial do mundo (International Transport Forum, 2015, p. 75).

internacional de mercadorias quase quadruplicarão (International Transport Forum, 2015, p. 74-6), o que significa que o equilíbrio entre os modos de transporte será alterado. Enquanto a participação do transporte marítimo nas emissões totais de CO2 do transporte de carga cairá de 37% para 32%, a proporção para o transporte aéreo aumentará de 7% para 9%, e do transporte rodoviário, de 53% para 56% (o transporte ferroviário permanece constante, em 3%). A crescente participação do transporte rodoviário reflete o forte crescimento esperado do comércio intrarregional, especialmente na Ásia e na África: a ITF espera um aumento de 400% no volume de frete comercial na Ásia e de até 700% no volume de frete intra-africano.

A expansão e o aprofundamento do modo de vida imperial também se refletem no aumento das viagens aéreas, a forma de transporte que mais emite CO2. A Associação Internacional de Transporte Aéreo (Iata) calculou que o número de passageiros em todo o mundo aumentou quase dez vezes, passando de 380 milhões para 3,5 bilhões entre 1970 e 2015 (International Air Transport Association, 2014). No entanto, existem diferenças consideráveis de acordo com a região: o maior "segmento de mercado" é o dos voos domésticos nos Estados Unidos, enquanto China, Índia e Indonésia registraram os maiores aumentos nos últimos anos. As viagens aéreas, portanto, refletem as mudanças na economia mundial. A classificação do tráfego de passageiros por nacionalidade, para viagens internacionais e domésticas, revela que os Estados Unidos estão no topo do ranking, representando 18,6% de todos os passageiros, seguidos pela China, com 16,3%. As companhias aéreas da região Ásia-Pacífico transportaram o maior número de pessoas em 2017, com 1,5 bilhão de passageiros, um aumento de 10,6% em relação a 2016 (International Air Transport Association, 2016, 2018).

Os aviões alcançaram agora o mesmo nível de desenvolvimento dos carros há três quartos de século: o transporte aéreo passou de um recurso exclusivo para um meio de transporte de massa. Seu caráter de classe, no entanto, não se dissolveu de forma alguma. O aprofundamento da divisão internacional do trabalho faz com que mais e mais pessoas viajem por longas distâncias. Frequentemente, são funcionários bem remunerados de empresas multinacionais que possuem residências em várias cidades globais ou passam boa parte de sua vida em aviões e salas de espera de aeroportos. As companhias aéreas estão se adaptando a essa tendência: "reduzem o conforto para a maioria dos passageiros — espaço para as pernas, por exemplo — para aumentar os negócios de massa com novos recordes de voos baratos, enquanto aumentam o conforto com aprimoramentos para a primeira classe" (Wolf, 2007, p. 302). Além disso, os jatos particulares são cada vez mais importantes e desfrutam de liberdades especiais (como a capacidade de "desviar de rotas aéreas frequentemente congestionadas, o que lhes proporciona uma espécie de pista rápida"); e empresas como Netjets e Flexjet recompensam seus passageiros fiéis e abastados com acesso flexível a aeronaves particulares por meio de "compartilhamento de aviões" em várias partes do mundo (Wolf, 2007, p. 303). Todavia, o uso do transporte aéreo ainda é exclusivo. Uma pesquisa realizada em 2016 na Áustria revelou que 33% da população não viaja de avião, 50% viaja uma vez por ano ou menos e apenas 17% voa mais do que uma vez por ano (Högelsberger, 2018).

Finalmente, o caráter poderoso do modo de vida imperial também se reflete nas emissões de CO_2 causadas pela aviação e no uso desigual e intensivo de sumidouros. É uma representação da estrutura da economia global em suas dimensões ecológicas: "Um Norte rico, que pode se dar ao luxo de poluir a maior parte do meio ambiente e do clima com as emissões de seus aviões, e um Sul pobre, para o qual as condições materiais da vida são os próprios obstáculos às viagens aéreas e, consequentemente, à emissão de poluentes" (Wolf, 2007, p. 293).

A universalização do modo de vida imperial

Os números ligados ao comércio e ao transporte mundiais apontam para um fenômeno ainda mais dramático em suas dimensões socioecológicas, superando o aprofundamento do modo de vida imperial no Norte global: trata-se da universalização desse modelo de desenvolvimento com o despontar das economias emergentes. Nas últimas duas décadas, testemunhamos um resultado chocante: enquanto o uso de recursos domésticos diminuiu ligeiramente entre 2000 e 2010 nos países industrializados ocidentais (Europa Ocidental, América do Norte, Nova Zelândia e Austrália), os países asiáticos (exceto o Japão) mais que dobraram sua extração de recursos nacionais em geral e per capita no mesmo período. Além disso, houve um forte aumento nas importações de matérias-primas, principalmente combustíveis fósseis (Schaffartzik *et al.*, 2014, p. 90-2).

Um indicador mais concreto nesse contexto é o *uso* da energia, especialmente o consumo de combustíveis fósseis. O modo de vida marcado por gasto energético intensivo e alta dependência de petróleo há muito se incorporou ao senso de normalidade do Norte global e está presente em sua infraestrutura, instituições e relações sociais de forças. Há algum tempo, também tem se espalhado entre as classes média e alta das economias emergentes, como resultado de várias estratégias de valorização e acumulação de capital. Nesses países, ele está se tornando o modelo dominante de prosperidade, mesmo para aqueles que ainda não foram absorvidos pelo modo de vida imperial.

Ao mesmo tempo, o crescimento da demanda por petróleo é impulsionado pelos setores de transporte e petroquímico. Este último é o maior consumidor industrial de petróleo e atende, principalmente, à crescente demanda por plásticos nos mercados emergentes. Já o setor de transporte tem aumentado sua demanda em razão da expansão da automobilidade, especialmente pela propriedade de veículos particulares em países com "economias emergentes". De acordo com as projeções da petrolífera BP, a "frota mundial de automóveis dobrará, passando de novecentos milhões em 2015 para 1,8 bilhão em 2035. [...] O número de carros elétricos também aumentará significativamente, passando de 1,2 milhão em 2015 para cerca de cem milhões em 2035 (6% da frota global)" (British Petroleum, 2017, p. 47). O crescimento previsto está concentrado nas economias emergentes de países não pertencentes à OCDE, cujas frotas de veículos podem triplicar, passando de meio bilhão para 1,5 bilhão. É claro, porém, que a eficiência energética não será capaz de evoluir no mesmo ritmo. Ainda de acordo com a BP, os carros consumirão em média 40% menos combustível em 2050 do que em 2015 (British Petroleum, 2016, p. 23-5). A economia de energia resultante, no entanto, será totalmente anulada pelo crescimento do número total de carros. Além disso, o número de "bebedores de gasolina", como SUVs, cresceu muito. Isso explica por que o consumo médio de energia dos veículos vendidos na China voltou a subir a partir de 2013, após anos de declínio (International Energy Agency, 2015, p. 120-2).

De modo geral, de acordo com os cálculos da Agência Internacional de Energia (AIE), a intensidade do consumo de petróleo tem diminuído nos países não pertencentes à OCDE. Ou seja, a quantidade de petróleo consumida em uma unidade de produto interno bruto (PIB) está diminuindo. Mas, tão rapidamente quanto a intensidade do petróleo diminui, o PIB cresce, de modo que a demanda por petróleo aumenta em termos absolutos.[8] Estima-se que o crescimento seja mais intenso na Ásia, particularmente na Índia, que está rapidamente se tornando a "principal fonte mundial de aumento da demanda energética" (International Energy Agency, 2015, p. 72). Por outro lado, a China, que foi responsável por 60% do aumento global do consumo de petróleo entre 2005 e 2015, entrou em uma fase mais branda no uso de energia, mas isso significa apenas uma contenção no ritmo de crescimento. Em termos absolutos, também é esperado que a demanda de petróleo da China cresça entre 2014 e 2050. Logo, tanto a China quanto a Índia serão cada vez mais dependentes das importações de petróleo (International Energy Agency, 2015, p. 115-7, 146; British Petroleum, 2016, p. 13).

Esse quadro não terá implicações apenas geopolíticas, mas também socioeconômicas. Supondo-se que até 2050 uma população mundial de 8,5 bilhões de pessoas iguale seu consumo de energia per capita ao nível atual dos países industrializados, então o uso global de energia triplicará até meados do século XXI (Haberl et al., 2016; Schaffartzik et al., 2014). Porém, em termos de pressão sobre recursos e sumidouros, os níveis de hoje já são altos demais para se administrar fenômenos como as mudanças climáticas ou a perda de biodiversidade.

---

8   O crescimento foi de quase 62% entre 2000 e 2014, e a AIE estima que chegue a 48% entre 2014 e 2040 (International Energy Agency, 2015, p. 115-7).

Do ponto de vista da década de 1980, dificilmente se poderia imaginar a ascensão espetacular dos chamados países emergentes a partir dos anos 1990. Em 1980, as economias industrializadas ("economias avançadas", de acordo com o FMI) representavam um quarto da população mundial, 70% do PIB global e possuíam um poder de compra condizente. Em 2013, apenas 17% da população mundial vivia nesses países, que representavam cerca de metade de toda a produção agregada global. Após a ascensão de economias como China, Índia ou Brasil, as crescentes classes média e alta adotaram progressivamente o modo de vida imperial — o *American way of life*, com transporte individual, dieta rica em carne e consumo de bens que dependem fortemente de recursos naturais. Isso também pode ser interpretado como um resultado das lutas sociais pelo acesso à prosperidade que levaram o Partido dos Trabalhadores (PT) ao poder no Brasil, em 2003, por exemplo, e cujas políticas permitiram que muitas pessoas ascendessem socialmente.

Os critérios para se determinar quem pertence à classe média são controversos.[9] Segundo a OCDE,

> mais de 1,85 bilhão de pessoas em todo o mundo pertenciam à classe média global em 2009, correspondendo a um quarto da população mundial, distribuído em 644 milhões na Europa, 525 milhões na Ásia e Pacífico, 338 milhões na América do Norte, 181 milhões na América do Sul e Central, 105 milhões no Oriente Médio e Norte da África e 32 milhões na África Subsaariana. (Popp, 2014, p. 34)

---

9   Sobre as dificuldades de se estimar e comparar as classes médias, ver Popp (2014, p. 33-4) e International Labour Organization (2013, p. 32).

O Programa das Nações Unidas para o Desenvolvimento (Pnud) estima que a classe média global passará de mais de 1,8 bilhão de pessoas em 2009 para mais de 3,2 bilhões em 2020 e quase 4,9 bilhões até 2030. A maioria — mais de 3,2 bilhões — viverá na Ásia, de acordo com essa previsão. A dúvida é se as taxas de crescimento serão maiores na China ou na Índia (Malik & Kugler, 2013).

De modo geral, trazendo os dados para o contexto do modo de vida imperial e seu caráter hegemônico, basta observar que desfrutar de uma existência material mais confortável é uma dimensão crucial. Como afirma Popp:

> Isso inclui oportunidades de acesso ao ensino superior e à cultura, emprego estável, condições de vida aceitáveis, bem como sistemas de assistência médica e previdenciários. [...] A classe média global é urbana, tem acesso à mídia de massa e é móvel. A ascensão dessa nova classe é notável nas cidades do mundo que consomem produtos internacionais e levam um estilo de vida internacional. (Popp, 2014, p. 32, 36)[10]

No entanto, falar de classe média global ou estrato médio é muito abrangente, pois esses novos segmentos das economias emergentes são mais parecidos com os dos centros capitalistas antes do fordismo e da formação do Estado de bem-estar social.[11] Os membros dessas classes médias nos países do Sul global são vulneráveis a riscos como doenças ou desemprego, lembra Popp (2014, p. 32): "Eles podem cair facilmente na pobreza em casos de dificuldade financeira devido à falta de serviços de assistência social. Grande parte das pessoas que pertence a essa nova classe é a mesma que, embora tenha aumentado sua renda, não está muito

---

10   Ver também Kharas (2010).

11   Além disso, as classes médias diferem tremendamente entre si — entre Argentina e Gana, por exemplo.

acima do nível da pobreza". Devido à precariedade do Estado de bem-estar social em seus países e suas incertezas econômicas, eles pertencem ao chamado "grupo flutuante", ou seja, aqueles que vivem logo acima da linha da pobreza e estão sob constante ameaça de cair novamente. A Organização Internacional do Trabalho (OIT) — que tem uma compreensão muito mais ampla sobre o que constitui a classe média do que a OCDE e o Pnud — estimou sua população em aproximadamente 1,9 bilhão de pessoas em 2010 (International Labour Organization, 2013, p. 36).

Uma característica em geral negligenciada da classe média nos países emergentes é que não se trata apenas de um consumo maior e, consequentemente, de mais recursos envolvidos. Sob certas circunstâncias, essas populações são capazes de articular suas necessidades — e as das classes mais baixas — de maneira mais efetiva nos âmbitos da educação, previdência social, segurança e participação política e cultural (Popp, 2014, p. 36-7). Esses aspectos podem fornecer uma base importante para politizar o modo de vida imperial, que, além dos problemas ecológicos, também deixa muitas pessoas sob insegurança existencial (obviamente, essa politização também poderia partir das classes mais baixas).

Há outra contradição altamente relevante para as novas classes médias: os países que alcançaram tarde a riqueza material ou ainda lutam para obtê-la serão os mais afetados pelas consequências da crise ecológica. Além dos efeitos imediatos, como a poluição do ar e da água, que surgem como "dano colateral" das medidas de desenvolvimento, fatores como falta de financiamento também contribuem para uma capacidade desigual de adaptação ao aquecimento global (Dietz & Brunnengräber, 2008). No entanto, as classes médias urbanas dos países do Sul global (para não mencionar as classes altas) tendem a escapar das consequências mais facilmente. Afinal, elas são muito menos afetadas pelos prejuízos da extração de recursos e da monocultura do que trabalhadores e camponeses — e ainda se beneficiam muito mais dos aluguéis de recursos vendidos no mercado mundial.

Industrialismo e formação da classe média chinesa

A China, considerada o novo centro global de acumulação de capital, é o exemplo mais claro de expansão e apropriação capitalista. O país cresceu e se tornou a segunda maior potência econômica depois dos Estados Unidos graças a um impressionante processo de industrialização. Nos últimos trinta anos, seu crescimento econômico atingiu quase 10% ao ano, diminuindo para cerca de 7% a partir de 2015 (National Bureau of Statistics of China, 2016). Além disso, o sino-capitalismo é sustentado por um único partido e um Estado autoritário (Hung, 2009; Statista, 2019).

Alguns números demonstram a importância socioeconômica e ecológica desse desenvolvimento. Em 2017, 4,1 bilhões de toneladas de cimento foram produzidas em todo o mundo, das quais 2,4 bilhões na China — boa parte destinada à urbanização do país. A participação da Índia na produção global de cimento era muito menor do que a da China, com 7%, mas ainda acima da europeia (Statista, 2020). A China também produziu 807 milhões de toneladas de aço em 2017 — cerca de metade da produção mundial. Em comparação, a União Europeia produziu 170 milhões de toneladas, e os Estados Unidos produziram 88 milhões. Em relação a 1990 (66 milhões de toneladas), a produção chinesa de aço aumentou mais de dez vezes (World Steel Association, 2015). Hoje, a China é de longe o maior consumidor de carvão do mundo. Em 2013, o país tinha uma demanda total de 2,9 bilhões de toneladas de carvão: quase o dobro da demanda de carbono de todos os países da OCDE juntos. Comparada a 2000, a demanda da China por carvão quase triplicou. No entanto, essa taxa está caindo e, a partir de 2030, a AIE espera um declínio absoluto no consumo chinês de carvão (International Energy Agency, 2015, p. 278).

A China também se tornou o maior fabricante de automóveis do mundo, com a produção voltada principalmente para o mercado interno, que também absorve a produção excedente de outros países. Em 2017, 73,5 milhões de veículos de passageiros foram produzidos no planeta, dos quais 24,8 milhões na China.[12] Ao mesmo tempo, o Estado chinês exige que os fabricantes internacionais de automóveis participem de joint ventures com empresas estatais chinesas, o que os coloca no topo de uma pirâmide de fornecedores — porém, isso faz com que os pequenos fornecedores na base da cadeia de valor sujeitem seus trabalhadores a más condições de trabalho. Geralmente, essas empresas são repressoras e agem como "déspotas do mercado" devido à concorrência acirrada e às constantes flutuações na demanda dos fabricantes no estágio final de produção (Lüthje & McNally, 2015; Zhang, 2015).

Em sua essência, a expansão do capitalismo chinês deriva de uma enorme mercantilização da força de

12 Segundo a Organização Internacional dos Fabricantes de Automóveis (Oica), 8,3 milhões carros de passeio foram fabricados no Japão, 5,6 milhões na Alemanha, três milhões nos Estados Unidos e 3,7 milhões na Coreia do Sul (Organisation Internationale des Constructeurs d'Automobiles, 2020).

trabalho e da natureza, mas ela é politicamente restrita. Terrenos urbanos, por exemplo, só podem ser alugados por setenta anos — depois, voltam ao domínio do Estado. A força de trabalho consiste em cerca de 280 milhões de trabalhadores rurais que se mudaram para centros industriais urbanos e cujos empregos são instáveis, além de oferecerem direitos sociais mínimos (o que faz com que mudem frequentemente de emprego e local de trabalho). Muitos querem migrar do campo para as cidades porque isso lhes oferece (ou parece oferecer) a chance de uma vida economicamente mais independente e oportunidades de progresso.[13] Muitas vezes, porém, os trabalhadores migrantes permanecem intimamente ligados ao seu local de origem, para onde retornam em feriados e celebrações, ou durante períodos de crise pessoal ou econômica. A primeira geração de migrantes ainda se reproduziu parcialmente a partir da própria agricultura, o que não ocorreu na segunda e terceira gerações (Pun & Lu, 2010, p. 497-9, 504-6).

Apesar da industrialização maciça, a China ainda tem o status de um país semiperiférico. Embora tendam a possuir a própria base tecnológica e empresas de alta tecnologia, algumas indústrias chinesas estão na extremidade inferior das cadeias de valor globais e abastecem as empresas de bens de consumo do Norte global, que produzem as marcas mais famosas do modo de vida imperial (Schmalz, 2018;

---

13 Pun e Lu (2010, p. 500) descrevem que "buscar a liberdade mudando para um *dagong* [emprego na indústria pesada] é o desejo comum dos trabalhadores rurais, um desejo que se aprofundou ao longo das gerações". Além disso, prosseguem, "na China, o processo de proletarização é amplamente autodidata, decorrente do forte senso das pessoas de adquirir liberdade por meio do *dagong* e no contexto de um enorme abismo rural-urbano, que emergiu no período de rápida industrialização e globalização da reforma".

Dicken, 2015). Já há, porém, processos de reestruturação em curso nas indústrias manufatureiras mais integradas globalmente — em especial nas indústrias automotiva e de tecnologia da informação —, para criar mais valor na China e enfrentar seus problemas sociais e ambientais. Até agora, esse processo está apenas em estágio inicial (Lüthje & McNally, 2015). Enquanto isso, o capitalismo chinês segue fundamentado em baixos salários e más condições de trabalho, desigualdade de renda elevada, alto consumo de energia, eficiência energética relativamente baixa e altos níveis de poluição ambiental, particularmente do ar (Huan, 2008; Schmalz, 2018).

A OIT estima que, na primeira década do século XXI, a classe média chinesa tenha aumentado em mais de cem milhões de pessoas (contra quinze milhões na Índia). A China também se tornou o país com as maiores vendas de varejo no mundo e a segunda maior frota de carros (depois dos Estados Unidos) — o número de automóveis passou de quinze milhões em 2003 para quase cinquenta milhões em 2009 e 123 milhões em 2014. A classe alta também cresce rapidamente, com sua tendência de exibir ostensivamente apartamentos, casas e carros como símbolos de status. Em 2014, cerca de 40% dos artigos de luxo do mundo foram comprados por chineses (Ming, 2015; Zheng, 2017).

À medida que a industrialização avança, aumenta também a necessidade de se externalizarem os custos ambientais de modo semelhante ao Norte global. Em termos absolutos, a China superou os Estados Unidos em 2006 como o maior responsável pelas emissões de CO_2 relacionadas à energia. As emissões per capita chinesas totalizaram seis toneladas em 2017, parte das quais serve ao consumo no Norte global (Global Carbon Project, 2020). Esse valor é bem maior do que o permitido para cada pessoa entre 2010 e 2050

(2,7 toneladas), de acordo com a estimativa orçamentária do WBGU. A esse respeito, a China já está em um estágio de desenvolvimento em que, assim como os países do Norte global, faz uso desproporcional dos sumidouros de CO_2 do mundo. Suas emissões per capita, no entanto, ainda estão um terço abaixo da média das emissões nos países da OCDE. Em comparação, a Índia, que em termos absolutos é o quarto maior emissor de CO_2 relacionado à energia, depois de China, Estados Unidos e União Europeia, emite apenas 1,6 tonelada per capita, ou um quarto das emissões da China e apenas um décimo das dos Estados Unidos (International Energy Agency, 2015, p. 28). Outro aspecto da externalização reside no fato de que "indústrias sujas" são realocadas da próspera costa leste chinesa para a China central e ocidental, mas também para o Sudeste Asiático e para a Índia. Além disso, a China tem ampliado seu papel na competição por matérias-primas no continente africano.

Com a aceleração do crescimento, as condições e consequências sociais e ecológicas do modelo chinês de industrialização mostram-se cada vez mais problemáticas. Os conflitos sociais, por exemplo, aumentaram significativamente nos últimos anos. As experiências muitas vezes dolorosas e traumáticas da primeira geração de trabalhadores migrantes das décadas de 1980 e 1990, em face das más condições de trabalho e de vida — por exemplo, nos principais setores da indústria de eletrônicos e brinquedos, mas também em outros ramos —, agora parecem sucedidas pela raiva e disposição de luta entre os trabalhadores mais qualificados criados nas cidades, que hoje também possuem alguma experiência com greves e paralisações (Pun & Lu, 2010). Quanto às condições ecológicas, 80% do país já sofre com a poluição atmosférica, e os problemas estão cada vez mais visíveis e tangíveis (Ming, 2015). A construção da hidrelétrica de Três Gargantas, por exemplo, gerou um nível de poluição industrial tão alto que matou 98% da população de peixes no Rio Yangtzé, o maior da Ásia (Ming, 2015, p. 32).

Há vários anos, na China, as questões ambientais estão no topo da agenda política do Estado e do partido no poder. Em seu 17º Congresso, em 2007, o Partido Comunista da China anunciou um horizonte de "civilização ecológica", propondo uma estratégia de desenvolvimento cinco-em-um: equilibrar o desenvolvimento econômico, social, ecológico, político e cultural para combinar modernização e prosperidade (Huan, 2016). No 18º Congresso, em 2012, formulou-se uma estratégia nacional (United Nations Environment Programme, 2016b), cujas palavras-chave "céu azul, terra verde e água limpa" indicam claramente onde estão os principais problemas na brutal industrialização chinesa. A ideia é combatê-los pelo aumento do investimento em tecnologias verdes, como energia renovável, maior eficiência energética e de recursos, além de medidas de proteção ambiental. Em 2017, a China investiu 127 bilhões de dólares em energia renovável (dos duzentos bilhões investidos em todo o mundo), ou três vezes do mais que a Europa e os Estados Unidos (Rueter, 2018). No 19º Congresso do Partido Comunista da China, em 2017, seu secretário-geral e presidente do país, Xi Jinping, lançou o lema de um "socialismo com características chinesas para uma nova era" e clamou novamente por uma "civilização ecológica" para construir uma "bela China". O país já possui algumas das leis ambientais mais modernas do mundo, mas, até o momento, elas têm sido constantemente ignoradas, sobretudo devido a alianças estreitas entre empresas e quadros partidários em nível local — o que demanda um aprimoramento urgente na legislação.

O forte crescimento e expansão do modo de vida imperial só podem, de fato, resultar no aumento do consumo de recursos, das emissões e da degradação ambiental. A atual reorientação econômica chinesa em relação ao mercado interno e ao consumo doméstico, apesar da ênfase no setor de serviços, sugere um aprofundamento desse modo de vida (Brand & Schmalz, 2016). Outro fator crucial é que a base de poder do Partido Comunista da China é formada precisamente pelas classes média e alta, que já priorizam consumo e status. Finalmente, o governo e as empresas chinesas contam com o fornecimento seguro de matérias-primas e, em consequência disso, promovem a externalização de problemas ambientais. Assim, o modo de vida imperial — que no caso da China provavelmente deveria ser chamado modo de vida "subimperial" — parece ser o novo pacto conciliatório que abrandará os conflitos sociais internos. Nos próximos anos, veremos até que ponto — e se — a atratividade desse modo de vida será prejudicada pelos próprios efeitos colaterais socioeconômicos, ou então desafiada pelas elites dissidentes ou movimentos sociais.

Neoextrativismo na América Latina

O modelo chinês clássico de industrialização é promovido por um Estado desenvolvimentista autoritário. Já na América Latina, a história recente também mostra importantes sinais de expansão do modo de vida imperial e, mais recentemente, alguns indícios de sua tendência a produzir crises. Entre 2003 e 2004, irrompe um boom de commodities que mal pôde ser previsto. O fenômeno veio da demanda estável dos centros capitalistas, mas teve significativo impulso de países como China e Índia. Consequentemente, consolidou-se o modelo de desenvolvimento do neoextrativismo, assentado na intensificação da promoção, produção e exportação de matérias-primas não processadas (Svampa, 2019; Gudynas, 2015; Brand *et al.*, 2016).[14] Economicamente, esse modelo é altamente dependente do investimento de atores econômicos nacionais e estrangeiros, por exemplo, para a extração e superexploração de recursos minerais e combustíveis fósseis, bem como para a construção de infraestrutura, como estradas e hidrovias, fornecimento de energia, portos e instalações de armazenamento. Na agricultura, a propriedade da terra e o monocultivo industrializado de soja, algodão e cana--de-açúcar estão em expansão e, com eles, a dependência de sementes geneticamente modificadas. O pampa argentino, conhecido como um pasto fértil para pecuária extensiva, já teve dois terços de sua extensão cobertos por soja geneticamente modificada da Monsanto desde a virada do século, a fim de fornecer principalmente ração animal para a produção de carne suína na China (Svampa, 2012, 2019; Brand *et al.*, 2016). A Argentina foi o maior exportador de farelo de soja em 2017, sendo responsável, juntamente com o Brasil, por 62% do farelo de soja comercializado em todo o mundo para alimentação animal, cuja maior parte é destinada ao Sudeste Asiático e à União Europeia. No Brasil e em outros países, a indústria também segue

---

14   O modelo de desenvolvimento secular na América Latina pode ser chamado de extrativismo, enquanto a fase iniciada em 2002 e 2003 deve ser chamada de neoextrativismo — independentemente de o governo em questão ser de esquerda, de centro ou de tendência conservadora neoliberal. Ocasionalmente, o conceito de "neoextrativismo" é aplicado apenas aos governos progressistas. Para uma visão geral sobre os debates críticos da ecologia política, ver Porto-Gonçalves & Leff (2015).

fortemente orientada para esse modelo neoextrativista (The Observatory of Economic Complexity, 2017a, 2017b). O Brasil é de longe o maior país exportador de soja, com 45% das exportações mundiais do grão. Ao todo, 79% da soja brasileira vai para a China — em 2017, o valor de exportação foi de 20,3 bilhões de dólares (The Observatory of Economic Complexity, [201?c]). Entre os setores industriais importantes do país estão a produção de sementes, fertilizantes e pesticidas, a engenharia mecânica projetada para agricultura e mineração, ao lado do processamento de alimentos. Da mesma forma, as correlações de forças políticas, estruturas de classe e noções hegemônicas de "progresso" e "desenvolvimento" estão intimamente ligadas a essas atividades.

O neoextrativismo trouxe um afluxo de riqueza quase inesperado para a América Latina após as crises econômicas das décadas de 1980 e 1990, tornando-se especialmente relevante em 2003 e entre 2012 e 2014. Com um sistema tributário pouco desenvolvido, os Estados registraram altas receitas com a exportação de bens primários e até as utilizaram para aliviar a pobreza e melhorar as condições de vida da população.

O ponto crucial é que, na fase neoextrativista, esse modo de vida orientado para o Norte global se tornou não somente desejável, como também acessível a um número crescente de pessoas. Os altos ganhos das exportações e a preservação básica da estrutura econômica e social existente permitiram atender os interesses da oligarquia e, ao mesmo tempo, realizar concessões para as classes médias e os pobres. As classes médias, especialmente, experimentaram uma transformação marcante em seu modo de vida: passaram a frequentar restaurantes e a tirar férias com mais frequência, comprar automóveis e motocicletas, eletrodomésticos, equipamentos de comunicação de alta tecnologia, alimentos caros e serviços de saúde privados (seja por seu valor de uso, seja por status). Um indicador desse desenvolvimento é o crescente uso de cartões de crédito. Maurizio Bussolo, Maryla Aliszewska e Elie Murard (2014, p. 3) argumentam que, com o aumento da renda média, cresceu também a demanda por serviços, o que tem implicações para a educação e o mercado de trabalho. Uma alta taxa de consumo, importante para oferecer impulso econômico, é alcançada pelo aumento dos empregos no setor público, pela estabilização macroeconômica e também por meio de políticas estatais de redistribuição. Além disso, José Natanson (2012) argumenta que havia uma espécie de "inclusão simbólica", no caso da Argentina — expressa em gigantescos shows públicos com ícones internacionais de pop e rock, jogos de futebol em canais de televisão abertos e atividades de lazer gratuitas ou baratas. Essa descoberta também pode ser aplicada a outros países da América Latina.

Contudo, esse não é um fenômeno que diz respeito apenas à classe média. Verónica Gago (2015) demonstra que, na Argentina, uma condição central do neoextrativismo é o "neoliberalismo de base", consistindo, entre outras coisas, na financeirização da vida cotidiana: até benefícios estatais, por exemplo, são pagos pelos bancos. Nesse cenário, o crescimento do consumo, do endividamento e da economia informal (incluindo recursos para imigrantes, como microcréditos) estão todos interligados. Assim, em condições altamente precárias e apenas por uma questão de sobrevivência prática, surgem muitos tipos de "empreendedorismo popular", que por sua vez expandem a economia monetária.

O modo de vida imperial promove uma relação específica entre o Estado e a população: a "cidadania por meio do consumo", que promete maiores oportunidades de acesso a bens em troca da aceitação da ordem política e econômica existente. As transferências sociais do governo tornam essa promessa algo real para muitas pessoas, ainda que elas não tenham emprego devidamente remunerado. A legitimidade da democracia também se mostra crescentemente ligada à capacidade de consumir (Gago, 2015; Blühdorn, 2013, 2017).

Devido à queda dos preços das commodities nos últimos anos, a maioria dos países da América Latina foi atingida por uma crise econômica que se tornou também política. Mesmo assim, apegaram-se ao modelo neoextrativista de desenvolvimento e estão, em parte, intensificando-o para compensar as receitas mais baixas (Brand, 2016c). A decisão do presidente equatoriano Rafael Correa de reverter a proibição de extração petrolífera no Parque Nacional Yasuní, em agosto de 2013, é um exemplo claro dessa estratégia.[15] Outro exemplo é a designação de 150 áreas potenciais para mineração para uso de investidores transnacionais na Venezuela. Ambos os casos abrangem áreas habitadas por povos indígenas que, além de tudo, são ecologicamente sensíveis.

Apesar desses contratempos, um dos estímulos mais importantes à crítica radical e à mudança no modo de vida imperial emergiu da América Latina e persiste até hoje. Em 1º de janeiro de 1994, o Exército Zapatista de Libertação Nacional (EZLN) ocupou a cidade de San Cristóbal de las Casas, no estado mexicano de Chiapas, no sudeste do país.

---

15 O exemplo do Parque Nacional Yasuní também indica a dimensão internacional da extração de recursos naturais: em 2007, o governo equatoriano concordou em não explorar as reservas de petróleo bruto se os credores estrangeiros fizessem uma compensação no montante de 3,6 bilhões de dólares, ou cerca da metade da receita potencial da venda do petróleo. A iniciativa falhou em 2013, devido à falta de disposição da comunidade internacional. Sobre o tema, ver Acosta (2015) e Lander (2016).

A organização declarou guerra ao governo e desencadeou discussões e ações que seriam impensáveis pouco antes de sua iniciativa.

O escritor mexicano Carlos Fuentes chamou os levantes zapatistas de "primeira rebelião do século xxi", porque, até então, após a ruptura histórica de 1989, todas as críticas radicais e alternativas fundamentais ao capitalismo haviam sido rejeitadas. Além disso, a rebelião começou nas "bordas" racialmente marginalizadas da sociedade mexicana, principalmente entre os povos indígenas de Chiapas, e dali se espalhou para toda a sociedade. O primeiro comunicado dos zapatistas destacou sua autoimagem como atores, e não como vítimas passivas. Em vez de falar em "quinhentos anos de opressão", sua declaração começa com a frase: "Somos o resultado de quinhentos anos de luta".

O levante armado dos zapatistas durou apenas alguns dias, mas seguiu por outros meios, que revolucionaram o entendimento de toda uma geração sobre a transformação política. Eles não buscavam, como não buscam, assumir o poder do Estado, e sempre direcionaram esforços à transformação fundamental das condições econômicas, políticas e culturais a partir de baixo. O levante surgiu em uma região caracterizada pela produção de café para o mercado mundial e pela exploração racista dos trabalhadores, e amplamente negligenciada pelo Estado em termos de infraestrutura social (ou seja, educação, saúde e outros serviços básicos). O clientelismo flagrante, a negação de direitos fundamentais, especialmente dos direitos das mulheres, e a fraude eleitoral sempre estiveram na ordem do dia. Os zapatistas, no entanto, falaram como mexicanos e para todo o México desde o início: exigiram o reconhecimento dos direitos e da cultura indígenas na Constituição mexicana, e a implementação desses direitos. Além de conceitos como justiça, liberdade e dignidade, trouxeram a ideia de democracia ao centro de seus pensamentos e ações políticas (Speed, 2007).

A revolta zapatista pretendia atuar como um catalisador para o México e além. Dirigiu-se contra as muitas formas de poder e conflito impostas estruturalmente em todo o mundo, baseadas em classe, gênero e raça (Holloway & Pelaez, 1998; Brand & Cecen, 2000; Lang, 2015; Kerkeling, 2013). Criou-se em Chiapas um novo sujeito revolucionário, que não era meramente orientado a outro modelo de desenvolvimento, seja inclusivo ou sustentável, ou outra reforma supostamente progressista do status quo. Do mesmo modo, nos territórios chiapanecos controlados atualmente pelos zapatistas, e em contraste com as tendências nas outras regiões do México, não é aceita nenhuma atividade econômica baseada no extrativismo de recursos. A revolta de Chiapas trouxe toda a experiência de quinhentos anos de exploração e opressão para construir uma oposição ao chamado "desenvolvimento" — expressão da promessa eurocêntrica de progresso e modernização baseada em conhecimento, tecnologia e capital ocidentais. Para os zapatistas, a transformação social não era entendida no sentido clássico de um processo cujos atores são partidos, movimentos sociais e Estado. Em vez disso, sua concepção de mudança foi uma revolução na cultura: começou com a vida cotidiana e incluiu a descolonização das formas ocidentais, capitalistas, patriarcais e imperiais de pensar e agir. Diferenças e minorias foram, enfim, reconhecidas. Em sua linguagem muitas vezes poética, os zapatistas enfatizaram a necessidade de se alinhar ao ritmo dos mais lentos (*"caminar al paso del más lento"*) e pensar a política como um processo comum, no qual responsabilidade e representação se manifestam como uma espécie de mandato imperativo, uma forma de "mandar obedecendo".

Desde o início, as iniciativas zapatistas receberam ampla cobertura da mídia e apoio massivo no México e fora dele. Em 12 de março de 2001, mais de um milhão de pessoas receberam o grupo de comando do EZLN na Cidade do México, ao final da Marcha pela Dignidade Indígena. No entanto, efetuar mudanças reais no *establishment* político do país se mostrou muito difícil — a nova Lei Indígena aprovada pelo parlamento no mesmo ano dessas mobilizações de massa continha apenas concessões simbólicas. Como consequência, os zapatistas se concentraram mais na construção de um governo regional autônomo completamente livre de interferências estatais, principalmente em setores abandonados pelos proprietários de terras após a revolta. Criaram, assim, um sistema educacional independente, organizaram a manutenção coletiva da infraestrutura física e desenvolveram seu próprio sistema judicial e de resolução de conflitos, alicerçado na ideia de compensação em vez do punitivismo. Além disso, criaram novas fontes de receita de forma colaborativa por meio da produção coletiva e estabeleceram a própria mídia regional, entre outras iniciativas (Lang, 2015, p. 244-6). Seu sistema de saúde revela os contornos de um modo de vida solidário, começando com a compreensão abrangente do que significa "saúde" — não apenas a ausência de problemas físicos, mas o bem-estar integral. As medidas incluíram o treinamento independente de médicos e a aplicação dos primeiros métodos tradicionais de cura (Lang, 2015, p. 236-8). Em relação à economia, a construção de uma estrutura econômica independente implica, por exemplo, a rejeição de títulos de propriedade individual das terras e a organização da lavoura em bases parcialmente comunitárias, colocando o bem comum acima dos interesses da acumulação de capital. Politicamente, a comunidade é governada a partir do princípio democrático popular da rotatividade, de acordo com o qual as partes responsáveis podem ser retiradas de suas posições a qualquer momento. A preservação e criação de um modo de vida alternativo no sudeste do México, como qualquer processo experimental, enfrenta problemas e contratempos. Ainda assim, trata-se de um exemplo que tem ressoado em todo o mundo, principalmente na América Latina (Lang, 2005; Harvey, 2004).

No fundo, a rebelião dos zapatistas foi uma insurreição que, de um lado, se encaixa na cadeia histórica de muitas revoltas contra a imposição de um modo de vida (neo)colonial; de outro, foi além em sua oposição ao aprofundamento e expansão do modo de vida imperial almejado pelo neoliberalismo e pela globalização: o movimento se posicionava, e ainda se posiciona, contra a apropriação capitalista e a externalização dos custos desse modo de vida. Não foi por acaso que o levante começou no dia 1º de janeiro de 1994 — data em que o Acordo de Livre-Comércio da América do Norte (Nafta) entrou em vigor, com suas consequências negativas para muitos trabalhadores, camponeses e seus grupos de interesse, além da ameaça ao meio ambiente.

Tensões ecoimperiais

Indicamos anteriormente como as contradições socioecológicas do modo de produção capitalista podem ser manejadas sob algumas condições específicas: desde que seja possível externalizar seus custos para espaços não capitalistas ou menos desenvolvidos e enquanto for possível valorar a força de trabalho em condições precárias. É exatamente disso que o Norte global se beneficia há tanto tempo, apesar de todas as diferenças e assimetrias em suas respectivas sociedades. A região se apropriou dos recursos do Sul global e, ao menos parcialmente, devolveu os resíduos e as emissões da produção industrial e do consumo de volta à fonte. Foi capaz, portanto, de salvar a própria pele, por assim dizer, das muitas consequências socioecológicas dessa produção. Fica claro, então, que o modo de vida imperial do Norte global tem seus pilares na exclusividade social e ecológica — não apenas no interior dos países da região, mas principalmente em escala mundial. Ou seja, esse modo de vida exige que nem todas as pessoas possam usufruir dos recursos e sumidouros da Terra, pois os custos só podem ser externalizados através do espaço e do tempo se o acesso for desigual. Com referência à teoria clássica do imperialismo, pode-se dizer que o capitalismo desenvolvido precisa de um *outro lugar* não capitalista ou, pelo menos, "menos desenvolvido", a fim de evitar que afunde em suas próprias contradições ecológicas.

Com a atual tendência de expansão universal do modo de vida imperial, a capacidade de externalizar esses custos — essencial ao Norte global desde o início da industrialização, e condição constitutiva do capitalismo — está diminuindo. Quanto mais o Sul global se industrializa ou intensifica o modelo de desenvolvimento neoextrativista, maior é o número de países que começam a depender da externalização de seus custos socioecológicos, tornando-se concorrentes do Norte global, não apenas no âmbito econômico, mas também ecológico.

Não por acaso, o debate sobre "fronteiras planetárias" (ver capítulo 2) coincidiu com um momento em que a universalização dos padrões de produção e consumo de combustíveis fósseis ameaça exceder e, de fato, transgredir os "limites do crescimento". Isso inclui não apenas os limites do consumo de recursos, mas também a pressão que pode ser exercida sobre os sumidouros (Rockström *et al.*, 2009). O modo de vida imperial — a precondição e o meio de lidar com as contradições socioecológicas do capitalismo — revela-se um intensificador de crises no momento de sua universalização. Ele é a causa do aumento das tensões ecoimperiais entre os países do Norte global e entre eles e as potências emergentes do Sul. O modo de vida imperial, portanto, implica a possibilidade de relações internacionais cada vez mais marcadas por conflitos e violência. Tais relações sofrerão maior impacto quando o uso exclusivo dos recursos humanos e naturais pelo Norte global, bem como dos sumidouros, for questionado em futuras mudanças geopolíticas e econômicas. Frequentemente, as tensões ecoimperiais permanecem latentes, mas às vezes também se expressam em conflitos políticos, econômicos ou mesmo militares.

A migração e os atuais movimentos de refugiados também podem ser vistos sob esse prisma. Trata-se de uma resposta aos conflitos instigados pelo modo de vida imperial e sua universalização. As pessoas afetadas não buscam apenas garantir a sobrevivência: elas querem uma parte da riqueza que, até então, só conhecem pela imposição de pesados custos em seus países de origem.

As crescentes tensões ecoimperiais também se refletem na contestação das políticas climáticas, que determinam quais países devem reduzir as emissões de CO_2 e em que proporções. A Conferência das Nações Unidas sobre as Mudanças Climáticas de 2009 falhou precisamente por essa razão (Wissen, 2010; Brand & Wissen, 2018). Acima de tudo, os Estados Unidos e a China — os dois maiores emissores de CO_2 e representantes da competição entre o Norte global e as potências emergentes do Sul — não estavam prontos para fazer as concessões necessárias. Ambos só podem manter seu modelo de desenvolvimento marcado pelo alto consumo de energia com a condição de continuarem explorando desproporcionalmente os sumidouros de CO_2 e a própria atmosfera no futuro, permitindo a externalização de seus custos socioecológicos. Isso dará origem a mais problemas e tensões à medida que a China se tornar um concorrente geopolítico e econômico dos Estados Unidos e, ao avançar com a queima de petróleo e carvão, acelerar a sobrecarga de sumidouros de carbono. No período que antecedeu a Conferência das Nações Unidas sobre Mudanças Climáticas de Paris, em 2015, a China e os Estados Unidos conseguiram se entender, abrindo caminho para um novo acordo. No entanto, as disposições desse acordo são relativamente não vinculantes. Por isso, abrem caminho para novos conflitos cuja possível solução também dependerá da intensificação e universalização, ou mesmo repressão, do modo de vida imperial no Norte e no Sul globais. Não por acaso, o presidente dos Estados Unidos e negacionista climático, Donald Trump, anunciou em junho de 2017 que o país pretendia deixar o Acordo de Paris — no que foi prontamente seguido pelo governo de Jair Bolsonaro no Brasil.

6. Automobilidade imperial

O socialismo só pode chegar de bicicleta.
— José Antonio Vieira-Gallo[1]

A condução de SUVs como estratégia de crise

Em 2016, foram registrados na Alemanha cerca de três milhões de novos automóveis. Destes, 21,3% se enquadravam na categoria de veículos off-road, incluindo os chamados veículos utilitários esportivos (SUVs), um cruzamento entre veículo off-road e sedã — um tipo de carro que raras vezes é usado efetivamente em áreas afastadas "fora da estrada", mas quase exclusivamente nas ruas das cidades. Depois dos carros compactos (25,2%), os veículos off-road representavam a segunda maior participação de novos registros em 2016. Os carros pequenos ocupavam o terceiro lugar, com 14,5%. Em 2008, esse cenário era bem diferente. Os carros compactos também foram os pioneiros em novos registros (28,5%), seguidos pelos superminis, com 24,2%, enquanto os off-road totalizaram apenas 6,4%. Entre 2008 e 2017, portanto, a proporção de veículos desse tipo com relação ao número total de

---

1 José Antonio Viera-Gallo é um político chileno e foi secretário de Justiça de Salvador Allende (1970-1973). A frase foi citada por Illich (1974, p. XXXI).

carros particulares alemães aumentou, passando de 3,2% para 9,2%, mais do que o dobro. Em números absolutos, eles passaram de 1,3 milhão para 4,2 milhões durante esse período (Bundesministerium für Verkehr und digitale Infrastruktur, 2015, p. 135-7; 2017, p. 145). Dependendo do ponto de vista, a demanda recente por SUVs pode ser caracterizada como impressionante ou alarmante, quando comparada à dos carros elétricos: "Estatisticamente falando, para cada alemão que comprou um carro elétrico no ano passado [2014], outras 36 pessoas compraram um SUV" (Stremmel, 2015).

O boom dos veículos off-road não é apenas um fenômeno alemão. A participação total de picapes e SUVs nos Estados Unidos representou 49% de todos os novos registros em 2014; na China, foram registrados 36,4% a mais de SUVs do que no ano anterior, enquanto as vendas totais de veículos pessoais aumentaram apenas 9,9%. "Em 2017, 32,4% do mercado total e quase 34% do mercado de automóveis de passageiros foram dominados pelos SUVs. No total, 27,85 milhões de novos SUVs foram vendidos em 2017, o que representa um aumento de 12,7% em comparação a 2016", registra Munoz (2018). O desenvolvimento na China também é interessante, pois oito em cada dez tipos dos SUVs mais vendidos foram produzidos por empresas automotivas chinesas que conseguiram diminuir a participação de mercado de seus concorrentes estrangeiros. Ao todo, as vendas de SUVs representaram um terço das vendas líquidas entre as montadoras chinesas (Trefis Team, 2015).

Esse estouro de vendas de veículos off-road e utilitários esportivos é uma manifestação marcante do modo de vida imperial e de sua tendência à universalização. Os SUVs são extremamente dispendiosos em recursos e emissões, como detalha Dudenhöffer:

são mais pesados, têm maior resistência ao atrito ou ao ar e geralmente são equipados com um motor mais potente — e, portanto, requerem pelo menos 25% mais combustível do que os sedãs *hatchback* e *notchback* convencionais. Por exemplo, um Volkswagen Tiguan com um motor a diesel de 110 cavalos emite aproximadamente 139 gramas de CO2 por quilômetro, enquanto um Volkswagen Golf com um motor a diesel de 105 cavalos, na mesma classe de veículo, emite 99 gramas de CO2 por quilômetro — uma diferença de 40%. (Dudenhöffer, 2013)

O tamanho faz com que os SUVs também ocupem mais espaço público do que outros carros. Por fim, em uma colisão envolvendo esse tipo de veículo, o risco de morte ou ferimentos graves é consideravelmente mais alto para passageiros em carros menores do que para os ocupantes do SUV. No caso dos pedestres, ser atropelado por um SUV eleva as chances de ferimentos graves ou fatais, em comparação com acidentes envolvendo um carro menor (Unfallforschung der Versicherer, 2012).

O mais impressionante é que a crescente demanda por SUVs no Norte global ocorre em paralelo a um declínio geral da participação do transporte individual motorizado no volume total de transporte. Essa tendência é observável na Alemanha desde 2008. Em outros países europeus, a participação de veículos automotores no tráfego está estagnada e, nos Estados Unidos, decresce desde meados dos anos 2000 (Verron, 2015, p. 12). Logo, é surpreendente que essa busca intensiva por veículos off-road e SUVs seja concomitante com uma consciência pública cada vez maior sobre as mudanças climáticas. Dado seu preço, os SUVs se direcionam principalmente às pessoas com renda mais alta — o Volvo XC90, por exemplo, tem preço inicial de cinquenta mil euros, enquanto um Audi SQ7 sai por 89 mil e o Range

Rover "mais acessível", por 97 mil. Os motoristas de SUV provêm, assim, da classe social que também possui uma consciência ambiental comparativamente mais alta.[2] Como esses fatos coexistem? Como explicar a simultânea popularidade dos SUVs e a diminuição da relevância do veículo pessoal no Norte global? Por que as pessoas dirigem veículos utilitários esportivos, apesar de saberem que estão colocando em maior risco o mundo natural e outras pessoas?

À primeira vista, esses fatos não se encaixam. A contradição também fica clara em um estudo sobre o uso de SUV feito pelo grupo Center Automotive Research (CAR) da Universidade de Duisburg-Essen, que afirma:

> Enquanto, há anos, os produtos orgânicos ou regionais cada vez mais param em sacolas de compras reutilizáveis, as próprias sacolas têm crescentes chances de acabar na traseira de um SUV. Este último, no entanto, não representa o comércio ecologicamente correto; ele é considerado um verdadeiro "beberrão de gasolina". (Steger, 2015)

Tal comportamento — embora contraditório numa perspectiva social mais ampla — pode ser completamente coerente aos olhos do condutor do SUV. Como já descrito, dirigir um veículo desse tipo é mais seguro do que dirigir um carro menor, desde que nem todos tenham um SUV. Assim, os motoristas protegem a si mesmos e a seus passageiros dos perigos da automobilidade, sem ter que renunciar ao conforto dos automóveis. Ao comprarem produtos orgânicos, contribuem ainda mais para sua saúde e a de seus entes queridos. Sem dúvida, esse comportamento não pode ser universalizado: ele interfere na segurança e nas condições

---

2   Sobre a relação entre renda, educação, uso de recursos e emissões, ver Sachs & Tilman (2009, p. 152-3) e Kleinhückelkotten *et al.* (2016).

de vida de outras pessoas e, quanto mais são imitados, mais rapidamente seus princípios são comprometidos (nesse sentido, trata-se de um bem "de posição" — ver capítulo 3). Obviamente, é isso que dirigir um SUV tem em comum com o uso dos carros em geral, mas suas contradições enfatizam ainda mais seu caráter imperial.

Fora a impossibilidade de se universalizar o SUV, há um conflito evidente que, aparentemente, só foi resolvido com a conhecida fórmula de "desenvolvimento sustentável". Segundo o Relatório Brundtland, da Comissão Mundial sobre Meio Ambiente e Desenvolvimento (CMED), o desenvolvimento é sustentável quando "atende às necessidades do presente sem comprometer a capacidade das gerações futuras de atender às próprias necessidades" (World Commission on Environment and Development, 1990, p. 16). Wolfgang Sachs apontou bem cedo que

> a fórmula é projetada para maximizar o consenso, em vez da clareza. […] O desenvolvimento sustentável deve atender às necessidades de água, terra e segurança econômica, ou às demandas por viagens aéreas e depósitos bancários? Ele está preocupado com as necessidades de sobrevivência ou com as necessidades de luxo? Seriam as necessidades em questão necessidades da classe global de consumidores ou do enorme número de pessoas que nada têm? (Sachs, 1999, p. 29-30)

O que é ou não é "sustentável" está longe de ser algo claro, pois é objeto de conflitos sociais e processos de negociação. Os conflitos, por sua vez, seguem regras que favorecem algumas percepções e interesses ligados ao problema, em detrimento de outros, ou mesmo constituem e normalizam tais percepções e interesses. Essas regras são profundamente moldadas pelas relações sociais e, no nosso caso, particularmente pelas relações de gênero e pela estrutura de classes das sociedades capitalistas, pois se manifestam na competição onipresente e na íntima conexão entre automobilidade, status social, liberdade, segurança e masculinidade.

De certo modo, o SUV é um meio de se proteger de um mundo inescrutável e frequentemente ameaçador. "Dentro do SUV, nada pode acontecer comigo, eu passarei em segurança" (Steger, 2015).[3] Isso também se aplica ao aumento crescente de chuvas fortes, tempestades e inundações. Para seus motoristas, dirigir um SUV é uma estratégia individual, não apenas para reduzir os riscos de acidentes como também para se adaptar às mudanças climáticas — uma estratégia que intensifica os mesmos fenômenos aos quais finge se adaptar.[4] Finalmente, também poderia ser considerado um estágio secundário da luta de classes: um SUV coloca seu condutor em uma posição inatacável e, assim, torna-se um meio para a classe média lidar com seu "medo latente do declínio social" (Steger, 2015).[5]

---

3   Ver também Dennis & Urry (2009).

4   O paradoxo de dirigir um SUV também é concisamente caracterizado por Hildyard *et al.* (2012, p. 78): "[o SUV] funciona como uma enorme cápsula de consumo excessivo em um mundo incerto. Com sua genealogia militar e sua pretensão de prover segurança pessoal ao externalizar as ameaças, o próprio SUV inscreve novas fronteiras geopolíticas em casa e no exterior, enquanto sustenta uma identidade muito estadunidense".

5   Como analisa David Gartman (2004, p. 192), "[para] garantir vantagem individual na luta darwiniana pelo espaço, alguns motoristas elevam a aposta ao comprar veículos utilitários esportivos grandes, poderosos e militares, dominando as espécies mais fracas da rua com uma grandeza agressiva que apenas torna a direção mais competitiva e perigosa".

A subjetividade do automóvel

A automobilidade e o tipo de sujeito formado pelas relações de classe e de gênero estão firmemente entrelaçados. Afinal, muitos aspectos nos levam a constatar que a automobilidade produz certos tipos de subjetividades — e vice-versa (Knoflacher, 2014) — que não são fixas. Elas mudam conforme a dinâmica das variadas manifestações socioespaciais das estruturas que moldam a sociedade.

O motorista do SUV pode ser entendido como a subjetividade automotiva do capitalismo neoliberal. A polarização entre segurança e insegurança, bem como entre superioridade e subalternidade, enquanto contrastes acentuados pelos veículos utilitários esportivos, correspondem a uma crescente polarização social e à difusão neoliberal de mecanismos alicerçados no mercado e na concorrência em todas as áreas sociais. E mais: em vez de simplesmente corresponderem um ao outro, o carro e a subjetividade de seu motorista constituem-se mutuamente — graças às suas qualidades materiais, o SUV intensifica as próprias relações sociais, moldadas pela competição e pela imprudência, das quais é um produto. Para isso, produz a forma correspondente de subjetividade.

Jan Stremmel, escrevendo para o jornal alemão *Süddeutsche Zeitung*, demonstrou esse processo em um impressionante autoexperimento realizado com um SUV. Ele descreveu seus resultados da seguinte forma:

> Depois de dois dias, o carro ganhou. Estou correndo pela [rodovia] A9, na faixa da esquerda, quando uma caminhonete prateada entra na minha frente. Percebo que não olho no espelho retrovisor há muito tempo. Afinal, não

preciso me preocupar com surpresas vindas de trás enquanto dirijo a 225 quilômetros por hora. Mas entrar na pista rápida à minha frente a 150 quilômetros por hora? Eu resmungo, embora nunca resmungue. Eu acendo meus faróis, embora nunca acenda meus faróis. Eu me tornei um idiota imprudente. O carro ganhou. (Stremmel, 2015)

Já nos primórdios do automóvel, as classes dominantes usavam esse novo modo de locomoção para satisfazer seu desejo de liberdade à custa de outros. As poderosas e abastadas classes médias urbanas viam o carro como uma libertação da heteronomia do itinerário, da malha ferroviária e da companhia forçada de outras pessoas, como quando se está inscrito no sistema dos trens (Sachs, 1992, p. 93-5; Schwedes, 2014, p. 21). A automobilidade correspondia à economia política do capitalismo industrial, na qual a competição parecia ser a forma natural da interação humana (Schivelbusch, 2014, p. 83). Por conseguinte, os primeiros motoristas agiam de maneira imprudente e às vezes até se vangloriavam do choque que provocavam entre os que não possuíam carros.[6] Escreve Wolfgang Sachs (1992, p. 14):

Não é de se admirar, dada essa arrogância hipócrita, que os ânimos das pessoas tenham se exaltado, tanto mais considerando-se que os próprios habitantes da vila tiveram que pagar pelos danos causados às ruas e aos bens comuns. Também não surpreende que a raiva tenha se misturado ao ódio de classe, uma vez que aqueles que aceleravam pelas ruas do campo e da vila, arrancando rapidamente e deixando os camponeses com toda a bagunça, eram os novos-ricos das cidades.[7]

---

6   Ver as descrições ilustrativas em Sachs (1992, p. 12-3).

7   Ver também Gartman (2004, p. 171).

Hoje, como é amplamente sabido, os motoristas precisam obedecer a certas regras. Mas o problema fundamental persiste: a saber, a "crescente monopolização de ruas e superfícies, com a exclusão das viagens não motorizadas e a sociabilidade pública correspondente" (Sachs, 1992, p. 22). Em contraste com o período inicial de automobilidade, no entanto, esse problema não é mais percebido como tal. A indignação pública e o ódio de classe diminuíram, e a marca do automóvel na paisagem urbana e rural se tornou normal e inquestionável. A subjetividade automotiva acha natural que as crianças não possam brincar na rua, onde carros em movimento põem em perigo a vida delas e carros estacionados ocupam o espaço disponível; que os ciclistas sejam empurrados para faixas intransitáveis de meios-fios e calçadas, onde entram em conflito com os pedestres e são forçados a ziguezaguear entre painéis publicitários, árvores e parquímetros; e que os pedestres se alinhem em massa nos semáforos para deixar passar uma onda de carros, suportando o ruído e a fumaça de seus escapamentos sem reclamar.

A falta de debate público sobre o caráter imperial da automobilidade na vida cotidiana também está na aceitação silenciosa dos "efeitos externos" que ela produz em escala global. Certamente, a intensidade das emissões automotivas — sobretudo graças aos escândalos de fraudes de emissões — tem sido um assunto constante nas discussões atuais. As *precondições* sociais e ecológicas do uso de fontes de energia fóssil em motores de combustão, no entanto, são tacitamente aceitas.

Todavia, essas condições estão longe de ser triviais. Guerras são travadas por petróleo; o acesso ao "ouro negro" e as condições de sua distribuição global são controlados por regimes autoritários apoiados econômica e militarmente por governos do Norte global; e a extração e o refino produzem enormes custos humanos:

> Trabalhadores e moradores da comunidade são contaminados, feridos e mortos nos processos de extração e refino de combustíveis fósseis. De fato, mais trabalhadores morrem na extração de petróleo, gás e carvão do que em todas as outras indústrias combinadas. Pessoas de baixa renda, pessoas não brancas e povos indígenas são ainda mais afetados pelo uso de combustíveis fósseis do que outras populações. (Just Transition Alliance *apud* Brie & Candeias, 2012, p. 13)

O petróleo é o combustível da automobilidade fossilista, mas não é, nem de longe, seu único pré-requisito. Para que sirva a esse propósito, foi necessário antes construir um motor de combustão — e carroceria, chassi, transmissão, o sistema eletrônico e o interior do veículo. São utilizadas matérias-primas em todos esses componentes, que seguem caminhos complexos e destrutivos até que possibilitem a utilização do produto final. As mais importantes matérias-primas, nesse caso, são metais, como minério de ferro, alumínio e cobre. Para ilustrar os perigos relacionados à sua extração, voltemos a atenção para uma catástrofe ambiental que ocorreu em 5 de novembro de 2015, na cidade de Mariana, em Minas Gerais. Nesse dia, a barragem de um reservatório de rejeitos se rompeu; ela retinha as águas residuais de uma mina pertencente a uma empresa chamada Samarco, com participação das gigantes Vale e BHP Billiton. Vários milhões de metros cúbicos de lama contendo metais pesados (as estimativas variam entre trinta milhões e sessenta milhões, ou o equivalente ao volume de doze mil a 24 mil piscinas olímpicas) inundaram o vale logo abaixo, enterrando a vila de Bento Rodrigues e chegando até o Rio Doce — poluindo não apenas o rio, mas também a costa atlântica ao redor da foz. Dezenove pessoas morreram no desastre ambiental, considerado o pior da história do Brasil. Centenas perderam suas casas e centenas de milhares ficaram sem água. A área afetada é tão extensa quanto a Suíça, e as consequências para a saúde pública e o meio ambiente são trágicas.[8]

O Brasil é, depois da China e da Austrália, o terceiro maior produtor de minério de ferro do mundo. Nenhuma jazida foi minerada na Alemanha desde 1987, por exemplo, e desde então toda a demanda é coberta por importações. Em 2014, o país importou 43 milhões de toneladas. Cerca de 56% desse montante vem do Brasil, maior fonte de minério de ferro da Alemanha, seguido pela Suécia (aproximadamente 16%) e Canadá, com cerca de 15% (Bundesanstalt für Geowissenschaften und Rohstoffe, 2015, p. 79). Não à toa, a indústria automobilística alemã é uma das maiores consumidoras industriais de recursos metálicos. O minério de ferro é a matéria-prima mais importante em relação aos recursos necessários para a produção de automóveis, pois um veículo motorizado consiste em aproximadamente 65% de ferro e aço. Em 2014, o preço do minério de ferro no mercado global caiu 28%.[9] Exportadores de matérias-primas tentaram compensar a queda no preço expandindo a produção. Foi o que também fizeram os gerentes da mina de Mariana: a pressão sobre as barragens subiu pouco antes do acidente, e a produção da mina da Samarco "aumentou 40% em relação ao ano anterior — uma estratégia de reação ao mercado pela elevação da produção que, em Mariana, levou a um aumento acentuado na produção de rejeitos

---

8   Em 25 de janeiro de 2019, outra barragem — controlada pela Vale — se romperia em Minas Gerais, dessa vez no município de Brumadinho, causando 259 mortes e onze desaparecimentos, além de uma incalculável destruição ambiental. [N.E.]

9   Dados sobre o ferro e o aço podem ser obtidos em Kerkow *et al.* (2012) e, sobre minério de ferro, em Bundesanstalt für Geowissenschaften und Rohstoffe (2015, p. 7).

da mina e cujo efeito foi a inundação da área circundante" (Lessenich, 2019, p. 12).

A catástrofe em Mariana revelou o lado sórdido dos automóveis lustrosos, que não apenas dominam nosso próprio espaço público de maneira surpreendentemente inquestionável, mas também destroem as condições de vida das pessoas em outros lugares e causam um sofrimento inenarrável.[10] Tão digna de nota quanto a própria catástrofe é a velocidade com que ela foi apagada da memória coletiva do Norte global — só por um momento breve despontou no horizonte de percepção da subjetividade da automobilidade. Mal foi capaz de provocar um incômodo duradouro a essa subjetividade, tanto que toda a reflexão sobre os vínculos entre o modo de viver no Norte e o sofrimento no Sul cessou. Stephen Lessenich chama isso de "*desejo* generalizado de não saber de nada" (Lessenich, 2019, p. 111-2).

Tal situação também deve ser entendida no contexto de um desenvolvimento no qual a automobilidade, ao longo do século XX, metamorfoseou-se de um fenômeno específico de classe em um fenômeno de massa no Norte global. "Condutores de veículos a motor não constituem uma classe em si; eles já representam, graças à progressão da motorização, a massa do povo", reivindicou o Clube Automobilístico Alemão (Adac) em um manifesto de 1965 (*apud* Sachs, 1992, p. 77).

Nos Estados Unidos, Henry Ford pavimentou o caminho para a automobilidade como um fenômeno que abrange todas as classes sociais com seu Modelo T, que foi produzido em massa com base em novos métodos de aumento de produtividade (principalmente a padronização de peças

---

10   Um estudo sistemático das violações dos direitos humanos e da destruição ecológica que ocorrem em vários estágios da cadeia de produção de automóveis pode ser encontrado no estudo de Kerkow *et al.* (2012).

individuais, a limitação da gama de produtos e, posteriormente, a produção de esteiras transportadoras). Na primeira metade do século xx, a indústria automobilística e siderúrgica dos Estados Unidos se desenvolveu em setores econômicos importantes, nos quais a classe trabalhadora detinha alto nível de poder organizativo. Ela usou esse poder após a Grande Depressão para estabelecer direitos políticos e sociais que anteriormente haviam sido rejeitados. Nesse esforço, foi também em benefício da classe trabalhadora que as relações de poder político nos Estados Unidos — após a Grande Depressão — mudaram em favor de forças orientadas para a reforma. O New Deal, ou seja, as medidas econômicas e sociais aprovadas entre 1933 e 1936 durante o mandato do presidente Franklin D. Roosevelt, bem como a política fiscal abrangente do governo estadunidense na Segunda Guerra Mundial, criaram as bases para um boom econômico que deu à classe trabalhadora uma parcela até então desconhecida da riqueza nacional. A expansão do automóvel e os novos métodos de produção aplicados pela primeira vez à indústria automobilística simbolizaram esse florescimento econômico. Não por acaso, a fase do capitalismo iniciada nos Estados Unidos na década de 1930, e após a Segunda Guerra Mundial na Europa Ocidental, que durou até a década de 1970, foi denominada "fordismo" (Schmidt, 2013).

Na Alemanha, mais precisamente na cidade de Wolfsburg, Ferdinand Porsche adotou os métodos de produção da Ford na década de 1930. Sob as ordens de Hitler e usando ativos sindicais saqueados e trabalho forçado, ele construiu a fábrica da Volkswagen e projetou o KdF-Wagen (batizado em referência à organização Kraft durch Freude [Força pela alegria], por meio da qual os nazistas tentaram levar as atividades de lazer do povo alemão à conformidade geral). É certo que, a partir de 1940, apenas seu "irmão militar" foi produzido durante o nacional-socialismo — o Kübelwagen ou "*bucket car*". Após a Segunda Guerra Mundial, porém, o carro entrou em produção em massa sob o nome de Volkswagen e virou símbolo do desenvolvimento econômico da República Federal Alemã. Seu nome, que significa "carro do povo", serviu como expressão terminológica da ideia de uma automobilidade para todas as classes sociais. As estatísticas confirmam: de 1960 a 2016, o número de veículos pessoais na Alemanha aumentou dez vezes, passando de cerca de 4,5 milhões para 45 milhões.[11]

O paradoxo desse desenvolvimento é que ser capaz de atravessar distâncias mais rapidamente não significa um aumento no tempo livre disponível, ou maior qualidade de vida. Como já observara Ivan Illich (1974, p. 18-9), a realidade funciona da maneira oposta:

> O homem estadunidense típico [...] passa quatro das dezesseis horas diárias durante as quais fica acordado na estrada ou ganhando os meios para manter o carro funcionando. Esse número sequer inclui o tempo gasto por outras atividades implicadas no uso de um carro: tempo gasto no hospital, no trânsito ou no mecânico; ou mesmo o tempo necessário para estudar o mercado de carros ou obter conselhos para conseguir um "negócio" melhor na próxima compra. Os custos totais de acidentes de automóvel e universidades são quase os mesmos e aumentam junto com o produto interno bruto. Porém, é ainda mais instrutivo considerar a perda de tempo no trânsito: o estadunidense típico gasta 1,6 mil horas para cobrir 12.070 quilômetros — menos de oito quilômetros por hora. Em países onde não há indústria automobilística, as pessoas

11 Números da pesquisa "Bestand in den Jahren 1960 bis 2016 nach Fahrzeugklassen", da Autoridade Federal do Transporte a Motor da Alemanha (Kraftfahrt-Bundesamt, 2020).

andam na mesma velocidade e vão aonde querem — e não precisam gastar 28% do seu "tempo útil" no trânsito, como no caso dos Estados Unidos, mas apenas de 3% a 8%.

O desenvolvimento de veículos mais rápidos e de maior desempenho pode ser entendido como uma tentativa de minimizar a perda de tempo por meios tecnológicos e competitivos: quem pode pagar pelo máximo de potência está à frente no jogo da vida. Como todos os outros também estão trocando de carro, a competição simplesmente se repete em níveis crescentes da escala tecnológica. A certa altura, acelerar para ganhar tempo só se torna possível aumentando exponencialmente o risco de acidentes. A competição assume, então, outras formas: carros mais altos e semelhantes a tanques de guerra atendem às demandas de segurança de seu motorista na mesma medida em que colocam em risco a vida de crianças, pedestres, ciclistas e passageiros em carros menores. Além da alta velocidade do carro, os acessórios opcionais internos se tornam uma questão de status. O veículo determina quem poderá, de modo mais confortável, passar o tempo sentado em engarrafamentos causados por acidentes na via.

Eis aqui uma característica importante da automobilidade de massa: os princípios capitalistas da competição e da maximização da utilidade penetram nos poros da vida cotidiana. A "libertação" automotiva dos indivíduos se torna um meio de subjetivação capitalista: "A automobilidade de massa é a reificação da vitória total da ideologia burguesa sobre a prática da vida cotidiana: estabelece e mantém a ideia ilusória de que todo indivíduo pode ficar rico e se tornar mais importante *à custa de todos os outros*" (Gorz, 2009, p. 53).[12]

12 Ver também Paterson (2007).

Ao mesmo tempo, a mobilidade fordista no Norte global teve um aspecto igualitário: permitiu à classe trabalhadora participar do progresso social até um ponto inédito. Inúmeras oportunidades de trabalho surgiram na indústria automobilística, que se transformou em um setor-chave da economia em muitas nações capitalistas desenvolvidas durante o período do fordismo (Kaufmann, 2011, p. 16-8). Graças ao aumento da renda gerada nesse e em outros setores, e também ao desenvolvimento de métodos que ampliaram a produtividade, os trabalhadores experimentaram uma prosperidade crescente e foram capazes de melhorar sua mobilidade espacial com a compra do carro pessoal.

É provável que a proliferação fordista do automóvel — em conjunto com o crescimento da prosperidade e a expansão da posse de carros, a qual tanto facilitou como simbolizou — tenha contribuído substancialmente para o surgimento de uma subjetividade da automobilidade. A crescente polarização social sob o neoliberalismo, da qual o gesto de superioridade inscrito no SUV é uma expressão marcante no trânsito, tem sido até agora incapaz de pôr em dúvida essa subjetividade. Em contraste, o aspecto competitivo da automobilidade em massa, que sempre esteve presente junto a seu aspecto igualitário, faz com que a polarização pareça normal. Tal condição parece transitar para a crise ecológica: suprimir o caráter imperial da automobilidade transformou-a em um "não problema", mesmo à luz das perturbações sociais e ambientais que recentemente são seus subprodutos cada vez mais visíveis. Em todo caso, a automobilidade parece até fazer parte da solução, ainda mais porque a robustez do carro melhora a capacidade de adaptação a crises de seu proprietário.

Mobilidade, classe e gênero

O transporte individual motorizado é altamente compatível com o modo de produção capitalista, que tende a estruturar todo o âmbito social de acordo com o princípio da competição. Ele não é, contudo, uma consequência inevitável do sistema; ao contrário, é resultado das lutas sociais que os setores do capital ligados ao petróleo e ao motor de combustão foram capazes de travar e decidir por si mesmos, enquanto os sistemas de transporte alternativos foram marginalizados em muitos lugares. John Urry (2013, p. 77) descreve esses conflitos nos Estados Unidos:

> Nos Estados Unidos, entre 1927 e 1955, a General Motors, a Mack Manufacturing [caminhões], a Standard Oil [hoje Exxon], a Philips Petroleum, a Firestone Tire & Rubber [pneus] e a Greyhound Lines [viação] se uniram para compartilhar informações, investimentos e "atividades". O objetivo era eliminar os bondes [que são chamados de *trams* na Europa]. Essas organizações estabeleceram várias empresas de fachada, uma das quais foi a National City Lines (NCL). Durante os anos 1930, a NCL, juntamente com várias subsidiárias, comprou várias linhas de bondes elétricos. Então, elas os desmontaram. Pelo menos 45 cidades perderam seus bondes. A estratégia era mudar para o transporte motorizado baseado em petróleo, deixando os cidadãos locais sem alternativas aos carros e ônibus. Essa conspiração de carbono violava diretamente as leis antitruste dos Estados Unidos. Foi descoberta somente em 1955, quando as empresas foram consideradas culpadas por violar a Lei Sherman, mas acabaram apenas pagando pequenas multas.[13]

13 Ver também Wolf (2007, p. 123-5).

O domínio do automóvel sobre outros meios de transporte, como observa Urry (2013, p. 78) a respeito do resultado dessas lutas, "passou a ser visto como natural e inevitável".

Mas isso não significava que a batalha havia terminado. Os efeitos ecológicos e sobre a saúde acarretados pelo uso do automóvel foram politizados pelo movimento ambiental nos Estados Unidos a partir do final da década de 1960, e por notáveis descrições científicas dos problemas ambientais e de recursos, como o relatório *Os limites do crescimento*, já citado. À proporção que os preços do petróleo subiram, na década de 1970 — após a guerra entre Israel e Egito, a Revolução Iraniana e sucedendo o pico da produção de petróleo dos Estados Unidos —, uma janela de oportunidade parecia se abrir para reduzir as emissões de CO_2 no desenvolvimento econômico e social, como já comentamos. Esse era, aliás, um dos planos do então presidente estadunidense Jimmy Carter. O projeto falhou, no entanto, quando Carter foi substituído por Ronald Reagan no início dos anos 1980 e os preços do petróleo caíram novamente (Urry, 2013, p. 79-96).

O Estado desempenhou um papel fundamental no estabelecimento e na normalização da automobilidade, com a Alemanha nazista na dianteira. Sob o domínio de Hitler, o Estado criou uma infraestrutura exclusiva para automóveis: a rodovia expressa (*Autobahn*). Após a Segunda Guerra Mundial, os sistemas rodoviários foram massivamente expandidos nos Estados Unidos, Japão e Europa. O sistema rodoviário europeu foi quadruplicado entre 1970 e 2006. O transporte ferroviário, por outro lado, foi sistematicamente reduzido ou eliminado (Wolf, 2007). Atualmente, na Alemanha, os interesses dos automóveis estão tão profundamente inscritos no aparato estatal e no sistema de infraestrutura que levam o governo alemão a tentar veementemente impedir a Comissão Europeia de impor normas mais rígidas de emissão aos fabricantes de automóveis.[14] O escândalo de emissões da Volkswagen não mudou quase nada essa realidade — o que é notável, já que a empresa, devido a regras específicas de codeterminação e ao poder de veto minoritário que o estado da Baixa Saxônia detém em todos os processos importantes de tomada de decisão, ainda poderia ser pioneira na transformação socioecológica das principais indústrias (Krull, 2015).

O entrincheiramento infraestrutural, institucional e subjetivo da automobilidade não se deve apenas ao poder da indústria automobilística; também pode ser atribuído aos interesses de trabalhadores, funcionários e sindicatos, que veem na reestruturação fundamental do setor uma ameaça a seu poder organizativo (Brie & Candeias, 2012, p. 17). Pode-se chamar esse profundo entrincheiramento de "consenso automotivo": aqueles empregados no setor ainda parecem se identificar fortemente com seus empregadores e seus produtos. Como mostra o exemplo da Volkswagen, essa lógica se mantém em tempos de crise, quando apelar à prontidão da força de trabalho para fazer sacrifícios é mais proveitoso (Krull, 2015). Esse caso combina uma longa tradição de relações corporativas industriais, que garantiram a prosperidade da força de trabalho e de toda uma região ao longo de décadas, com certo conformismo, induzido pela concorrência e intensificado pelo escândalo de emissões. A consequência é que a preocupação de curto prazo com a retenção de empregos inibe o surgimento de um debate tão necessário

---

[14] A esse respeito, ver a cronologia informativa da colaboração entre a indústria automobilística e o Ministério da Economia alemão em outubro de 2016.

sobre a transformação social e ecológica fundamental da indústria automobilística.[15]

No entanto, além da produção, o caráter de classe da automobilidade, que parecia ter ficado em segundo plano no período de motorização em massa do pós-guerra no Norte global, tornou-se mais visível novamente. Isso diz respeito, por um lado, aos tipos de carros — no Norte, os SUVs; no Sul, os carros pequenos. Por outro lado, as relações de classe se manifestam na questão de quem realmente possui e usa um carro. Em 2008, por exemplo, 64% das famílias alemãs com uma renda mensal inferior a novecentos euros não possuíam carro, enquanto 93% das famílias com uma renda de cinco mil a dezoito mil euros por mês possuíam dois ou mais veículos (Stiess *et al.*, 2012, p. 26). Além disso, o Clube dos Transportes da Áustria (VCÖ) mostrou que os quilômetros percorridos aumentam com a renda. O interessante aqui é que o uso do carro cresce desproporcionalmente à renda. Assim, toda expansão e melhoria financiada pelo Estado para a infraestrutura automotiva, bem como outros fundos para a automobilidade, é sempre uma política que beneficia

---

15 Existe, porém, uma tradição de oposição na indústria automobilística que poderia ser adotada hoje: na década de 1970 e no início da de 1980, o Plakat-Gruppe [Grupo de pôsteres] da Daimler-Benz não encarou a transformação social e ecológica da indústria automobilística como ameaça, mas como uma necessidade para preservar empregos (Hoss, 2004). Um membro do grupo, Dieter Marcello (1980, p. 53), escreveu: "Se não apenas exigirmos empregos, mas também pensarmos no significado e no objetivo deste trabalho, e se os funcionários exercerem pressão nesse sentido (e o IG Metall também), poderemos evitar que os planos sociais sejam necessários nos anos 1990 e criar produtos alternativos para um sistema de transporte alternativo". Ver também IG Metall & Deutscher Naturschutzring (1992).

os já privilegiados e aumenta a desigualdade social (Verkehrsclub Österreich, 2009, p. 9-10).[16]

O modo de vida "autoimperial" não está entrincheirado apenas nas relações de classe. Ele também se baseia nas relações de gênero e contribui para (re)produzi-las: os carros são anunciados de acordo com estigmas sexistas; seu design serve aos propósitos dos estereótipos sexuais; incentivam o desenvolvimento de uma masculinidade hegemônica enraizada em atributos como agressividade, violência e tecnologia (Paterson, 2007, p. 47-8). Além disso, em uma época em que a força física perde cada vez mais proeminência no local de trabalho, os carros servem "para reconstituir a masculinidade em torno de questões de competência técnica" (Paterson, 2007, p. 134).

Ademais, a expansão social do modo de vida automotivo no Norte global vem acompanhada de uma forma de desenvolvimento urbano estruturada em uma separação de funções, o que inscreveu relações desiguais de gênero na paisagem da cidade. Como resultado, amplos setores da classe média vivem em espaços suburbanos com pouco acesso a infraestrutura social e transporte público, enquanto oportunidades de emprego estão localizadas no centro da cidade ou em áreas comerciais — ou seja, onde foi abolida a combinação de funções há tanto tempo essenciais à vida urbana, o trabalho assalariado e o trabalho de cuidado dificilmente podem ser conciliados (Keil, 2018). Essa forma de desenvolvimento urbano requer a generalização da automobilidade, perpetua a vida cotidiana organizada em torno do carro e incentiva uma separação do trabalho específica de gênero à custa do trabalho de cuidado. "Os sistemas de transporte são concebidos

---

16 Gostaríamos de agradecer a Bettina Urbanek por essa observação.

para homens com cargos de tempo integral e oferecem possibilidades de deslocamento especialmente para os locais de trabalho assalariado" (Bauhardt, 2007, p. 308). O que é negligenciado, porém, são as necessidades de transporte para o trabalho não remunerado — acompanhar crianças e idosos, fazer compras ou participar de atividades sociais e culturais. Assim, faltam os requisitos básicos de infraestrutura para combinar trabalho assalariado e não assalariado, bem como para atender às necessidades de usuários de transporte, como crianças e idosos.

Adelheid Biesecker, Sabine Hofmeister e Uta von Winterfeld enfatizaram que o modo de produção capitalista depende de uma dupla forma de externalização (conforme se viu no capítulo 3): ele se apropria da natureza e do trabalho de cuidado de modo distinto daquele baseado no princípio da troca equivalente que opera na circulação de mercadorias — ou que nele se fundamenta, mas de forma limitada. Além disso, o modo capitalista tende a impor seus custos sociais e ecológicos ao mundo natural e ao campo do trabalho de cuidado (Biesecker & Hofmeister, 2010; Biesecker & Winterfeld, 2014). Na cultura do automóvel, as duas formas de externalização se reúnem de maneira exemplar, graças à sua alta demanda de recursos, ao imenso dano que causa às pessoas e à natureza em todo o mundo, bem como à desigualdade das relações de gênero que está inscrita na infraestrutura automobilística — resumidamente, graças ao seu caráter imperial.

A modernização ecológica da automobilidade

Recentemente, parece haver sinais de uma emergente modernização ecológica da automobilidade. Os fabricantes de automóveis têm apresentado modelos mais eficientes, fazendo maior uso de motores elétricos e híbridos, desenvolvendo carros autônomos, mais ecológicos e buscando se estabelecer como prestadores de serviços em mobilidade. Para isso, eles mantêm a própria frota para o modelo de compartilhamento de caronas e investem em serviços de aplicativos de táxi. Reagem, dessa forma, às pressões competitivas e à mudança de hábitos, especialmente entre os jovens, que têm renunciado à posse do carro próprio em favor de um uso mais "multimodal" do transporte (Umweltbundesamt, 2016, p. 41-2).[17] Ao mesmo tempo, os fabricantes buscam moldar o desenvolvimento desses hábitos.

Para avaliar essa mudança, vale a pena diferenciar entre as inovações que aumentam a *ecoeficiência* e as que aumentam a *ecoeficácia* (Huber, 2011).[18] Há um aumento na ecoeficiência quando, graças à inovação, o mesmo produto ou serviço pode ser produzido ou fornecido com menos consumo de recursos e emissões. No transporte, isso ocorre quando, por exemplo, um aprimoramento da potência do motor torna possível percorrer a mesma distância usando menos combustível. Logo, elevações da

---

17 Não vamos expandir aqui a questão dos biocombustíveis, ou seja, a tentativa de substituir parcialmente os combustíveis fósseis por motores de combustão que usam etanol e biodiesel. Os efeitos social e ecologicamente devastadores dessa ideia, bem como a oposição a ela, estão bem documentados (Dietz *et al.*, 2015; Pichler & Brad, 2016; Brad *et al.*, 2015).

18 Ver também Canzler (2014).

ecoeficiência costumam ser mais racionais. No entanto, elas se tornam um problema quando os produtos e serviços também têm seu preço reduzido, criando demanda adicional: ou seja, a maior eficiência acaba anulada pelo aumento do consumo. Quando os carros são dirigidos com mais frequência porque sua eficiência reduz os custos com combustível, ou mesmo quando o dinheiro economizado em despesas com automóveis é gasto em viagens aéreas, o resultado é ainda mais poluição ambiental — o chamado "efeito rebote" (Santarius, 2015). Além disso, tais aumentos na ecoeficiência podem ser o "progresso no objeto errado", contribuindo para uma situação em que "os esforços para se criar alternativas ecologicamente inovadoras permanecem privados dos recursos necessários" (Huber, 2011, p. 287). Isso é especialmente verdadeiro para os motores de combustão: o aumento da propulsão ecoeficiente dificilmente pode compensar os efeitos sociais e ecológicos negativos que resultam da expansão mundial do transporte privado, à custa do esgotamento progressivo dos combustíveis fósseis e da pressão sobre os sumidouros de CO_2.

Nesse contexto, a ecoeficácia se torna mais significativa. Aumentá-la quer dizer não apenas "diminuir a quantidade de poluição ambiental", mas buscar uma "reestruturação qualitativa do uso de recursos, energia e sumidouros naturais" (Huber, 2011, p. 287). É o que deve ser alcançado, por exemplo, pela substituição da combustão — o uso de automóveis com motores elétricos com a ajuda do financiamento estatal, atualmente em andamento em muitos lugares. De acordo com a Plataforma Nacional de Eletromobilidade da Alemanha,[19] o plano representa uma "chave para a transformação sustentável da mobilidade: amiga do clima e do

19 Trata-se de um antigo conselho consultivo do governo alemão, composto por representantes da indústria, ciência, ministérios, associações e sindicatos, que a partir de 2019 foi substituído pela chamada Plataforma Nacional do Futuro da Mobilidade.

meio ambiente, da economia de recursos e da eficiência" (Nationale-Plattform-Elektromobilität, 2020).

Embora o plano não tenha se concretizado — havia apenas 54 mil carros elétricos na Alemanha no início de 2018, muito distante da meta de um milhão de veículos do tipo rodando pelo país em 2020 —, há a questão das consequências socioeconômicas da eletroautomobilidade. O que chama a atenção inicialmente é que esse debate é caracterizado por duas deficiências importantes. Primeiramente, a redução à eletroautomobilidade, relegando a redução da propriedade de carros particulares em favor de formas coletivas de eletromobilidade, como bondes ou ônibus, a um papel secundário, se tanto (Verkehrsclub Deutschland, 2010).[20] Em segundo lugar, os defensores da eletroautomobilidade tendem a

---

20 Resta ver se a automobilidade poderá se tornar mais colaborativa por meio da digitalização. Esse é o argumento proposto por Jörg Häntzschel (2016), segundo o qual novas oportunidades técnicas e relacionadas a seguros tirarão poder do motorista e aumentarão o controle sobre ele, transformando a subjetividade do automóvel. O surgimento dos dispositivos de navegação transformou "um monte de motoristas que tomavam suas próprias decisões em um coletivo involuntário dirigido por um coro de vozes femininas digitais que dão as mesmas instruções para todos". Esse desenvolvimento é impulsionado pela telemática, que permite às seguradoras de automóveis receber informações constantes sobre o comportamento de seus clientes ao volante, sancionar esse comportamento remotamente e treinar o "motorista para ser um membro disciplinado e cooperativo da sociedade". Eventualmente, os "assistentes de direção" eletrônicos, ao contrário do nome, poderão assumir o controle dos veículos. Na Alemanha, no entanto, essas oportunidades podem ser ignoradas. As montadoras locais seguem concentradas em velocidade e potência, e a política do Estado continua incentivando o "velho modelo 'James Dean' de dirigir de forma extasiada e suicida", punindo com uma mão, mas recompensando com a outra.

enfatizar as vantagens ecológicas oferecidas pelo *funcionamento* de carros elétricos, em contraste com os carros com motores de combustão. Eles permanecem calados, no entanto, sobre os custos ecológicos de sua *produção*. O desequilíbrio já era característico do já citado programa de incentivo ao sucateamento, implementado durante a crise de 2008 pelo governo alemão como uma tentativa de apoiar a indústria automobilística. O objetivo era trocar carros antigos por novos, que consomem menos combustível e, portanto, têm um *funcionamento* mais eficiente. Sugeriu-se que ecologia e economia seriam igualmente beneficiadas por esse esquema. Ninguém, contudo, levantou a questão do material e da energia empregados na *produção* desses veículos — dos quais ninguém realmente precisava, pois os que seriam substituídos provavelmente ainda eram funcionais (ver capítulo 2).

Quanto à eletroautomobilidade, a ênfase no funcionamento de veículos e a supressão da dimensão da produção parecem se repetir sob a bandeira da ecoeficiência. O pressuposto é que, como não emitem CO_2 quando em uso, os carros elétricos são, por si só, mais ecológicos do que aqueles com motores de combustão. Isso está longe de ser evidente, pois pressupõe que todos os carros elétricos sejam abastecidos com eletricidade obtida a partir de fontes de energia renováveis. Ainda que esse fosse o caso, a importante questão dos materiais e da energia utilizados na produção de carros elétricos permaneceria sem resposta.

Além disso, a disponibilidade de certos metais necessários para a fabricação de motores elétricos e baterias pode vir a ser um problema. Ernst Schriefl e Martin Bruckner estimam que a oferta de platina, por exemplo, não será capaz de acompanhar o ritmo da demanda crescente. Também há sinais de escassez de cobre. Já as reservas de lítio atualmente conhecidas devem ser suficientes para cobrir a "demanda explosivamente crescente" — o problema aqui é que uma expansão da mineração de lítio, correspondente ao crescimento da demanda, estaria associada a "sérias consequências ecológicas" nas regiões envolvidas (Schriefl & Bruckner, 2016, p. 229-31). A reciclagem dificilmente resolve os problemas de disponibilidade e extração, pois, segundo estudo do Programa das Nações Unidas para o Meio Ambiente intitulado *Taxas de reciclagem de metais: um relatório de status*, "enquanto o uso global de metais continuar a crescer e os metais forem usados em produtos com vida útil prolongada, até mesmo a reciclagem completa só poderá satisfazer uma fração modesta da demanda" (*apud* Schriefl & Bruckner, 2016, p. 231).

Juntamente com esses "requisitos materiais da transição energética", os "requisitos energéticos da transição material" teriam que ser levados em conta: para a extração de metais empregados em motores elétricos e turbinas eólicas, "a energia fóssil não renovável é utilizada em uma escala massiva"; e o gasto de energia aumenta à medida que o conteúdo de metal no minério extraído diminui e as minas se tornam cada vez menos acessíveis (Exner *et al.*, 2016a, p. 12-3).

Finalmente, o critério de justiça de recursos é significativo. Os cálculos da discrepância entre a oferta e a demanda por recursos não mostram que os artigos nos quais os recursos são usados ou produzidos por meio do consumo de combustíveis fósseis não beneficiam igualmente todas as pessoas. Aqueles que ganharão com a eletroautomobilidade serão, em sua maioria, habitantes das cidades e regiões do Norte global. Por outro lado, as pessoas que provavelmente perderão nessa troca serão encontradas nas regiões de mineração do Sul global. Elas dificilmente terão acesso à eletroautomobilidade, mas serão afetadas ainda mais pelos problemas ambientais e de saúde causados pela extração de metais empregados na fabricação de motores elétricos e baterias. Uma transição de mobilidade que tenha por objetivo reduzir as emissões de CO2, mas sem problematizar as dimensões materiais da eletroautomobilidade e desafiar a magnitude do transporte de mercadorias e pessoas, implica uma utilização desproporcional de materiais e energia por poucos beneficiários. Isso não resultará na superação do modo de vida imperial. Em vez disso, vai perpetuá-lo, alterando sua base material e energética.

Kingsley Dennis e John Urry estão certos quando afirmam que

> Os impactos ambientais do carro decorrem de *todo* o seu ciclo de vida e sistemas de infraestrutura relacionados, incluindo extração de matérias-primas, produção, operação e manutenção de veículos, além da manutenção da infraestrutura rodoviária, custos hospitalares, custos emocionais das muitas mortes e lesões [que provoca] e assim por diante. O usuário do carro não paga o custo total, dado que muitos desses custos ambientais e de saúde pública não estão incluídos [no preço e] nas tarifas do carro. (Dennis & Urry, 2009, p. 45)

Essencialmente, a "ecologização" da automobilidade por meio de estratégias baseadas no mercado e tecnologicamente fixadas é, portanto, uma tentativa de perpetuar o modo imperial de vida por uma modernização ecológica seletiva de um de seus aspectos centrais. No debate predominante sobre uma "transição de mobilidade", as perguntas decisivas não estão sendo feitas: como o transporte pode ser minimizado e as rotas de tráfego encurtadas, e como o transporte necessário pode ser organizado de maneira social e ambientalmente saudável? Não é surpreendente que essas perguntas não apareçam, pois elas não podem ser respondidas nem pela ecoeficiência, nem pela ecoeficácia.

Para isso, seria necessário debater questões de mobilidade em um contexto social mais amplo e sob uma análise da *suficiência* (ver capítulo 8) — algo, no entanto, que atingiria o coração do modo de vida imperial e as relações sociais e formas de subjetivação nas quais se fundamenta.

7. Falsas alternativas: da economia verde ao capitalismo verde?

A economia verde, nesse sentido, é uma falsa solução às mudanças climáticas, já que não contraria a continuidade da atual economia "marrom", extrativista e intensiva em energia. Pelo contrário, seus mecanismos "verdes" são concebidos de tal forma que a criação de valor sob sua lógica é complementar e interdependente da economia atual.

— Camila Moreno (2016, p. 292)

No segundo capítulo deste livro, observamos que, ante múltiplos fenômenos de crise, a economia e a política ecologicamente destrutivas foram crescentemente problematizadas e confrontadas com a necessidade de uma transformação socioecológica — ou, mesmo, uma "grande" transformação. Como argumentamos, porém, a "nova ortodoxia crítica", isto é, a principal corrente emergente do debate sobre a transformação, ignora a dinâmica capitalista predominante e as relações sociais de forças que consideramos as causas centrais da crise múltipla.

Neste capítulo, com base em nossas reflexões sobre o modo de vida imperial até aqui, passaremos de uma crítica dos recentes debates sobre transformação e "economia verde" para uma avaliação dessas discussões e suas respectivas estratégias políticas e econômicas, à luz de uma teoria da hegemonia. A nova ortodoxia crítica não nos interessa apenas em termos da adequação de conceitos; antes, perguntamos até que ponto ela constitui um elemento de uma modernização ecológica muito excludente, precisamente por causa de suas omissões e deficiências — ou, tomando emprestadas as palavras de Gramsci, até que ponto a nova ortodoxia crítica se torna um fórum de intelectuais orgânicos em prol do "capitalismo verde".[1]

Nossa impressão é que, na corrente central do debate sobre transformação, a principal preocupação é permanecer adaptável aos discursos dominantes, não assustar as elites econômicas e políticas e fazer com que a transformação socioecológica soe o mais palatável possível. É exatamente isso, contudo, que ameaça limitá-la a um tipo de projeto liberal de modernização. Em oposição a essa tendência, nosso argumento é não fugir do conflito e deixar claro a quem as relações sociais existentes realmente beneficiam. As elites políticas e econômicas estão entre os principais beneficiários, mas boa parte da classe média global também pertence ao grupo.

Analisaremos, primeiramente, o conceito de "economia verde" e suas críticas, para depois examinar até que ponto a transição para uma nova formação capitalista está emergindo e se, nesse contexto, as agravantes contradições socioeconômicas estão sendo tratadas de uma maneira que (re)produz hegemonia. Por fim, discutiremos os pontos a partir dos quais as alternativas emancipatórias podem partir e impulsionar a transformação socioecológica para além de suas limitações capitalistas.

---

1 Para uma discussão mais abrangente e teórica, ver Brand & Wissen (2013, 2018) e Sander (2016).

Crítica da "economia verde"

Nos últimos anos, foi publicada uma série de documentos estratégicos que descrevem as múltiplas crises atuais como uma oportunidade de modernização. Seu denominador comum é a suposição de que "tornar verde" a economia criará uma situação social e ecológica em que todos ganham: "O esverdeamento das economias", como afirma um importante relatório do Pnuma, "não costuma ser um empecilho para o crescimento, mas um novo propulsor de crescimento; [...] é uma rede geradora de empregos dignos [...] e também uma estratégia vital para a eliminação da pobreza persistente" (United Nations Environment Programme, 2011, p. 10). A OCDE vê a economia verde como uma "estratégia dupla de inovação e prevenção de crises" (Jänicke, 2011, p. 5).[2] Um estudo realizado para o Ministério do Meio Ambiente da Alemanha enfatiza ainda que uma política climática ambiciosa, ao atrair investimentos (por exemplo, no setor da construção), levaria a um crescimento ainda maior do que o alcançado pelos caminhos atuais (Jaeger *et al.*, 2011).

Dentre as premissas do conceito de economia verde e suas respectivas estratégias, temos a seguinte: inovações reais emanam do "mercado", que só precisa da estrutura regulatória propícia. O Estado estabelece as regras para um mercado supostamente eficiente e age contra seus piores excessos e crises, as chamadas "falhas de mercado". Supõe-se, explícita ou implicitamente, que é possível reduzir o consumo de recursos e a pressão sobre os sumidouros sem desafiar o modo

---

2 Ver também relatório da OCDE (Organisation for Economic Co-operation and Development, 2011).

de vida imperial, a economia política do capitalismo ou as relações sociais das forças que o sustentam. "A racionalidade econômica não se opõe mais à política ambiental e climática; ao contrário, encoraja-a", afirmam Thomas Fatheuer, Lili Fuhr e Barbara Unmüßig em sua crítica ao pressuposto básico da economia verde (Fatheuer *et al.*, 2015, p. 55; Hartmann, 2015a, p. 9-15; Tanuro, 2013, p. 1-2). Por conseguinte, o conceito supostamente progressista de economia verde leva a um novo ciclo de valoração da natureza: se colocarmos um preço nos recursos naturais, a economia poderá permanecer como está. Os "custos externos" do modo de produção capitalista são "internalizados", de modo a haver um forte incentivo para não se incorrer nesses gastos. "Precificar o carbono" se tornou o novo mantra. Assim, o CO_2 pode se tornar a "moeda do século XXI" — que abstrai as condições sob as quais o CO_2 é emitido, evitado ou limitado (Fatheuer *et al.*, 2015, p. 147; Moreno *et al.*, 2015; Bauriedl & Wichterich, 2015, p. 10-1).

Supostamente, todos serão beneficiados: as empresas, que abrirão novos negócios lucrativos; o meio ambiente, que não será mais usado de maneira apenas lucrativa, mas também sustentável; e os trabalhadores, que passam a obter sua renda de forma ambientalmente saudável e significativa, nos empregos verdes oferecidos por filiais inovadoras no Norte global ou no gerenciamento sustentável de sumidouros de CO_2 no Sul.

No entanto, a economia verde gera dúvidas empíricas e teóricas. Sociólogas (feministas), por exemplo, apontam para a estreiteza do conceito de trabalho na economia verde e nas estratégias de transformação, limitado a uma forma ecologicamente modernizada de trabalho assalariado. Esse conceito desconsidera que empregos verdes são frequentemente criados em zonas cinzentas de negociação coletiva, em que os funcionários têm poucas garantias de estabilidade. Ele também exclui o trabalho de cuidado, mesmo que constitua "um fundamento central da vida humana e comunitária" (Aulenbacher, 2015, p. 38; Littig & Spitzer, 2011; Littig, 2013; Gottschlich, 2012). Por fim, no que diz respeito aos empregos no Sul global, Fatheuer (2014, p. 48) ressalta que os conceitos e políticas da economia verde instrumentalizam as comunidades indígenas ao reduzi-las a "prestadoras de serviços ecossistêmicos".

Um fato permanece oculto: não é que os ecossistemas sejam destruídos porque lhes falte uma etiqueta de preço quantificando os custos de sua destruição; a razão, ao contrário, é que os direitos das pessoas (em geral, de comunidades camponesas e indígenas) que vivem nos territórios correspondentes são sistematicamente ignorados. As relações singulares que essas sociedades cultivam com a natureza são "rotineiramente deixadas de lado, ignoradas ou suprimidas, enquanto interesses externos tomam decisões sobre o território. Incontáveis conflitos entre comunidades e corporações sobre o uso da terra — com frequência legitimados pelas forças estatais — são testemunhos desse fato", lembra Kill (2014, p. 39-40). As estratégias de apropriação ecológica e de valoração dos serviços ecossistêmicos e da força de trabalho ameaçam minar as próprias condições de preservação que alegam estabelecer.

Ademais, desconsidera-se que externalizar os custos socioecológicos não é simplesmente uma "falha de mercado". O modo de produção capitalista e o modo de vida imperial tendem a produzir sistematicamente "externalidades negativas" (Wright, 2010, p. 59-60, 69). A tentativa de "internalizá-las" por uma quantificação dos serviços da natureza em termos monetários, a fim de se criarem incentivos para atividades econômicas mais ecológicas, acaba por reduzir a complexidade da natureza a "uma categoria simples e fetichizada: capital natural", e negligencia que "muitas interdependências na sociedade e na natureza *não podem ser expressas em termos de preços*" (Altvater, 2016, p. 150-1).[3]

Algo semelhante se aplica à concretização do conceito e estratégia de economia verde na forma de uma "bioeconomia".[4] Oficialmente, a noção articula economia e ecologia "de uma maneira inteligente e permite um crescimento econômico sustentável e com base biológica. A bioeconomia é a produção baseada no conhecimento e no uso de recursos renováveis para fornecer produtos, técnicas e serviços em todos os setores econômicos, dentro de um sistema sustentável" (Bundesministerium für Bildung und Forschung, 2014, p. 2). Isso envolve a produção e uso de recursos biológicos renováveis e a recuperação de resíduos, assim como a transformação crescente de substâncias biogênicas em produtos comercializáveis. Em vez de cadeias de valor, "ciclos de valor" serão criados. Agricultura, silvicultura, pesca, indústria e setor de serviços devem ser convertidos em matérias-primas renováveis com as tecnologias apropriadas. Produção de alimentos, habitação e desenvolvimento urbano ou aquicultura são enfatizados (El-Chichakli *et al.*, 2016,

---

3   Sobre a visão de Marx a respeito das contradições ecológicas do capitalismo, ver o estudo instrutivo de Kohei Saito (2017), que avalia os trechos de cadernos — tal como foram publicados recentemente pela Marx-Engels-Gesamtausgabe (Mega) — nos quais Marx discute as ideias das ciências naturais de sua época — Justus von Liebig, Carl Fraas e outros —, em torno de questões como exaustão do solo e degradação florestal. Ao fazê-lo, Saito mostra que a questão ecológica ganhou centralidade no pensamento de Marx a partir da segunda metade da década de 1860.

4   Às vezes, são utilizados os termos "economia de base biológica" ou "indústria de base biológica". Para uma crítica do conceito, ver Grefe (2016).

p. 221). Os insumos da bioeconomia serão a biomassa e as fontes renováveis de energia existentes: energia solar, eólica e geotérmica, bem como a cana-de-açúcar ou o óleo de palma. A Comissão Europeia e o governo federal alemão estão liderando esse debate e esperam iniciar uma nova onda de crescimento a partir do conceito (Bioökonomierat, 2015).

Na Europa, a discussão tem sido impulsionada pela forte dependência do continente em relação à importação de recursos que já escasseiam. Como diz um argumento popular, é importante manter a prosperidade em um mundo de recursos finitos com uma população que não para de crescer. Logo, o "capital natural" danificado ou destruído deve ser restaurado. Outras justificativas incluem a necessidade de combater as mudanças climáticas, a fome global e o aumento da população mundial, bem como garantir o crescimento, a concorrência e a prosperidade (Bundesministerium für Bildung und Forschung, 2014).

Um defensor alemão da bioeconomia é Ralf Fücks. O subtítulo de seu livro caracteriza o conceito como nada menos do que uma "revolução verde" em progresso. Na obra, ele chama a biotecnologia, entendida como a "utilização técnica de processos e recursos biológicos", de nova ciência dominante (Fücks, 2013, p. 15). Além de aumentar a produtividade dos recursos (ecoeficiência), espera-se que o direcionamento para o princípio cíclico da consistência dissocie o crescimento econômico do impacto ambiental, de tal forma que este último não apenas diminua em termos relativos — ou seja, aumente mais lentamente do que o PIB —, mas também *absolutos* (dissociação absoluta). Segundo Fücks, esse seria o "crescimento inteligente". O autor não vê isso apenas como uma meta desejável, mas como um processo em curso, ao menos na Alemanha. Se ele é levado pela mesma crença no progresso que destruiu o sustento de muitos camponeses durante a "revolução verde" da década de 1960, ainda é difícil dizer.

De qualquer forma, é otimista demais assumir a possibilidade de uma "dissociação absoluta" entre o crescimento do uso de recursos e o impacto ambiental do capitalismo. Isso fica evidente quando se calcula o consumo de recursos e o uso de sumidouros por meio da "pegada material", um indicador baseado no consumo que revela o grau de "externalização de processos intensivos em recursos por parte de economias maduras" (Wiedmann *et al.*, 2013, p. 6.273). Em termos concretos, esse indicador mede o equivalente em recursos de bens consumidos em um país e leva em consideração tanto os recursos que constituem um bem (por exemplo, metais) quanto aqueles necessários para sua produção (por exemplo, água), ou que fazem parte do processo de fabricação (por exemplo, resíduos) sem aparecer no produto final. A pegada material de um país compreende a diferença entre os equivalentes de recursos de suas importações somados à extração de recursos nativos e os equivalentes de recursos de suas exportações. Se olharmos para o passado recente a partir dessa perspectiva, houve pouca melhoria na produtividade de recursos da maioria dos países da OCDE, longe de uma dissociação absoluta. Ao contrário: a pegada material cresceu no mesmo ritmo do PIB (Wiedmann *et al.*, 2013, p. 6.273). Até agora, a revolução verde apenas se esquivou do problema de externalização do custo socioecológico.

Um problema fundamental nos debates descritos acima é a falta de um conceito de Estado e sociedade capitalista. Ninguém pensa que o mercado e o Estado não são instituições neutras. O mercado não é simplesmente um mecanismo de alocação eficaz de recursos, nem o Estado pode ser concebido como uma instituição acima dos conflitos sociais e incumbida de criar regras obrigatórias e resolver problemas coletivos. Tanto o Estado quanto o mercado são relações sociais de poder e dominação. Isso não reflete apenas a experiência dos trabalhadores não sindicalizados nos mercados de trabalho "flexíveis", ou dos desempregados sujeitos ao paternalismo do Estado de bem-estar social. Os mercados são baseados e reproduzem estruturas de desigualdade e, assim, determinam as oportunidades das pessoas em vida. O Estado é um terreno de conflito altamente desigual, no qual interesses sociais particulares podem se articular e se tornar gerais caso aceitem a rigidez institucional e as restrições estruturais do capitalismo.

Tal realidade será sentida na pele por qualquer grupo social ou partido político que, por exemplo, tente expropriar empresas de automóveis e transformá-las em fornecedores de transporte sustentável democraticamente controlados. Não importa quão correta e importante seja essa questão; ela simplesmente não é negociável, nem mesmo praticável, no aparato do Estado capitalista. Por outro lado, a demanda para modernizar ecologicamente os automóveis, convertendo motores de combustão em motores elétricos (veja o capítulo 6), é considerada razoável: até o fabricante de automóveis mais resistente terá que despertar para o fato de que o frenesi de velocidade movida a petróleo precisa acabar em um futuro próximo, por razões relacionadas ao clima e aos recursos. O Estado promove esse processo de aceitação com medidas mais ou menos significativas, como o bônus de vendas para carros elétricos. Para o governo, o mais importante é salvaguardar a competitividade de um setor-chave em longo prazo, por conta dos impostos e por razões de mercado de trabalho e política industrial, contra os interesses de curto prazo de seus representantes. Assim, o Estado influencia a constituição de interesses por seus próprios meios e pelas restrições que impõe aos atores sociais, com o objetivo de preservar o status quo precisamente por meio de sua transformação permanente, que deve sempre ser garantida em face dos interesses particulares.

Mais recentemente, houve maiores sinais de que uma nova formação social, um "capitalismo verde", poderia emergir dessa dinâmica tensa. Ela terá pouco em comum, porém, com uma constelação de jogos em que todos ganham, prevista pelos defensores políticos e científicos de uma economia verde e de uma grande transformação, uma vez que a política ambiental e social não pode alcançar uma mudança fundamental da sociedade e da economia sob o capitalismo. Embora a necessidade de políticas sociais e ambientais transformadoras esteja muito clara — e certamente seja do interesse de muitas pessoas dedicadas em ministérios, parlamentos e partidos —, as tentativas de se realizarem mudanças continuam esbarrando em obstáculos estruturais. Na melhor das hipóteses, tais políticas e conceitos de transformação, economia verde ou bioeconomia podem resultar em uma abordagem mais ou menos eficaz, além de social e espacialmente excludente, das contradições socioecológicas que se manifestam na crise múltipla do capitalismo. Esse tipo de regime de acumulação capitalista verde, que no máximo refrearia um pouco a destruição dos fundamentos biofísicos da vida, será tratado a seguir.

Valorização, externalização e revolução passiva: um capitalismo verde?

No segundo capítulo, enfatizamos que é importante ver além do poder destrutivo, mirando também a capacidade transformadora das relações capitalistas entre sociedade e natureza. A partir de Marx, argumentamos que, em contraste com modos de produção anteriores, o capitalismo só pode sobreviver em um estado de mudança permanente, o que também se observa na situação atual.

A valoração capitalista da natureza não significa apenas destruição, mas pode também assumir a preservação como uma condição fundamental. Essa é a ideia central de conceitos como "biocapitalismo" ou "relações entre sociedade e natureza no pós-fordismo", que, inspirados pela teoria da regulação, consideram a capacidade transformadora e adaptativa do capitalismo em conjunto com sua destrutividade ecológica (Haug, 2001; Brand *et al.*, 2008). Eles partem de diagnósticos de crise como o fornecido por Jason Moore (2015), que pressupõe que haja uma "tendência de queda do excedente ecológico" e que as sociedades capitalistas tenham esgotado as possibilidades de conter esse declínio.[5] Para Moore, o capitalismo contemporâneo é confrontado com o "fim da natureza barata", ou seja, a possibilidade de desaparecimento de mão de obra, alimentos, energia e matérias-primas gratuitas (ou muito baratas). Um "pico de apropriação", expresso pelo aumento dos preços desses "quatro grandes insumos", aumenta os custos de produção e diminui a taxa de lucro. O fenômeno pode até ser combatido no curto prazo pelo "dinheiro barato" de um capitalismo neoliberal e financeirizado. Em longo prazo, porém, dificilmente será viável manter uma estratégia baseada em dívidas para lidar com o aumento dos preços, especialmente da energia.

Do ponto de vista da teoria da regulação, a crise ecológica do capitalismo tem outra face. Sem negar as

5 Ver também Mahnkopf (2013).

contradições ecológicas básicas do capitalismo e a impossibilidade de superá-las em longo prazo pelos seus próprios mecanismos de socialização, esta seria a pergunta central da teoria da regulação: como e até que ponto poderia ocorrer uma estabilização ecológica espacialmente exclusiva e temporalmente limitada do capitalismo? Levantar essa questão é muito mais do que um mero exercício acadêmico; trata-se de uma condição para entender as manifestações concretas das contradições ecológicas do capitalismo e para identificar pontos de partida para alternativas progressistas.

Uma perspectiva da teoria da regulação pressupõe que as relações capitalistas entre sociedade e natureza, a despeito de todas as suas continuidades fundamentais, também são caracterizadas por rupturas espaçotemporais que podem originar diferentes formas de apropriação da natureza. O desenvolvimento de biotecnologias constituirá novos recursos genéticos essenciais para determinadas áreas do capital, como as indústrias de sementes e farmacêuticas. Tais recursos diferem dos fossilistas, pois seu uso não é acompanhado por transformação material e, portanto, destruição; ao contrário, em certa medida, requer sua própria proteção. Isso ocorre porque o interesse pela valoração não se concentra em suas propriedades materiais ou energéticas, mas nas informações que o material genético contém (é claro que, depois de obtida e explorada a informação, o interesse pela proteção pode desaparecer rapidamente). Nesse caso, como aponta Christoph Görg (2003, p. 286), "a proteção da natureza [...] não ocorre mais em oposição ao seu uso capitalista, mas como um elemento inerente à sua valoração".

Como sugerem análises e debates recentes, essas formas de atribuição de valor parecem ter assumido um papel particularmente importante na atual crise múltipla. O termo *apropriação verde* descreve a valoração capitalista de áreas não capitalistas, conforme seu enquadramento pela política ambiental e energética (Fairhead *et al.*, 2012). Nessa conta estão pagamentos por serviços ecossistêmicos, como a conservação de florestas para sumidouros de CO2 e reservas de biodiversidade. São soluções que serviriam para equilibrar os custos de oportunidade de exploração da natureza, compensando as empresas por abandonarem práticas ecologicamente destrutivas, mas altamente lucrativas.[6] No entanto, seus efeitos em relação à funcionalidade de um regime de acumulação capitalista verde devem ser avaliados com cautela, pois muito provavelmente contribuem apenas de modo indireto para novas formas de criação de valor. Esse seria o caso se os recursos fossem utilizados para a modernização ecológica da agricultura, silvicultura ou produção industrial. Caso contrário, como no que diz respeito ao comércio de emissões, os incentivos, na melhor das hipóteses, criarão oportunidades de curto prazo para investir capital acumulado em excesso; e, na pior das hipóteses, um novo segmento de mercado especulativo (financeiro) será desenvolvido em torno da atividade, não apenas com riscos econômicos, mas também ecológicos, à medida que o comércio de compensação de carbono depende do modo de vida imperial ambientalmente destrutivo. Se esse modo de vida fosse *de fato* superado, não haveria mais nada a negociar. Concebidos como incentivos para reduzir a poluição ambiental, os mercados de carbono institucionalizam a influência de forças de cujo sucesso econômico depende a

---

6   Uma abordagem crítica desse tema pode ser encontrada em Dempsey & Robertson (2012), Gómez-Baggethun & Ruiz-Pérez (2011) e Fatheuer (2014).

continuação do modo de vida imperial, embora de uma forma ecologicamente modernizada.[7]

O impacto econômico e ambiental altamente questionável é, contudo, apenas um aspecto dos pagamentos por serviços ecossistêmicos. Do ponto de vista da teoria da hegemonia, sua dimensão simbólica é igualmente interessante: se indivíduos ou empresas privadas podem pagar "indulgências" na forma de compensações pelos danos ambientais do consumo e da produção, pode surgir uma convicção amplamente partilhada de que a natureza é, em princípio, substituível: as emissões em um local serão compensadas por medidas de reflorestamento em outros lugares; os ecossistemas aniquilados pela construção de um trevo rodoviário em uma localidade serão restaurados em outra; um voo de férias deixará de ser ecologicamente suspeito se você pagar para plantar uma árvore, que absorverá as emissões geradas por seu voo ao longo de seu ciclo de vida. A ideia da economia ambiental neoclássica, segundo a qual o "capital natural" pode ser facilmente substituído desde que o estoque total de capital continue crescendo, torna-se, assim, senso comum.

Além disso, os pagamentos por serviços ecossistêmicos nos países receptores mudam as posições dos sujeitos e transformam as relações sociais de poder. Fatheuer descreve como o programa de proteção florestal da ONU, chamado Redução das Emissões por Desmatamento

---

7 Em relação à "compensação" da biodiversidade, ver também Fatheuer (2014, p. 54, 63): "A realidade é que as compensações vinculam a conservação da natureza à sua destruição. A única demanda por créditos é de quem precisa comprá-los para mitigar a destruição. Se isso se tornar um elemento importante na conservação ambiental, surgirá uma dependência fatal: a conservação da natureza tenderá a ser financiada pela [mitigação da] destruição. [...] A criação do 'bem' ligada à perpetuação do 'mal'". Ver também Spash (2010), Botzem (2012), Zeller (2010) e Heuwieser (2015b).

e Degradação Florestal (REDD+),[8] formou novas e amplas alianças sociais e reforçou o apoio a "soluções de mercado" para problemas ecológicos na Amazônia. Comunidades indígenas são, dessa forma, integradas a lógicas de atuação totalmente diferentes. A manutenção de suas práticas econômicas se torna cada vez mais dependente do fato de se encontrarem "integradas ao esquema do REDD+" (Fatheuer, 2014, p. 48). Kathleen McAfee se referiu a isso como "neoliberalismo inclusivo" e "ambientalismo neoliberal" (McAfee, 2012, p. 109). Em essência, essas são novas formas de incorporação que, por meio de consenso e coerção, ou pela marginalização de atores oponentes, perseguem objetivos econômicos e ecológicos *simultaneamente*. Logo, a conciliação não é mais entre economia e ecologia, mas entre uma modernização ecológica orientada pelo mercado e os direitos sociais daqueles que serão excluídos (McAfee, 2012; Hartmann, 2015b; Peluso & Lund, 2011; Kelly, 2011).

Também é importante levar em conta que os pagamentos por serviços ecossistêmicos visam preservar ou substituir o chamado capital natural, e

8   O mecanismo prevê o pagamento para conservação das florestas como sumidouros de carbono e foi desenhado para compensar o abandono de outras práticas, que são economicamente viáveis, mas destroem sua capacidade de funcionar como sumidouro. O "+" significa medidas de manejo florestal sustentável que vão além de apenas abandonar as práticas de desmatamento. Desde a 19ª Conferência das Nações Unidas sobre Mudanças Climáticas, em Varsóvia, em 2013, o REDD+ passou a integrar a Convenção-Quadro das Nações Unidas sobre a Mudança do Clima. O Acordo de Paris de 2015 "incentiva" os Estados a implementá-lo, mas não contém nenhum detalhe específico relacionado a isso. Ver Bodle *et al.* (2016, p. 18).

que a consolidação hegemônica dos padrões destrutivos de produção e consumo parece ser mais importante do que a contribuição para se criar valor econômico. Consequentemente, a segunda forma de valoração que consideramos aqui contribui de forma direta para a criação de valor. Na verdade, o que se valoriza aqui é menos a natureza e mais o ambiente construído, definido por Harvey como a totalidade dos artefatos imóveis que, juntos, formam as condições gerais de produção e consumo, ou são usados como capital fixo no processo de produção: "fábricas, represas, escritórios, lojas, armazéns, rodovias, ferrovias, docas, usinas hidrelétricas, sistemas de suprimento de água e tratamento de esgoto, escolas, hospitais, parques, cinemas, restaurantes — a lista é infinita" (Harvey, 2013, p. 357).

O ambiente construído, na forma de infraestrutura para o fornecimento de energia, está atualmente no centro de conflitos sociais. A "transição energética" alemã oferece muitos exemplos ilustrativos disso. Como resultado da Lei de Energia Renovável alemã de 2000, foram criadas várias unidades descentralizadas que prejudicaram as estruturas centrais de geração de energia fóssil e nuclear, além de terem provocado uma crise entre empresas de energia. A energia eólica e solar é gratuita e — em graus variados — universalmente disponível, portanto representa uma ameaça à existência das concessionárias.[9] Afinal, as empresas não podem alterar a disponibilidade de energia renovável e gratuita. O que elas *podem* fazer, no entanto,

---

9   Essa característica distingue as energias renováveis das energias nucleares e fósseis, cuja concentração espacial promoveu uma estrutura central da indústria de energia: a duradoura "dissociação entre os espaços de produção de energia e os espaços de consumo de energia" que resultou dos "requisitos inerentes à escolha de fontes de energia" (Scheer, 2012, p. 42-3).

é influenciar suas formas de entrega: centralizada ou descentralizada. E essa é exatamente a base dos conflitos atuais na política energética alemã. Note-se que, em uma recente emenda à Lei de Energia Renovável, a promoção de instalações descentralizadas foi limitada e o desenvolvimento de extensos parques eólicos *offshore* e novas linhas de energia foi acelerado, mostrando que a indústria tradicional de energia está partindo para o ataque em reação à crise. Ela está tentando penetrar um espaço que até agora permanecia fechado graças a embates sociais e políticos, à institucionalização de seus resultados e à materialidade única das energias renováveis. Ou seja, podemos dizer que se trata de uma tentativa de apropriação capitalista nesse setor de energia.

Se a apropriação for bem-sucedida, o resultado será uma abordagem da crise ambiental e energética em uma área social essencial que, devido aos investimentos em infraestrutura, geraria um potencial considerável para a criação de valor e, portanto, também serviria ao gerenciamento de crises econômicas (Haas & Sander, 2013; Sander, 2016). O modo de vida imperial seria, assim, modernizado, mas não fundamentalmente desafiado. Sem uma redução significativa do consumo de energia, a externalização de seus custos socioecológicos seria simplesmente deslocada para outros campos: de combustíveis fósseis — cujo uso ainda é ferozmente defendido — e sumidouros de CO_2 para metais como cobre e minerais raros, que são extraídos principalmente de depósitos no Sul global e incorporados à infraestrutura de energia renovável do Norte (Exner *et al.*, 2016b). Uma terceira forma de valoração que poderia fazer parte de um capitalismo verde é a apropriação em seu sentido estrito, isto é, a compra ou arrendamento de grandes extensões de terra, frequentemente declaradas "degradadas" por investidores nacionais ou estrangeiros que se aproveitam da incerteza sobre a propriedade. A apropriação de terras também pode servir ao objetivo da política energética, como quando os biocombustíveis são cultivados nesses territórios. Embora a produção de agrocombustíveis seja controversa, ela está se expandindo em muitos países do Sul global. Dependendo da espécie cultivada, os pequenos agricultores são integrados ao "projeto de agrocombustível" por meio de contratos, ou violentamente expulsos (McMichael, 2008).[10] É incerto o quanto essas políticas contribuem com os objetivos ecológicos e econômicos, mas há uma tendência central cujo significado vai além da produção de agrocombustíveis: a possibilidade de processar as contradições do modo de vida imperial por meio de sua modernização ecológica. Se o suprimento de energia se tornar mais dependente da regeneração contínua em vez da biomassa fossilista, o investimento em terra poderá ser uma estratégia visionária.[11] Entre as mudanças que sustentam essa conclusão estão o aumento do consumo de carne nas economias emergentes e a projeção de crescimento populacional, enquadrados pelo discurso da segurança alimentar.

Do nosso ponto de vista, as novas formas de atribuir valor à natureza sob o disfarce da economia verde são interessantes, pois partem, de formas diversas, do epicentro da crise múltipla, particularmente de seus aspectos econômicos e ecológicos. Sua promessa é transformar as relações sociais de forças e os padrões predominantes de produção e consumo, no sentido da "revolução passiva" de

---

10   Maria Backhouse (2015) investigou essas relações em profundidade em seu estudo sobre a expansão da produção de óleo de palma no Pará. Sobre as tendências atuais de apropriação de terras, ver também Plank & Plank (2013).

11   Sobre esse caso no período pré-industrial, ver Fischer-Kowalski *et al.* (1997).

Gramsci (ver capítulo 2) e, portanto, sem questionar as relações fundamentais de poder e dominação. Ao valorar a terra, por exemplo, novos desdobramentos podem ser observados na relação entre capital industrial e capital financeiro — um "eixo de acumulação" central que pode ser propício a uma reprodução aprimorada (Becker, 2013). Nesse sentido, Madeleine Fairbairn diagnostica um "retorno ao real" em seu estudo sobre a financeirização de terras aráveis realizado a partir de 2007 (Fairbairn, 2014, p. 784).[12] Os investidores estão realmente interessados no valor de troca das terras cultiváveis e especulam com seu aumento de valor no contexto das mudanças climáticas, da crise energética, do aumento do consumo de carne nos países em desenvolvimento e do crescimento populacional. Ao contrário do imobiliário urbano, no entanto, é difícil separar o valor de troca e de uso da terra arável, "uma vez que a propriedade em si atua como um substrato essencial para a atividade econômica produtora de valor, em vez de ser apenas o local dessas atividades" (Fairbairn, 2014, p. 782). A atual onda de investimentos em terras agrícolas também pode ser interpretada como um acúmulo real mediado pela financeirização: "Muitos investidores adquirem terras agrícolas como parte de uma operação produtiva do agronegócio, e essa tendência é reforçada por discursos mais amplos que enfatizam o valor de uso das terras cultiváveis" (Fairbairn, 2014, p. 779).[13]

Uma valoração da natureza dominada pelas finanças não equivaleria necessariamente à continuação do *business as usual* neoliberal ou à extensão da financeirização a novas esferas com o mesmo problema "das taxas de

12   Ver também Hoering (2011).

13   Ver também Grain (2008).

lucro do capital real que não são suficientes para atender às demandas monetárias em longo prazo" (Altvater, 2005, p. 114). Por outro lado, a relação entre capital industrial e financeiro poderia ser transformada de modo benéfico, tanto para a acumulação real quanto para o gerenciamento seletivo da crise ecológica, se os desdobramentos aqui delineados prevalecerem e forem generalizados — por exemplo, no campo da mineração de matérias-primas necessárias para uma modernização ecológica (cobre, metais de terras raras, lítio etc.).

Outro fato que corrobora essa visão é que um projeto capitalista verde não desafiaria fundamentalmente o modo de vida imperial. Da mesma forma com que busca situar a crise entre capital industrial e financeiro em um novo patamar, ele seduz com a promessa de modernizar os padrões estabelecidos de produção e consumo, em vez de transformá-los fundamentalmente. O uso de misturas de agrocombustíveis, os subsídios para carros elétricos, a inclusão da aviação no Sistema de Comércio de Emissões da União Europeia, a geração de eletricidade em parques eólicos *offshore* e a construção de extensas linhas de energia para sua distribuição — todas essas medidas sugerem a normalidade dos padrões vigentes de produção e consumo. Elas constroem percepções e práticas cotidianas profundamente enraizadas e transmitem a mensagem de que o modo de vida imperial pode ser eternizado com sua modernização.

Externalização e resistência

O capitalismo verde é tudo, menos inevitável. Em muitos lugares, a economia verde se deparou com a resistência das facções fósseis do capital e das práticas cotidianas das pessoas. Especialmente nos Estados Unidos, essas forças receberam um impulso adicional com a eleição de Donald Trump em 2016. Há um aumento expressivo da extração de petróleo e gás por fraturamento hidráulico (*fracking*), da extração de petróleo de areia betuminosa e da exploração de fontes fósseis em águas profundas (Wissen, 2016; Daniljuk, 2015). Na União Europeia, a transição para um regime de energia renovável tem sido protelada pelo Grupo de Visegrado (Polônia, República Tcheca, Eslováquia e Hungria). Mesmo naqueles lugares onde facções e práticas de capitalismo verde se tornam socialmente relevantes, elas estão em constante conflito com forças sociais conservadoras. Isso se aplica também ao país "pioneiro" em energias renováveis, a Alemanha, onde forças sociais poderosas da indústria, fornecedores de energia e sindicatos articulam sua resistência à transição energética de uma maneira cada vez mais agressiva e encontram defensores políticos em aparatos estatais como o Ministério para Assuntos Econômicos e Energia (Haas, 2016).

No fim das contas, o capitalismo verde nem administrará efetivamente a crise ecológica nem reduzirá a desigualdade, muito menos criará boas condições de vida para todas as pessoas, mas será capaz de gerar e externalizar novos custos socioecológicos. Esses custos serão impostos aos trabalhadores que extraem, sob condições miseráveis, metais raros e outras matérias-primas indispensáveis para tecnologias "verdes" na China, na África e em outros lugares; aos produtores de cana-de-açúcar em lavouras brasileiras, que arriscam a vida e membros do corpo para abastecer o mercado estadunidense e europeu de "biocombustíveis"; aos camponeses que são despejados de suas terras; às mulheres quenianas, que são "recompensadas" por atividades de reflorestamento com certificados de valor duvidoso enquanto sacrificam sua segurança alimentar para proteger o clima; e ao trabalho de cuidado não remunerado e serviços pessoais mal pagos esquecidos nos conceitos de economia verde (Bauriedl & Wichterich, 2015, p. 15; Gottschlich, 2012, p. 1).

As relações de força entre diferentes facções do capital, bem como entre o mundo capitalista desenvolvido e as economias emergentes do Sul global, serão reajustadas; a desigualdade aumentará nos países industrializados ou em processo de industrialização; as relações com as outras partes do mundo serão reorganizadas com base na coerção militar e na busca ativa de "uma diplomacia de matérias-primas".[14] O projeto de capitalismo verde representará, portanto, uma "hegemonia espacialmente fragmentada", com uma perspectiva temporal incerta — e, apesar de ser caracterizada pela exclusão e exploração, garantirá a continuidade do modo de vida imperial (Brand, 2004, p. 194; McMichael, 2012).

O mesmo fato, porém, também aponta para os locais e atores da mudança emancipatória. Afinal, o modo de produção capitalista não pode ser enfrentado com o "esgotamento estrutural de oportunidades" (Fischer-Kowalski, 2011, p. 155), ao lidar com suas crises inerentes. Antes, é a desigualdade social, reproduzida por uma apropriação imperial da natureza, que pode desencadear conflitos socioecológicos em favor de alternativas democráticas. Isso acontece sempre que as pessoas tentam recuperar o controle sobre as próprias condições de vida: em conflitos pela remunicipalização de sistemas de infraestrutura para abastecimento de água e energia, em lutas do movimento sem-terra por direitos territoriais, ou na rejeição por parte

---

14   Esse é o termo usado pela União Europeia para descrever os esforços de promoção do acesso seguro a importantes matérias-primas na África (Comissão Europeia, 2011, p. 16).

de camponeses e comunidades indígenas à privatização de direitos intelectuais e de propriedade sobre recursos genéticos — a lista continua. De modo geral, essas lutas não miram a proteção ambiental em sentido estrito, mas seus objetivos sociais e democráticos. Elas são formadas pelo próprio meio ambiente, e sua proteção às vezes é um "efeito colateral" da vitória nos conflitos sociais (Wissen, 2004, p. 76-8).

É precisamente por isso que essas alternativas podem nos ensinar muito sobre os pré-requisitos e os elementos de uma transformação socioecológica: a chave para superar as relações destrutivas com a natureza está na redução da dominação social. Dada a extensão das ameaças ecológicas, as abordagens mencionadas podem parecer nada mais que experimentos circunscritos. Todavia, a experiência ensina que as mudanças fundamentais muitas vezes emanam das margens da sociedade. Mais: as lutas por direitos de propriedade são tudo, menos marginais, do ponto de vista conceitual; elas estão no cerne da ecologia política destrutiva do capitalismo, que tem no controle exclusivo dos recursos naturais uma condição para sua valoração. Portanto, a democratização das relações entre sociedade e natureza e a luta contra a desigualdade são indispensáveis para conter o modo de vida imperial e ir além de sua modernização por meio do capitalismo verde. É disso que trata o último capítulo.

8. Contornos de um modo de vida solidário

Este se tornou um desafio central para a esquerda moderna: ajustar todo o estilo de sua ação política e seu modo de comunicação ao autoempoderamento dos muitos atores e ao respeito por suas ideias pessoais de uma sociedade diferente (e melhor) — e ainda trazer a própria contribuição unificadora ao discurso social por uma sociedade justa e solidária, buscando estratégias em comum.
— Dieter Klein (2013, p. 58)

A necessidade de uma alternativa real

No início deste livro, argumentamos que as crises também podem ser pontos de virada. Acreditamos que a crise múltipla possa ser controlada — na melhor das hipóteses — por meio de uma transformação para o capitalismo verde, mas que ela também possui tendências de natureza mais autoritária, neoliberal ou de extrema direita, dispostas a defender o modo de vida imperial. Os termos sob os quais as questões sociais urgentes são abordadas continuam a assumir formas islamofóbicas, racistas, nacionalistas, conservadoras, antifeministas e excludentes. Essas respostas supostamente simples se resumem a negar a outras pessoas sua residência e, em muitos casos, seu direito à vida. Isso se traduz em uma "crítica justificada das condições injustas [...] em um discurso misantrópico. Amargurados e temerosos, unamo-nos contra os mais fracos, os outros e os estrangeiros!" (Hoffer, 2016, p. 32).

Tal abordagem pode comprar votos durante as eleições, mas não muda as raízes da crise. Na prática, as tentativas de estabilizar o modo de vida imperial levam a mais exclusão e à morte de muitas pessoas. Aceitam-se conscientemente ou apenas se ignoram a devastação ecológica e as condições precárias de trabalho em outras regiões do mundo.

As forças políticas estabelecidas em todo o espectro conservador, liberal e social-democrata não têm nada a oferecer, a não ser essas respostas excludentes para os problemas sociais que estamos enfrentando: uma redistribuição de riqueza dos pobres para os ricos cada vez mais explícita, andando de mãos dadas com respostas excludentes para as questões da divisão social, da insegurança e do medo da recessão. Dado o poder estrutural do capital, essas forças promovem uma política de localização e competição, e mesmo a social-democracia não pode e não quer mudar os equilíbrios sociais de poder vigentes. Até agora, o projeto "de enriquecimento máximo da classe alta" prevaleceu, e o "projeto liberal de esquerda da elite global" — que poderia ser chamado de projeto cosmopolita na tradição de Immanuel Kant — foi marginalizado (Hoffer, 2016, p. 27). Há poucas tentativas sérias de regular os mercados financeiros ou mesmo de socializá-los (*vergesellschaften*), coibindo os interesses dos ricos. Os Panama Papers ou a política de livre-comércio da União Europeia para o Canadá e os Estados Unidos são evidências de que as elites mantêm sua estratégia — ainda que a desaceleração das negociações do Acordo de Parceria Transatlântica de Comércio e Investimento (TTIP) indique discordâncias significativas.[1] A crise da reprodução social e do cuidado — como parte da

---

1 Sobre o papel dominante contínuo do capital financeiro dos Estados Unidos, ver Scherrer (2015).

crise múltipla — é tratada por meio da ênfase na divisão patriarcal do trabalho.[2] As mulheres devem "voltar à cozinha" e à dependência dos homens. Evidentemente, essas "propostas" fazem parte de uma virada reacionária antifeminista.

Em muitos lugares, as questões sociais são sequestradas pela extrema direita. Agremiações como o Partido de Independência do Reino Unido (Ukip), a forte ala direitista do Partido Republicano dos Estados Unidos, o AfD na Alemanha, o Partido da Liberdade da Áustria (FPÖ) e o Partido Popular Suíço (SVP) querem defender privilégios de forma agressiva, enquanto formulam programas autoritários com políticas racistas, nacionalistas e radicais de "livre-mercado" para oferecer "proteção" àqueles que "fazem parte". Essa promessa, porém, sequer foi cumprida para seus supostos beneficiários nos lugares em que foi feita. A votação do Brexit no Reino Unido e a vitória eleitoral de Donald Trump são evidências tangíveis do apoio que a política de exclusão recebe atualmente, mesmo com as consequências negativas para quem a defende.[3]

Até mesmo no plano internacional, formas de gestão de conflitos que enfatizam a solidariedade e a paz recuaram para os bastidores. Mostras disso podem ser observadas tanto nas políticas da União Europeia em relação aos países economicamente mais fracos da semiperiferia quanto na escalada de guerras civis fora da região, como na Síria. A preservação agressiva do modo de vida imperial é parcialmente responsável pelo

---

2 Considerações sobre o significado das relações entre os sexos na garantia da hegemonia neoliberal podem ser encontradas em Brenssell (2013).

3 Sobre as diferentes possibilidades de desenvolvimento do capitalismo, ver, por exemplo, Zinn (2015) e Klein (2013).

empobrecimento de várias populações na Europa e pela fuga de muitos que temem por sua sobrevivência, dado que sujeita os povos que vivem em outros lugares a condições precárias, à apropriação e à externalização dos custos do modo de vida do Norte global.[4] Ao mesmo tempo, uma política de militarização e endurecimento da segurança está se consolidando. A União Europeia, quando confrontada com as multidões desesperadas de refugiados, deparou-se com o sentimento racista e a falta de vontade de alterar o modo de vida imperial, e sua "ajuda" veio apenas na forma de militarização das fronteiras externas.[5]

As várias tentativas de modernização ecológica tampouco representam uma solução para a crise múltipla, pois falham em desafiar os interesses dominantes e os equilíbrios de poder estabelecidos. O debate atual sobre carros movidos a motores elétricos é motivado pelo medo da perda de competitividade. A economia no uso de energia fóssil por meio da mobilidade elétrica é vista principalmente em termos de menor importação de petróleo e menor emissão de CO_2. Porém, como já vimos, o intenso consumo de recursos para a produção de carros movidos a eletricidade quase nunca é discutido, nem as matérias-primas necessárias para suas baterias, que podem nem mesmo estar disponíveis em quantidades suficientes (ver capítulo 6). Os mecanismos de externalização das crises do modo de vida imperial são aceitos sem questionamento, como uma realidade imutável. Ao mesmo tempo, o debate hegemônico sobre sustentabilidade e transformação socioecológica permanece estranhamente silencioso diante dos

---

4   Mais sobre o tema pode ser encontrado em *PROKLA* — Ökonomie der Flucht und der Migration (2016) e Crome (2013).

5   Sobre os desenvolvimentos econômico-políticos atuais na União Europeia e os desafios para a política de esquerda, ver Vogel (2015) e Schneider (2017).

problemas sociais atuais, como o aumento da desigualdade, exclusão, desdém pelos mais fracos e racismo (Brangsch *et al.*, 2012; Luks, 2016).

Uma coisa parece certa: a crise múltipla, em especial em suas dimensões socioecológicas, levará a formas completamente diferentes de reprodução social. Tim di Muzio salienta que o aumento dos preços de energia e recursos afeta a disponibilidade de energia para diferentes grupos populacionais e em áreas diversas, como por exemplo na saúde, no emprego, na mobilidade e na produção de alimentos — em média, uma caloria de alimento produzido industrialmente requer dez calorias de insumos energéticos (Muzio, 2015, p. 153-5). O petróleo, em particular, não é apenas o lubrificante da economia global capitalista, mas também um pré-requisito central da produção industrial de alimentos, um componente importante dos produtos plásticos e, portanto, um elemento essencial, mas muitas vezes invisível, de todo um modo de vida.

Estamos cientes do caráter hegemônico do modo de vida imperial — isto é, a amplitude e profundidade de sua aceitação social. Com ele, o Norte global busca manter algo que não pode ser mantido, algo que se expande e se universaliza em muitos países do Sul, mesmo que não possa existir efetivamente em uma base universal. Portanto, diante da crescente agitação e das externalizações cada vez mais brutais, reconhecemos, política e analiticamente, a necessidade urgente de alternativas genuínas orientadas para um modo de vida solidário, com justiça (social e ecológica), paz e democracia.

Análises críticas e orientações estratégicas

Conforme discutido no segundo capítulo, a noção de modo de vida imperial se concentra na atividade cotidiana das pessoas e nas estruturas que tornam essa atividade possível em primeiro lugar. Isso abre espaço para pensar e agir em direção a uma crítica de nossas relações sociais atuais. "Hoje, mais do que nunca, a teoria crítica materialista tem a tarefa — organicamente ligada à vida concreta dos seres humanos — de aguçar nossa consciência geral sobre o momento histórico e identificar o potencial atual para o surgimento de formas alternativas de sociedade" (Tauss & Ehs, 2016, p. 174).

As mudanças no modo de vida imperial devem começar em diferentes pontos: é preciso criar diferentes regras políticas, diferentes expectativas sociais e orientações gerais que combatam a expansão e a apropriação capitalistas *e* possibilitem um modo de vida solidário. Também é importante mudar a subjetividade, aliviar e reduzir a injustiça sofrida pelos seres humanos e mudar as relações de forças. Trata-se das dimensões concretas da vida — nutrição, moradia, vestuário, saúde etc. —, para além das práticas disciplinares que apoiam a expansão capitalista, a apropriação e a hierarquização social.

Os processos catalisadores do modo de vida solidário ocorrerão como mudanças nas condições sociais e como transformações reflexivas dos modos de pensar e agir das pessoas.[6] A crítica é crucial para o desenvolvimento dessas alternativas porque, de um lado, o futuro deve emergir das condições atuais, e essas condições precisam ser, antes de

---

6 Sobre esses dois aspectos da mudança, ver a terceira tese sobre Feuerbach de Marx (Marx & Engels, 2007, p. 537).

tudo, compreendidas; de outro, o modo de vida imperial se inscreveu nos desejos e nos corpos de muitas pessoas — portanto, alternativas também surgem do confronto político com o próprio modo de vida e da admissão de experiências alternativas. Michel Foucault intitulou essa forma de crítica prática das condições existentes, do próprio envolvimento com elas e do surgimento de outra subjetividade como "a arte de não ser governado" ou "a arte da inservidão voluntária" (Foucault, 2015, p. 16, 39).

Mesmo que Foucault pretendesse que isso se aplicasse acima de tudo aos indivíduos, acreditamos que também se aplica a atores coletivos, como sindicatos e à sociedade como um todo. A mudança exige, juntamente com alterações nas condições da estrutura social e política, diferentes relações de forças e orientações sociais, bons exemplos e também a disposição de se questionar o próprio modo de vida. Hartmann nos lembra:

> A ideia fatal de que você não pode mudar nada fundamentalmente, talvez no máximo apertar alguns parafusos para melhorar pequenas coisas — um pouco melhor é melhor do que nada —, leva à estagnação social. Se não se pode mais mudar nada, o indivíduo se torna desapegado, e o pluralismo se transforma numa democracia de espectadores, na qual o cidadão se retira para os assentos do teatro observando o espetáculo que se apresenta a ele e, no máximo, continua assentindo com aprovação ou, com mais frequência, balança a cabeça em resignação, assumindo que sua opinião não conta. (Hartmann, 2015a, p. 384)

A mudança, como uma transformação crítica e emancipatória (ver capítulo 2), significa antes de tudo interromper os desenvolvimentos problemáticos: a expansão da conquista e da apropriação capitalistas;

a mercantilização da força de trabalho e da natureza; as políticas autoritárias do *lock-in* neoliberal e sua institucionalização no plano internacional, por meio de acordos de livre-comércio, como o Acordo Econômico e Comercial Global (Ceta) entre o Canadá e a União Europeia; e a externalização das consequências negativas do modo de vida imperial e do aumento da violência e militarização da resolução de conflitos.

Estrategicamente, uma mudança real vai além das muitas e necessárias lutas defensivas para conter e reprimir as práticas imperiais, o que também significa que uma transformação social fundamental, ao contrário das suposições generalizadas no debate sobre a economia verde, nunca terá somente vencedores. Muitas pessoas perderão, em várias escalas — e isso é necessário, porque o que fazem não é generalizável e é realizado à custa de ainda mais pessoas. Bernd Sommer e Harald Welzer falam sobre essa necessidade de "desprivilegiar os grupos e indivíduos que atualmente se beneficiam de estratégias econômicas que afetam de forma massiva as chances de vida das pessoas hoje e no futuro" (Sommer & Welzer, 2014, p. 221). Isso abre espaço, porém, para outros elementos da boa vida, como, por exemplo, segurança material, certa estabilidade de trajetória ou um trabalho menos alienado.

Finalmente, a mudança diz respeito à expansão dos espaços e alianças que possibilitam a ação emancipatória com vistas a um modo de vida solidário. Além das lutas defensivas e contra a dinâmica destrutiva, também é preciso promover e fortalecer o início desse outro modo de vida.

Descontentamento generalizado e a variedade de experiências atuais

Há uma riqueza de experiências e pontos de partida para se desenvolver alternativas às formas dominantes de pensar e às nossas relações sociais atuais (Brie & Candeias, 2016; Lang *et al.*, 2018). Elas se refletem em inúmeras práticas de solidariedade, intervenções intelectuais, experiências atuais e históricas que podem ser consideradas o fermento de um modo de vida solidário. Afinal, o futuro não surgirá de um plano diretor; ele deve se desenvolver gradualmente no horizonte de um mundo melhor, o que requer coragem para pensar e agir, certo otimismo e autocrítica produtiva, além de empatia com os mais fracos e marginalizados, e — como sugere nossa própria experiência como estudiosos — a disposição de intervir e cooperar com atores sociais progressistas. Aqui, nos preocupamos principalmente em visualizar e sistematizar experiências que em geral são ignoradas e em fornecer insumos para o pensamento que brota das análises dos capítulos anteriores. Por trás disso está o desejo analítico e político de que alternativas ao impulso autoritário e destrutivo do capitalismo se desenvolvam com mais intensidade do que nunca, que se estabilizem e não sejam marginalizadas ou destruídas nas correntes da dinâmica atual.

Um ponto de partida vem da observação — em nossa opinião, plausível — de que há muito descontentamento social com nossas circunstâncias atuais, com o enorme impacto da crise de 2008 e 2009, com a destruição da natureza e a brutalidade com que as elites garantem suas posições. A insatisfação com os representantes políticos está aumentando, assim como a convicção de que não é mais possível articular alternativas nos marcos das instituições existentes. Além disso, há a sensação de que, em longo prazo, a pressão cotidiana para que as pessoas se encaixem e sejam funcionais não poderá se manter. Difunde-se um vago senso de que as coisas não podem continuar assim e de que o modo de vida imperial, por toda a sua destrutividade, assenta-se em um terreno movediço. O apoio surpreendentemente amplo conquistado por políticos como Bernie Sanders ou, mais recentemente, Alexandria Ocasio-Cortez, nos Estados Unidos, ou Jeremy Corbyn, no Reino Unido, é tanto uma expressão disso quanto o movimento social dos indignados na Espanha. Abrem-se as portas para um espaço político no qual nossos problemas podem ser politizados e estratégias alternativas podem ser formuladas.[7]

A análise histórica de Jared Diamond sobre por que as sociedades sobrevivem ou perecem aponta uma importante contradição. Ele vê uma causa para o colapso das sociedades no fato de que os atores se comportam racionalmente em nível individual, mesmo que seu comportamento seja prejudicial ao coletivo. Quando, em suas ações individuais, eles reproduzem os princípios estruturais que determinaram o sucesso da sociedade, contribuem simultaneamente para o seu desaparecimento. Aplicando a análise de Diamond ao nosso tópico, pode-se argumentar o seguinte: o sucesso da sociedade capitalista se assenta na institucionalização de um imperativo de crescimento por meio da mercantilização de um número cada vez maior de áreas da vida. A orientação para maximizar o lucro em vez de satisfazer as necessidades desencadeou um crescimento imprevisto e singular das forças produtivas, que estabeleceu a vantagem econômica da sociedade capitalista sobre outras sociedades. Juntamente com o potencial energético do carvão e do petróleo, foi

---

7 Ver o debate recente na Alemanha sobre "neossocialismo" em Dörre & Schickert (2019).

acumulada em poucos séculos uma riqueza material superior a qualquer coisa até então imaginável. Todavia, é exatamente essa situação que hoje ameaça se converter em sua antítese. O uso de combustíveis fósseis e a necessidade estrutural de crescimento econômico ilimitado são amplamente reconhecidos como o núcleo problemático de várias crises perigosas. Seus padrões de percepção e ação, no entanto, inscreveram-se em instituições políticas, nas relações sociais de forças e no senso comum das pessoas de tal forma que até sua modernização ecológica parece concebível, mas não sua superação fundamental.

Diamond (2005, p. 440) se concentra especialmente na "elite decisória no poder" que, em nome dos próprios interesses, às vezes "entra em conflito com os interesses do resto da sociedade. Especialmente se a elite puder se isolar das consequências de suas ações, é provável que faça coisas que a beneficiem, ainda que essas ações prejudiquem todos os demais". A defesa dos privilégios dos muito ricos e a desigualdade decorrente foi politizada há vários anos pelo movimento Occupy, sob o slogan "Somos os 99%". A situação se agudiza com a intensificação e a expansão do modo de vida imperial e os múltiplos mecanismos de externalização de seus custos para outros lugares e para algum ponto no futuro. Em termos de políticas de poder e riqueza, é óbvio que o 1% dos ricos determina a direção do desenvolvimento da sociedade. Sociopoliticamente, o quadro — como mostramos nos capítulos anteriores — é muito mais complexo. É por aqui que devemos começar: com a disseminação desse descontentamento e ressentimento, abordando também a questão prática de problematização das relações sociais atuais. Os sucessos eleitorais dos partidos de extrema direita não são apenas a expressão do racismo generalizado, mas também um sintoma desse descontentamento.

O mal-estar que hoje testemunhamos está relacionado ao fato de que o "senso comum" nunca é um fenômeno uniforme, mas "uma concepção (inclusive nos cérebros individuais) desagregada, incoerente, inconsequente" (Gramsci, 1999, p. 117). Os protagonistas econômicos, políticos e midiáticos do modo de vida imperial querem tornar o senso comum coerente, colocando as pessoas para competir umas com as outras, tentando construir confiança nas elites, representando a destruição ambiental como algo que pode ser tratado tecnologicamente, ridicularizando ou ignorando protestos e alternativas fundamentais, e reduzindo a vida a obediência, consumo e "felicidade pessoal".

Só que isso não está mais funcionando.

Nesse ínterim, a onda de solidariedade aos refugiados do final do verão de 2015 também é um reconhecimento da devastação causada em outros lugares pelo modo de vida imperial.[8] O ressentimento em relação a esse modo de vida e o desejo de desenvolver alguma forma de coexistência em solidariedade poderiam constituir maioria moral dentro da sociedade, ainda que isso não se traduza diretamente em ação e mudança. Marx (1992, p. 256) falou do proletariado como a classe que possuía um "caráter universal por causa de seu sofrimento universal", uma vez que "o mal que sofre não é um *mal particular*, mas um *mal geral*". De forma similar, podemos argumentar que os refugiados de hoje incorporam o sofrimento universal do modo de vida imperial (Möller, 2016, p. 130-1). Além disso, lembram às sociedades anfitriãs a possibilidade de aprender, entender e se envolver nas mudanças necessárias em suas próprias condições de

---

8   Sobre as ambivalências do envolvimento muito bem-vindo dos voluntários, especificamente o fato de a ajuda recebida pelos refugiados ocorrer no contexto do desmantelamento dos benefícios do bem-estar social e da construção do "Estado ativo" na Europa, ver Dyk & Misbach (2016).

vida, à luz das agitações dramáticas do mundo, e questionar os muitos privilégios de seu modo de vida.

Sugerimos que a compreensão das diversas alternativas se dê como parte da busca de um modo de vida solidário, para um modelo de prosperidade completamente diferente, a saber, justo, democrático, pacífico e verdadeiramente ecológico, para além das imposições capitalistas, patriarcais e racistas — e para além da dominação e exploração da natureza (Jackson, 2009; D'Alisa *et al.*, 2015; AK Postwachstum, 2016; Martínez-Alier *et al.*, 2010; Acosta & Brand, 2018; Eversberg & Schmelzer, 2018; Chertkovskaya, 2019). Os contornos de um modo de vida solidário estão presentes em muitas discussões e práticas atuais que desafiam fundamentalmente a sociedade a partir de suas margens. É importante reconhecer essas iniciativas, cultivá-las e dar a elas a oportunidade de se estabilizar e reverberar. O surgimento de um modo de vida solidário será desigual, abrigará desafios desconhecidos, ocorrerá sutilmente, aos trancos e barrancos, mas também, crucialmente, por meio de conflitos.

O efeito politizador do movimento de solidariedade aos refugiados na Europa ocorreu simultaneamente a outros protestos e movimentos: embates contra os aluguéis altos e a gentrificação; ressentimento pela crescente densificação e precariedade do trabalho assalariado e outras formas de trabalho não remuneradas; descontentamento com a experiência concreta e diária da divisão do trabalho entre classe, gênero e pessoas de diferentes origens; crítica das políticas de privatização e austeridade pós-recessão do Norte global; movimento contra o TTIP e o Ceta, bem como contra as políticas de livre-comércio em geral. Também se incluem protestos contra a construção de usinas de carvão, criação industrial de animais, sementes geneticamente modificadas e alimentos produzidos com essas sementes, contra o poder das empresas de energia, contra o sexismo e a violência contra as mulheres. Existem diversas campanhas internacionais que apontam as implicações negativas do modo de vida imperial, tal qual o impacto social e ambiental da produção de alimentos e a fabricação de smartphones e roupas — e a lista continua.[9]

As propostas alternativas e abordagens práticas são igualmente diversas: fortalecimento da habitação social e das demandas por um "direito à cidade"; "cidades em transição"; jardinagem urbana; justiça ambiental e climática; resistência ao uso de carvão e combustíveis fósseis, como o movimento alemão Ende Gelände; resistência contra o sistema de oleodutos Keystone Pipeline no Canadá e nos Estados Unidos; democratização e socialização do suprimento de energia; soberania alimentar e agricultura orgânica; fortalecimento dos direitos dos animais e — na América Latina — dos direitos da natureza, do bem comum, do trabalho decente e da renda básica; distribuição do trabalho reprodutivo remunerado e não remunerado de modo solidário; software livre e autodeterminação informacional; política social como infraestrutura ou infraestrutura socioecológica. As alternativas institucionais incluem os Conselhos do Futuro (*Zukunftsräte*, por exemplo, o Conselho do Futuro Mundial), a regulação dos mercados financeiros ou a promoção de estratégias de "reabilitação da mobilidade urbana", para recuperar uma infraestrutura que foi atrofiada por décadas em favor do sistema automotivo. Os conceitos centrais para essas abordagens incluem decrescimento e pós-crescimento, pós-desenvolvimento e pós-extrativismo, a revolução do cuidado e as greves do cuidado, desaceleração e economia

---

9 Apenas para citar alguns trabalhos exemplares nessa linha: Konzeptwerk Neue Ökonomie *et al.* (2017), Carroll (2016), Andrée *et al.* (2014), Gudynas (2011), Bollier & Helfrich (2019).

de tempo, convivência, a perspectiva quatro-em-um,[10] direitos sociais globais e uma vida boa para todos — e esta é apenas uma parte da lista.

A análise crítica e a política emancipatória mantêm um princípio fundamental de que as condições de uma vida boa para todos, que não destrua sua própria base biofísica, são um ponto de referência normativo central para desenvolvimentos sociais. Qualquer modo particular de vida deve servir como um modelo generalizável, sem exteriorizar suas precondições e custos, sem explorar outras pessoas ou destruir as próprias fundações. Em termos concretos, isso significa uma redução drástica no consumo de recursos e nas emissões, bem como a transformação de estruturas políticas, econômicas e sociais em favor de formas solidárias de uso da natureza, produção e trabalho, além da coexistência coletiva, tomada de decisão e resolução de conflitos.

Muitas dessas demandas e movimentos têm em comum sua orientação para o valor de uso e para o acesso justo e igualitário aos meios e condições de uma vida digna (Karathanassis, 2015, p. 213-5; Gottschlich & Hackfort, 2016; Habermann, 2019). Elas visam promover as formas necessárias de organização da economia e da política, da coexistência e da subjetividade — e, assim, reprimem os imperativos da obtenção de lucros e da acumulação de capital e poder. Também

---

10 Frigga Haug argumenta a partir de uma perspectiva marxista feminista que uma orientação atraente para uma divisão social emancipatória do trabalho poderia consistir em que todos os seres humanos idealmente dividam a jornada de trabalho em quatro partes iguais: trabalho assalariado, trabalho reprodutivo, desenvolvimento pessoal e engajamento político. Ver HAUG, Frigga: "The 'Four-in-One Perspective': A Manifesto for a More Just Life", *Socialism and Democracy*, v. 23, n. 1, p. 119-23, 2009. [N.E.]

fazem parte de uma superação gradual do modo de vida imperial que, por meio de conflitos e processos de aprendizagem, espera alcançar um momento de solidariedade. Os tipos de mudanças buscadas envolvem a redistribuição de poder, renda e riqueza e, implícita ou explicitamente, desafiam a propriedade e o controle dos meios de produção, além de levantar a questão de onde e como a sociedade deve investir — e onde não deve. O surgimento de um modo de vida solidário acompanhará o aprofundamento da democracia e, principalmente, a expansão da democracia econômica.

Mudanças nesse sentido devem ocorrer na tensão entre a ação concreta e um horizonte teórico mais amplo. Nesse sentido, Rosa Luxemburgo falou em "*realpolitik* revolucionária", Joachim Hirsch fala em "reformismo radical" e Dieter Klein invoca a necessidade de uma "dupla transformação". Segundo Klein, as múltiplas alternativas ao status quo frequentemente carecem de uma conexão interna, uma narrativa vívida "de base", oposta a todos os gritos de guerra dos governantes, com seus próprios meios plurais de normalizar seus interesses. Cabe "fazer uma boa varredura entre as necessidades progressistas mais elementares que estão adormecidas no presente e a visão dos meios e fins para sua realização [...]. Para descobrir quais questões vitais da humanidade estão nos impulsionando adiante e para arrancar as respostas do não dito, onde pode estar o conteúdo de uma narrativa moderna de esquerda" (Klein, 2013, p. 61-2). Essa não é uma tarefa fácil, principalmente porque os atores coletivos, como partidos progressistas, sindicatos ou outros grupos de interesse, enfrentam consistentemente a necessidade de priorizar ações em curto prazo.[11]

---

11 Com relação aos sindicatos, Stefania Barca (2012) propõe o conceito de "ambientalismo da classe trabalhadora" para superar esse dilema.

O surgimento sem alarde de um modo de vida solidário

Um modo de vida solidário não pode ser alcançado com declarações políticas nobres ou com uma tecnologia mais avançada — esta última, celebrada por Paul Mason como base do pós-capitalismo; só é possível atingi-lo por meio da reorganização da sociedade de acordo com formas totalmente diferentes de viver em coletivo (Mason, 2016). Com essas novas formas de convivência, novas subjetividades emergem e, consequentemente, "novos hábitos" (Brangsch, 2015).[12]

A inscrição do modo de vida imperial na vida cotidiana e nos corpos de seus sujeitos — um feito bastante estratégico para as empresas privadas e o Estado — sugere que muitas alternativas podem se desenvolver de forma nada espetacular. Elas fogem aos padrões atuais de vida e consumo, deixam de seguir regras explícitas e implícitas e não aceitam mais, ou simplesmente interrompem, certas práticas e sugestões sociais. As crianças em idade escolar têm as máquinas de Coca-Cola banidas da escola, a carne industrializada e o consumo de carne em geral são cada vez mais rejeitados ou evitados, e possuir um carro — ou seguir uma carreira profissional "normal" — não é mais tão desejável. As vendas de alimentos orgânicos aumentaram, passando de 2,1 bilhões de euros na Alemanha, em

---

12 Em contraste com o proeminente diagnóstico de Paul Mason (2016), não acreditamos que o capitalismo digital tenha criado a base para o "pós-capitalismo". Essa tese — que em sua orientação política é bastante empática — subestima precisamente as formas capitalistas complexas, profundamente enraizadas no senso comum que precisa ser mudado.

2000, para mais de dez bilhões de euros em 2017. Em 2016, 10% dos agricultores na Alemanha cultivavam orgânicos, em relação a 1,3% em 1996 (Fischer, 2018). Como lembra Gramsci (2007, p. 288-9): "aquilo que era secundário e subordinado, ou mesmo acessório, [...] torna-se o núcleo de um novo complexo ideológico e doutrinário. A velha vontade coletiva desagrega-se em seus elementos contraditórios, porque os elementos subordinados desses últimos se desenvolvem".[13]

A contra-hegemonia que enfrenta o modo de vida imperial, portanto, é não se desejar viver de acordo com certos modelos da vida cotidiana, ou até mesmo se abster completamente deles (Brand, 2005). A isso se soma a contra-hegemonia envolvida em disputas sobre outras regras, sobre estratégias políticas e econômicas, investimentos e controle sobre os meios de produção. A motivação para isso pode incluir desejos não realizados e falta de oportunidades para se levar uma vida satisfatória.

Outras lógicas de reprodução socioecológica

No segundo capítulo, argumentamos que qualquer mudança deve lidar com a lógica predominante de transformação e com a autorrevolução permanente das sociedades burguesas capitalistas. Um modo de vida solidário envolverá formas completamente diferentes de reprodução

---

13 Mario Candeias (2012), em suas conclusões sobre Gramsci, fala em "mudanças moleculares" que seriam gerenciáveis se tomadas separadamente, mas, quando coincidem e se entrelaçam, podem constituir crises estruturais.

socioecológica, de cuidado e, portanto, de uma abrangente economia de cuidados. Wichterich (2016a, p. 186) afirma: "A lógica do cuidado reproduz e protege o que está vivo na sociedade e na natureza, mas é torpedeada e marginalizada pelo mercado por meio dos princípios capitalistas de aumento da produtividade e eficiência, concorrência e acumulação".

Nessa perspectiva, a sociedade deve ser concebida e organizada de uma maneira completamente diferente — e a competição de sujeitos supostamente autônomos agindo de forma racional e maximizando seus interesses no mercado deve desaparecer. As pessoas não são sujeitos autônomos donos de si mesmos e do mundo — na realidade, isso é sugerido a elas, que devem se comportar acima de tudo como "consumidores soberanos" em direção a um mundo com ampla variedade de mercadorias (Aulenbacher *et al.*, 2015b). No entanto, os seres humanos só podem assumir a responsabilidade por algo que, segundo Martin Kronauer (2014, p. 437), "eles também possam afetar ou impedir por meio de suas próprias decisões. Isso não se aplica aos efeitos do mercado [...]. Isso tem consequências diretas nas possibilidades de uma vida autodeterminada: ela passa a depender da proteção das dinâmicas do mercado".

Todos os seres humanos são, *de fato*, vulneráveis e precisam de proteção, e se reproduzem juntos na sociedade e na comunidade — usando dinheiro e mercadorias, mas também por outros meios. Em parte, essa vulnerabilidade imutável é estabilizada pela externalização das condições e consequências do modo de vida imperial, a partir da qual outras pessoas em outras partes do mundo devem viver e trabalhar em situações precárias, e os fundamentos biofísicos da vida são afetados ou até destruídos (Lorey, 2012; Luxemburgo, 2015). Logo, um modo de vida solidário deve reconhecer a *vulnerabilidade fundamental* da vida humana e não humana e criar formas de convivência que não se baseiem em tornar precária a vida de muitas ou mesmo poucas pessoas, ou que ponham em perigo a natureza. Gabriele Winker considera central uma "revolução do cuidado" como "uma estratégia política de transformação que, ligada ao conhecimento das políticas feministas, situe o significado fundamental do trabalho de cuidado no centro e vise moldar a vida social com base no ser humano" (Winker, 2015b, p. 143).[14] A autora propõe estratégias, tais como democratizar e autogerir o setor de cuidado; reduzir radicalmente o horário de trabalho; introduzir uma renda básica incondicional; desenvolver infraestrutura social e socializar todos os meios de produção (Winker, 2015a).

Uma sociedade que se concentre no cuidado mútuo e da natureza se torna automaticamente crítica à exploração capitalista e aos imperativos de acumulação. Esse é o mecanismo criado pelas ideias de decrescimento ou pós-crescimento. Não se trata de uma rejeição pura de qualquer destinação de recursos "a mais", por exemplo, no sistema de educação e saúde, nos serviços públicos ou na alimentação saudável. A questão é tornar possíveis os processos de aprendizagem e decisões democráticas sobre o quão socialmente desejado é o aumento dos bens de consumo e dos meios de produção e serviços, e quão baseado em empreendimentos responsáveis do ponto de vista social e ecológico. Como escreve Wichterich:

> É importante redefinir as proporções. O foco nas práticas e assuntos cotidianos é uma resposta ao fato de que o paradigma de crescimento baseado no mercado não apenas determina as relações econômicas e as relações entre sociedade e natureza, mas também está profundamente inscrito

14 Ver também Dück & Fried (2015) e Tronto (2013).

> no nível psicológico, e agora domina a Terra da mesma maneira que o Ocidente. (Wichterich, 2016a, p. 197)

Contudo, as práticas cotidianas já transformadas e em processo de mudança não se limitam apenas ao comportamento individual do consumidor: elas exigem os atos coletivos de politizar condições destrutivas e construir alternativas (Grunwald, 2012; Paech, 2014).

Nesse contexto, Dieter Kramer faz uma pergunta altamente instrutiva: "Alguém espera que as pessoas se lembrem da crise na sociedade do crescimento em seu dia a dia?". As pessoas, é claro, têm seus próprios problemas cotidianos. Sua resposta é clara e traz implicações políticas importantes: "Se for possível estabelecer a relação entre os problemas da sociedade de crescimento e esses problemas cotidianos sem permitir que uma atitude pessimista e reacionária se desenvolva, então podem vingar alguns pontos de partida para a motivação política ligada à reviravolta socioecológica". O debate sobre suficiência aponta para essa direção: não se trata de renunciar, mas de substituir. A questão é o quê e quanto é suficiente. "Com suas próprias ideias do que é uma vida boa e digna, as pessoas são capazes de estabelecer limites em sua vida individual" (Kramer, 2016, p. 16). Se essa premissa falha, as pessoas se entregam ao frenesi dos jogos e das compras, das drogas ou do trabalho excessivo.

Há novas e interessantes descobertas na sociologia do trabalho e da indústria que identificam uma forte economia moral entre os funcionários de diversos setores. De acordo com esses estudos, as imposições neoliberais, que produzem lucros em curto prazo enquanto aumentam a sobrecarga do processo laboral, não são completamente internalizadas pelos funcionários, ou encaradas como um desafio individual. Ao contrário, são percebidas como uma violação das concepções de justiça e incompatíveis com os requisitos técnicos e funcionais do processo de trabalho. Essa percepção pode ser politizada, sugerindo uma ponte — ainda bastante frágil — entre a experiência da injustiça na vida cotidiana do trabalho e o descontentamento com os desenvolvimentos sociais atuais. Na melhor das hipóteses, "a crítica cotidiana do capitalismo e da sociedade se constrói sobre a experiência de uma lógica de crescimento movida pela competição" (Dörre *et al.*, 2013, p. 219-20).[15]

Modo de vida solidário: global e de longo prazo

Um mecanismo básico do modo de vida imperial é a externalização de suas consequências problemáticas para a sociedade e o meio ambiente. Ele produz sistematicamente más condições de trabalho e exploração, condições políticas e sociais autoritárias, condições de vida precárias e destruição ecológica. Sem dúvida, a abolição desses

15   Ver também Menz e Nies (2016), que apontam a possibilidade de se politizar a contradição entre as demandas do processo de trabalho e as expectativas de retorno econômico, com implicações de longo alcance: "Funcionários reclamam dos requisitos do processo material e específico do trabalho, em contraste com a indeterminação de requisitos de mercado dinâmicos, ou seja, eles voltam princípios técnicos e funcionais contra a racionalidade econômica. E aplicam a lógica da produção (ou serviço) orientada a valores contra a orientação para retornos econômicos abstratos" (Menz & Nies, 2016, p. 538). Além disso, prosseguem os autores: "Os conflitos que surgem aqui apontam para uma contradição fundamental no modo de produção capitalista: a relação contraditória entre valor de uso e valor de troca, dos interesses de utilização e orientação para o uso concreto do trabalho" (Menz & Nies, 2016, p. 538).

mecanismos é uma das tarefas mais difíceis na luta por um modo de vida solidário.

Um dos requisitos para se cumprir essa tarefa é tornar a externalização *visível*, como um componente crucial do próprio conceito do modo de vida imperial. É esclarecer e compartilhar a percepção de que os próprios privilégios se fundamentam na exploração e destruição "em casa", mas também, como já dissemos, "em outros lugares". Essa informação está presente em todos os locais e todos os dias, mas não existe enquanto conhecimento socialmente relevante e que conduza a uma reação adequada. Afinal, praticar a empatia parece simples, mas é tão difícil quanto banal. Aulenbacher e colaboradores convidam ao exercício: "*Quais* vidas — por exemplo, de todas as pessoas que eu não conheço, não 'entendo', que podem até vir a me repelir — devem ser reconhecidas como dignas de luto e que se relacionam comigo, com as quais estou 'conectado'?" (Aulenbacher *et al*., 2015b, p. 141, 197).

Um modo de vida solidário, que também se baseia sempre em um modo de (re)produção solidário, deve alterar as cadeias de oferta e valor fragmentadas e seus imperativos dominados pela valoração capitalista. Afinal, é por meio desses sistemas que ocorre a externalização das implicações negativas do modo de vida imperial, causando numerosos conflitos e destruição ambiental (Schurath, 2015; Pichler *et al*., 2017).

Tal mudança será acompanhada pelo reconhecimento e apoio às várias demandas e lutas em nossas próprias sociedades e fora delas. Em outras palavras, implica o exercício da empatia e solidariedade com aqueles que se opõem às imposições do modo de vida imperial em todo o mundo. Também implica o reconhecimento da dignidade das pessoas que se opõem à humilhação e à desumanização e lutam por uma vida melhor, tanto "em casa" quanto além das próprias fronteiras. Essa era a essência da frase "Já basta!" (*¡Ya basta!*) usada pelos zapatistas mexicanos em 1994, e é por isso que ressoou por todo o mundo. O chamado não era apenas por solidariedade ao movimento, mas pela criação de vínculos entre muitas lutas emancipatórias diferentes e pelo trabalho conjunto em prol da criação de alternativas ao modo de vida imperial. A criação de um modo de vida solidário é, no fundo, uma questão altamente concreta de humanidade comum.

Em um sentido amplo, isso significa não se render às falsas promessas de riqueza baseadas na externalização capitalista e hierárquica e, em vez disso, criar e vivenciar formas de prosperidade baseadas em justiça, solidariedade e sustentabilidade. Há muitas propostas e demandas alternativas, além de práticas e estratégias tão concretas como abrangentes — estas últimas, como pontos de comutação, buscando caminhos incomuns ou pouco familiares ao mesmo tempo que excluem outros já testados.[16] Quando e como essas mudanças serão transformadas em "efeitos sistemáticos", só saberemos em retrospectiva.

Um projeto hegemônico para um modo de vida solidário também deve ter como base a combinação de muitos aspectos, além de ser tangível e atraente. A tendência é que essa transformação seja conduzida por alianças entre as classes média e baixa (Brie & Hildebrandt, 2015). Esperamos, no entanto, que as elites progressistas dissidentes reconheçam progressivamente a seriedade da situação e ajam de acordo (Klein, 2016). De qualquer forma, é necessário refletir sobre o perigo das alternativas de cooptação ou "maquiagem verde" (*greewashing*) e traçar uma linha

---

16 Os neoliberais entenderam isso perfeitamente ao tomar intrincadas lutas pela hegemonia com fraturas claras e vinculando-as, por exemplo, por meio de leis particulares. Ver Urban (2009, p. 71-8).

clara contra projetos sociopolíticos racistas, exploradores, patriarcais, violentos e destrutivos.

Debates importantes têm sido realizados — como mostram este capítulo e as referências dos capítulos 4 e 5 — com o intuito de criticar e suprimir muitos aspectos do modo de vida imperial. Ao mesmo tempo, várias dessas lutas também têm como objetivo reconhecer e estabilizar as condições, práticas e demandas de um modo de vida solidário.

Outra questão crucial é como as mudanças podem ser garantidas, ampliadas e protegidas contra retrocessos. Também se trata de oferecer respostas às perguntas das instituições e da justiça ou, de maneira mais geral, da própria constituição da sociedade, de um ponto de vista de esquerda. O modo de vida imperial é essencialmente garantido pelo Estado capitalista e patriarcal, ou seja, consiste em uma "condensação material" de relações sociais de forças, um "campo estratégico" permeado por lutas e contradições (Poulantzas, 1980). Nesse cenário, diferentes atores, com seus próprios interesses, identidades e valores, usam estratégias concretas e, se necessário, projetos abrangentes, para alcançar relevância social e também para se tornar um "Estado", isto é, transformar suas demandas em leis que sejam reconhecidas e seguidas, jamais ignoradas ou suprimidas. Como afirmado no capítulo 7, o Estado concede aos interesses sociais uma forma particular — por exemplo, contribui para o desenvolvimento de interesses possessivos individualistas e, portanto, estrutura os conflitos entre forças sociais antagônicas de tal maneira que as torna compatíveis com a reprodução da ordem dominante (sem, no entanto, ser capaz de garantir sua existência). A forma jurídica desempenha, consequentemente, um papel central. Como descreve Sonja Buckel, ela subjetiviza "os indivíduos como mônadas capitalistas patriarcais e depois os reúne novamente como uma unidade exterior" (Buckel, 2008, p. 126).

A crítica da forma política e jurídica é um estágio essencial para reprimir o modo de vida imperial. Neste exato momento, porém, surge outra questão: como a sociedade deve ser constituída para permitir o desenvolvimento de um modo de vida solidário? A "questão da constituição política", como Wolf-Dieter Narr (1998, p. 286) escreveu há mais de vinte anos, é "a questão preeminente de nosso tempo". Respondê-la significa assegurar as alternativas emancipatórias e universalizáveis em um plano institucional, para que sejam protegidas de ataques reacionários e também possam evoluir reflexivamente. Uma compreensão enfática da democracia é o princípio norteador: todos os que são afetados por uma decisão devem estar igualmente envolvidos no processo decisório. Configurar uma sociedade assim deve gerar esse efeito sobre os sujeitos. Se a condição de livre desenvolvimento de todos não estiver mais vinculada à *limitação* individual — como na sociedade capitalista burguesa —, mas à *realização*, então é possível transformar a subjetividade egoísta e competitiva de hoje em uma existência baseada em solidariedade e cooperação (Marx & Engels, 2010, p. 59). Além disso, tal configuração social cria as condições para se superar o imperativo estrutural da externalização. Os mecanismos capitalistas de orientação ao valor de troca, da concorrência e do imperativo do crescimento seriam anulados, e os custos dos erros ecológicos não seriam mais externalizados para outros lugares, mas suportados por todos. "Uma vez cientes", disse Alex Demirović (2012, p. 70), "todos provavelmente tentarão impedir decisões que gerem custos à natureza, tanto de perto quanto de longe."[17]

---

17 Ver também Thie (2013, p. 105-7).

As lutas por um modo de vida solidário se concentram na premissa de que as condições consideradas problemáticas precisam ser abolidas, fortalecendo as alternativas. Consequentemente, muitas disputas não se referem apenas à criação de bens comuns e distintas formas de convivência, tais como uma distribuição diversa do trabalho reprodutivo e, com isso, uma mudança nas relações de gênero; trata-se também de um Estado de bem-estar social construído por meio da solidariedade, especificamente "dissociando a seguridade social e as relações sociais incorporadas em um mecanismo de equalização confiável e anônimo" (Dyk & Misbach, 2016, p. 213). Todavia, devido à emergência de um Estado neoliberal e cada vez mais repressivo, isso também implica uma reestruturação institucional do governo, dado que as relações de forças e discursos não lhe são alheios. As dimensões multifacetadas de um modo de vida solidário precisam ser "condensadas" institucionalmente, mas com uma perspectiva de superação das lógicas dominantes institucionalizadas no Estado capitalista patriarcal.[18]

Trabalhar pela redução de uma forma liberal e crescentemente autoritária de democracia em prol de uma democratização social abrangente é um eixo central da luta por um modo de vida solidário. Isso inclui embates defensivos contra a guinada social e política à direita, bem como a supressão de práticas imperiais e a salvaguarda institucional de práticas novas, não imperiais. O ponto de partida aqui é a percepção de que os distúrbios sociais e ecológicos que enfrentamos hoje, e as causas desse sofrimento sem fim, estão enraizadas nas relações sociais globais — e não em um processo

---

18 Sobre o papel dos partidos progressistas nesses processos, ver, por exemplo, Steckner (2013) e Porcaro (2016).

endógeno do Sul global, como sugerido nos cenários de horror de Robert D. Kaplan citados na abertura deste livro, e defendidos por boa parte da elite global.

Para tornar visíveis essas relações globais, dedicamos este livro ao exame do modo de vida imperial e seus evidentes contrastes com um projeto de modo de vida solidário, fundamentado na organização democrática das relações sociais e das relações entre sociedade e natureza. Se nossa análise contribuir para debates sociais e políticos na academia e para além dos muros da universidade, especialmente para ajudar a direcionar lutas atuais e futuras por um modo de vida solidário, então esta obra terá servido a seu propósito.

Agradecimentos

Escrever este livro foi mais do que uma experiência de colaboração acadêmica intensa e calorosa entre nós, autores. A obra também foi enriquecida por uma onda de boa vontade de muitos amigos e colegas, a quem devemos os mais sinceros agradecimentos.

Um marco importante na criação deste livro foi um workshop realizado em agosto de 2016 na sede da Fundação Rosa Luxemburgo, em Berlim. Mario Candeias, Stefanie Graefe, Friederike Habermann, Uwe Hoering, Boris Kanzleiter, Bettina Köhler, Tom Kopp, Steffen Kühne, Miriam Lang, Christoph Podstawa, Sabine Pongratz, Katharina Pühl, Daniela Setton, Silke van Dyk e Christa Wichterich passaram várias horas conosco discutindo intensamente os rascunhos dos dois capítulos centrais, oferecendo sua resistência solidária e sendo tão críticos quanto encorajadores. Esse evento foi a primeira faísca para o impulso final da produção do manuscrito.

Ao longo dos últimos anos, temos recebido questionamentos críticos e sugestões importantes durante apresentações e palestras, que nos ajudaram a consolidar nossos pensamentos — e, claro, a semear dúvidas, porque percebemos que não seríamos capazes de abarcar tudo o que queríamos neste livro. Assim, os dois workshops de escrita do coletivo ILA (Imperiale Lebensweise und solidarische Alternativen [Modo de vida imperial e alternativas solidárias]) resultaram em um fórum muito interessante, criado recentemente. Nele, um grupo de acadêmicos e ativistas políticos aborda "a produção e modos de vida imperiais" e "as estruturas de exploração no século XXI" (ILA Kollektiv,

2017, 2019). Felizmente, tivemos a oportunidade de discutir algumas de nossas observações nessas reuniões.

Ainda recebemos comentários extraordinariamente motivadores de Gundula Ludwig, Tobias Boos, Alina Brad, Lutz Brangsch, Michael Brie, Ariane Brenssell, Kristina Dietz, Francis Forster, Daniel Fuchs, Franziska Kusche, Miriam Lang, Hanna Lichtenberger, Kathrin Niedermoser, Melanie Pichler, Etienne Schneider, Isabella Radhuber, Anke Schaffartzik e Stefan Schmalz, que opinaram em partes específicas do manuscrito.

Ulrich Brand também agradece ao Institute for Advanced Sustainability Studies [Instituto de estudos avançados em sustentabilidade] (IASS) — em particular a Mark Lawrence, Sebastian Helgenberger e Falk Schmidt — pela oportunidade de trabalhar neste livro como parte de sua residência durante o verão de 2016. Em um colóquio do IASS, algumas ideias desta obra foram apresentadas, e muitos participantes deram sugestões importantes, especialmente Boris Gotchev, Sebastian Helgenberger, Kristin Nicolaus e Falk Schmidt. Cabe ainda um agradecimento especial de Markus Wissen à Escola de Economia e Direito de Berlim por conceder um período sabático que lhe permitiu se concentrar no livro.

Obrigado a Louis Asamoah, Samuel Decker, Franziska Kusche e Carla Noever, que ofereceram assistência técnica valiosa no preparo do manuscrito, e a Samuel Decker, que contribuiu com a ideia do subtítulo. Por último, mas não menos importante, expressamos nossa gratidão a Christoph Hirsch, da editora Oekom, por seu apoio generoso ao projeto, e a Laura Kohlrausch, por sua excelente edição.

Ulrich Brand & Markus Wissen

Referências

ACOSTA, Alberto. "Extractivism and neoextractivism: two sides of the same curse". *In*: LANG, Miriam & MOKRANI, Dunia (Orgs.). *Beyond Development: alternative visions from Latin America.* Amsterdã / Quito: Transnational Institute / Fundación Rosa Luxemburg, 2013, p. 61-86.

ACOSTA, Alberto. *O Bem Viver: uma oportunidade para imaginar outros mundos.* Trad. Tadeu Breda. São Paulo: Elefante / Autonomia Literária, 2016.

ACOSTA, Alberto & BRAND, Ulrich. *Pós-extrativismo e desenvolvimento: saídas do labirinto capitalista.* São Paulo: Elefante / Autonomia Literária, 2018.

AGLIETTA, Michel. *A Theory of Capitalist Regulation: the US experience.* Londres: Verso, 1979.

AK POSTWACHSTUM (Org.). *Wachstum — Krise und Kritik: Die Grenzen der kapitalistisch-industriellen Lebensweise.* Frankfurt: Campus, 2016.

ALNASSERI, Sabah; BRAND, Ulrich; SABLOWSKI, Thomas & WINT, Jens. "Space, Regulation and the Periodization of Capitalism". *In*: ALBRITTON, Robert; ITOH, Makoto; WESTRA, Richard & ZUEGE, Alan (Orgs.). *Phases of Capitalist Development: Booms, Crises and Globalization.* Londres: Palgrave, 2001, p. 163-78.

ALTHUSSER, Louis. *Por Marx.* Trad. Maria Leonor F. R. Loureiro. Campinas: Ed. Unicamp, 2015 [1965].

ALTVATER, Elmar. *Sachzwang Weltmarkt: Verschuldungskrise, blockierte Industrialisierung, ökologische Gefährdung — der Fall Brasilien.* Hamburgo: VSA, 1987.

ALTVATER, Elmar. *The Future of the Market.* Londres: Verso, 1992.

ALTVATER, Elmar. "Der Traum vom Umweltraum. Zur Studie des Wuppertal Instituts über ein zukunftsfähiges Deutschland", *Blätter für deutsche und internationale Politik*, Berlin, ano 7, v. 73, n. 1, p. 82-91, 1996.

ALTVATER, Elmar. *Das Ende des Kapitalismus, wie wir ihn kennen: Eine radikale Kapitalismuskritik*. Münster: Westfälisches Dampfboot, 2005.

ALTVATER, Elmar. "The Capitalocene, or, Geoengineering against Capitalism's Planetary Boundaries". *In*: MOORE, Jason W. (Org.). *Anthropocene or Capitalocene? Nature, History, and the Crisis of Capitalism*. Oakland: PM Press, 2016, p. 138-51.

ALTVATER, Elmar & MAHNKOPF, Birgit. *Grenzen der Globalisierung: Ökonomie, Ökologie und Politik in der Weltgesellschaft*. Münster: Westfälisches Dampfboot, 1996a.

ALTVATER, Elmar & MAHNKOPF, Birgit. "Transnationale Unternehmen im Zeitwettbewerb". *In*: ALTVATER, Elmar & MAHNKOPF, Birgit. *Grenzen der Globalisierung: Ökonomie, Ökologie und Politik in der Weltgesellschaft*. Münster: Westfälisches Dampfboot, 1996b, p. 271-83.

ANDRÉE, Peter; AYRES, Jeffrey M.; BOSIA, Michael J. & MÁSSICOTTE, Marie-Josée (Orgs.). *Globalization and food sovereignty: global and local change in the new politics of food*. Toronto: University of Toronto Press, 2014.

APPEL, Anja. "Die Genderbilanz des Klimadiskurses: Von der Schieflage einer Debatte", *Kurswechsel*, Viena, v. 25, n. 2, p. 52-62, 2010.

ATTENDEES at JPI Climate Workshop on Societal Transformation in the Face of Climate Change. *Societal transformations in the face of climate change: research priorities for the next decade*. JPI Climate: Bruxelas, 2013.

ATZMÜLLER, Roland; AULENBACHER, Brigitte; BRAND, Ulrich; DÉCIEUX, Fabienne; FISCHER, Karin & SAUER, Birgit (Orgs.). *Capitalism in Transformation: Movements and Countermovements in the 21st Century*. Cheltenham: Edward Elgar, 2019.

ATZMÜLLER, Roland; BECKER, Joachim; BRAND, Ulrich; OBERNDORFER, Lukas; REDAK, Vanessa & SABLOWSKI, Thomas (Orgs.). *Fit für die Krise? Perspektiven der Regulationstheorie*. Münster: Westfälisches Dampfboot, 2013.

AULENBACHER, Brigitte. "Unentbehrlich, unterbezahlt — und viel zu wenig anerkannt. Was Sorgearbeit ist, wer sie leistet und welche

Konflikte entstehen". *In*: LE MONDE Diplomatique. *Atlas der Globalisierung: Weniger wird mehr.* Berlin, 2015, p. 38-41.

AULENBACHER, Brigitte; RIEGRAF, Birgit & VÖLKER, Susanne. "Kapitalismus als Lebensweise: Arbeits- und Geschlechterarrangements und Männlichkeiten im Wandel". *In*: AULENBACHER, Brigitte; RIEGRAF, Birgit & VÖLKER, Susanne. *Feministische Kapitalismuskritik: Einstiege in bedeutende Forschungsfelder.* Münster: Westfälisches Dampfboot, 2015a, p. 73-86 (Einstige, 23).

AULENBACHER, Brigitte; RIEGRAF, Birgit & VÖLKER, Susanne. *Feministische Kapitalismuskritik: Einstiege in bedeutende Forschungsfelder.* Münster: Westfälisches Dampfboot, 2015b (Einstige, 23).

BACKHOUSE, Maria. *Grüne Landnahme: Palmölexpansion und Landkonflikte in Amazonien.* Münster: Westfälisches Dampfboot, 2015.

BARCA, Stefania. "On working-class environmentalism: a historical and transnational overview", *Interface: a journal for and about social movements*, [s. l.], v. 4, n. 2, p. 61-80, 2012.

BARCA, Stefania & LEONARDI, Emanuele. "Working-class ecology and union politics: a conceptual topology", *Globalizations*, Milton, v. 15, n. 4, p. 487-503, 2018.

BASKIN, Jeremy. *The ideology of the Anthropocene?* Melbourne: University of Melbourne, 2014 (MSSI Research Paper, 3).

BÄUERLE, Lukas; BEHR, Maria & HÜTZ-ADAMS, Friedel. *Im Boden der Tatsachen: Metallische Rohstoffe und ihre Nebenwirkungen.* Siegburg: Südwind Institut für Ökonomie und Ökumene, 2011.

BAUHARDT, Christine. "Feministische Verkehrs- und Raumplanung". *In*: SCHÖLLER, Oliver; WEERT, Canzler; KNIE, Andreas (Orgs.). *Handbuch Verkehrspolitik.* Wiesbaden: VS Verlag für Sozialwissenschaften, 2007, p. 301-19.

BAUHARDT, Christine. "Ressourcenpolitik und Geschlechtergerechtigkeit: Probleme lokaler und globaler Governance am Beispiel Wasser", *PROKLA*, Berlin, v. 156, ano 39, n. 3, p. 391-405, 2009.

BAURIEDL, Sybille & WICHTERICH, Christa. *Ökonomisierung von Natur, Raum, Körper: Feministische Perspektiven auf sozial-ökologische Transformationen*. Berlim: Rosa-Luxemburg-Stiftung, 2015.

BECK, Silke. "Moving beyond the Linear Model of Expertise? IPCC and the Test of Adaptation", *Regional Environmental Change*, Berlim, v. 11, n. 2, p. 297-306, 2011.

BECKER, Egon & JAHN, Thomas (Orgs.). *Soziale Ökologie: Grundzüge einer Wissenschaft von den gesellschaftlichen Naturverhältnissen*. Frankfurt: Campus, 2006.

BECKER, Joachim. *Akkumulation, Regulation, Territorium: Zum kritische Rekonstruktion der französischen Regulationstheorie*. Marburg: Metropolis, 2002.

BECKER, Joachim. "Regulationstheorie: Ursprünge und Entwicklungstendenzen". *In*: ATZMÜLLER, Roland; BECKER, Joachim; BRAND, Ulrich; OBERNDORFER, Lukas; REDAK, Vanessa & SABLOWSKI, Thomas (Orgs.). *Fit für die Krise? Perspektiven der Regulationstheorie*. Münster: Westfälisches Dampfboot, 2013, p. 24-56.

BELL, Hans Günter & SCHÄFER, Paul. *Imperiale Lebensweise: Kritische Anmerkungen und Debattenvorschläge*. Colônia: Sozialistisches Forum Rheinland, 2018.

BIELER, Andreas; BRUFF, Ian & MORTON, Adam D. "Antonio Gramsci and 'the international': past, present and future". *In*: MCNALLY, Mark (Org.). *Antonio Gramsci*. Basingstoke: Palgrave Macmillan, 2015, p. 137-55.

BIESECKER, Adelheid & HOFMEISTER, Sabine. "Focus: (Re)productivity: Sustainable relations both between society and nature and between the genders", *Ecological Economics*, Boston, v. 69, n. 8, p. 1703-11, 2010.

BIESECKER, Adelheid & WINTERFELD, Uta von. "Alte Rationalitätsmuster und neue Beharrlichkeiten: impulse zu blinden Flecken der Transformationsdebatte", *GAIA*, Munique, v. 22, n. 3, p. 160-5, 2013.

BIESECKER, Adelheid & WINTERFELD, Uta von. *Extern? Weshalb und inwiefern moderne Gesellschaften Externalisierung brauchen und erzeugen*. Jena: DFG-Kolleg Postwachstumsgesellschaften, 2014.

BIOÖKONOMIERAT. *Bioeconomy Policies (Part II): Synopsis of National Strategies around the World*. Berlim: Bioeconomy Concil Office, 2015.

BLÜHDORN, Ingolfur. *Simulative Demokratie: Neue Politik nach der postdemokratischen Wende*. Berlim: Suhrkamp, 2013.

BLÜHDORN, Ingolfur. "Post-capitalism, post-growth, post--consumerism? Eco-political hopes beyond sustainability", *Global Discourse*, Bristol, v. 7, n. 1, p. 42-61, 2017.

BODLE, Ralph; DONAT, Lena & DUWE, Matthias. *The Paris Agreement: Analysis, Assessment and Outlook*. Dessau-Roßlau: Umweltbundesamt, 2016.

BOLLIER, David & HELFRICH, Silke. *Free, Fair, and Alive: The Insurgent Power of the Commons*. Gabriola Island: New Society Publishers, 2019.

BOLTANSKI, Luc & CHIAPELLO, Eve. *The New Spirit of Capitalism*. Londres: Verso, 2005.

BOND, Patrick. "Luxemburg's Critique of Capital Accumulation, Reapplied in Africa", *Austrian Journal of Development Studies*, Viena, v. 35, n. 1, p. 92-117, 2019.

BORIS, Dieter. "Imperiale Lebensweise? Ein Kommentar", *Sozialismus*, Hamburgo, v. 7/8, p. 63-5, 2017.

BOTZEM, Sebastian. "Kohlenstoff-Ökonomie: Der Einfluss der Finanzindustrie auf den europäischen Emissionshandel", *WZB Mitteilungen*, Berlim, v. 137, p. 29-31, 2012.

BOURDIEU, Pierre. *Outline of a Theory of Practice*. Cambridge: Cambridge University Press, 1977.

BOURDIEU, Pierre. *A distinção: crítica social do julgamento*. São Paulo / Porto Alegre: Edusp / Zouk, 2007.

BOYER, Robert. *The Regulation School: A Critical Introduction*. Nova York: Columbia University Press, 1990.

BOYLOS, Lisa & BEHR, Dieter. *Peripherie; Plastikmeer: Globale Landwirtschaft, Migration, Widerstand*. Viena: Europäisches BürgerInnen Forum, 2008.

BRAD, Alina; SCHAFFARTZIK, Anke; PICHLER, Melanie & PLANK, Christina. "Contested territorialization and biophysical expansion of oil palm plantations in Indonesia", *Geoforum*, Reino Unido, v. 64, p. 100-11, 2015.

BRAND, Karl-Wener. "Transformationen der Ökologiebewegung". *In*: KLEIN, Ansgar; LEGRAND, Hans-Josef & LEIF, Thomas (Orgs.). *Neue soziale Bewegungen: Impulse, Bilanzen und Perspektiven*. Wiesbaden: VS Verlag für Sozialwissenschaften, 1999, p. 237-56.

BRAND, Ulrich. "Kritische Theorie der Nord-Süd-Verhältnisse. Krisenexternalisierung, fragmentierte Hegemonie und die zapatistische Herausforderung". *In*: BEERHORST, Joachim; DEMIROVIĆ, Alex & GUGGEMOS, Michael. *Kritische Theorie im gesellschaftlichen Strukturwandel*. Frankfurt: Suhrkamp, 2004, p. 94-127.

BRAND, Ulrich. *Gegenhegemonie. Perspektiven globalisierungskritischer Strategien*. Hamburgo: VSA, 2005.

BRAND, Ulrich. "'Transformation' as New Critical Orthodoxy: the Strategic Use of the Term 'Transformation' Does Not Prevent Multiple Crisis", *GAIA*, Munique, v. 25, n. 1, p. 23-7, 2016a.

BRAND, Ulrich. "Lateinamerika: Ende des progressiven Zyklus?" *In*: BRAND, Ulrich (Org.). *Lateinamerikas Linke. Ende des progressiven Zyklus?* Hamburgo: VSA, 2016b, p. 7-35.

BRAND, Ulrich. (Org.). *Lateinamerikas Linke. Ende des progressiven Zyklus?* Hamburgo: VSA, 2016c.

BRAND, Ulrich & CECEN, Ana Esther (Orgs.). *Reflexionen einer Rebellion. "Chiapas" und ein anderes Politikverständnis*. Münster: Westfälisches Dampfboot, 2000.

BRAND, Ulrich; DIETZ, Kristina & LANG, Miriam. "Neo-Extractivism in Latin America: one side of a new phase of global capitalist dynamics", *Ciencia Política*, Bogotá, v. 11, n. 21, p. 125-59, 2016.

BRAND, Ulrich; GÖRG, Christoph; HIRSCH, Joachim & WISSEN, Markus. *Conflicts in environmental regulation and the internationalization of the state: Contested terrains*. Londres: Routledge, 2008.

BRAND, Ulrich & NIEDERMOSER, Kathrin. "The Role of Trade Unions in Social-Ecological Transformation: Overcoming the Impasse of the Current Growth Model and the Imperial Mode of Living", *Journal of Cleaner Production*, Países Baixos, v. 225, p. 173-80, 2019.

BRAND, Ulrich & SCHMALZ, Stefan. "Ungleichzeitige Wachstumsdynamiken in Nord und Süd: Imperiale Lebensweise und sozial-ökologische Widersprüche". *In*: AK POSTWACHSTUM (Org.). *Wachstum — Krise und Kritik: Die Grenzen der kapitalistisch-industriellen Lebensweise*. Frankfurt: Campus, 2016, p. 91-111.

BRAND, Ulrich & WISSEN, Markus. "Strategien einer Green Economy, Konturen eines grünen Kapitalismus. Zeitdiagnostische und forschungsprogrammatische Überlegungen". *In*: ATZMÜLLER, Roland; BECKER, Joachim; BRAND, Ulrich; OBERNDORFER, Lukas; REDAK, Vanessa & SABLOWSKI, Thomas (Orgs.). *Fit für die Krise? Perspektiven der Regulationstheorie*. Münster: Westfälisches Dampfboot, 2013, p. 132-48.

BRAND, Ulrich & WISSEN, Markus. "Social-ecological transformation". *In*: RICHARDSON, Douglas; CASTREE, Noel; GOODCHILD, Michael; KOBAYASHI, Audrey; LIU, Weidong & MARSTON, Richard A. (Orgs.). *The International Encyclopedia of Geography. People, the Earth, Environment, and Technology*. Hoboken / Washington DC: Wiley-Blackwell / Association of American Geographers, 2017, p. 1-10.

BRAND, Ulrich & WISSEN, Markus. *The Limits to Capitalist Nature: Theorizing and Overcoming the Imperial Mode of Living*. Lanham: Rowman & Littlefield, 2018.

BRAND, Ulrich & WISSEN, Markus. "Gesellschaftsanalyse im globalen Kapitalismus: "'Imperiale Lebensweise' als Forschungsprogramm". *In*: BOOK, Carina; HUKE, Nikolai; KLAUKE, Sebastian & TIETJE, Olaf (Orgs.). *Alltägliche Grenzziehungen: Das Konzept der imperialen Lebensweise,*

Externalisierung und exklusive Solidarität. Münster: Westfälisches Dampfboot, 2019, p. 13-26.

BRANGSCH, Lutz. "Entwicklung, Revolution, Reform und Transformation". *In*: BRIE, Michael (Org.). *Lasst uns über Alternativen reden. Beiträge zur kritischen Transformationsforschung 3*. Hamburgo: VSA, 2015, p. 130-47.

BRANGSCH, Lutz; DELLHEIM, Judith; SPANGENBERG, Joachim H. & WOLF, Frieder Otto (Orgs.). *Den Krisen entkommen. Sozial-ökologische Transformation*. Berlim: Karl Dietz, 2012 (Rosa-Luxemburg-Stiftung, reihe: Manuskript, 99).

BRAUNE, Gerd. "Ölsand in Kanada: Segen oder Fluch", *Der Tagesspiegel*, Berlin, 14 set. 2014.

BRENSSELL, Ariane."Hat das Menschenbild des Homo oeconomicus Implikationen für Psychologie und Psychotherapie?", *ZTA — Zeitschrift für Transaktionsanalyse*, Paderborn, v. 3, p. 201-15, 2013.

BRIE, Michael. *Polanyi neu entdecken: das hellblaue Bändchen zu einem möglichen Dialog von Nancy Fraser und Karl Polanyi*. Hamburgo: VSA, 2015.

BRIE, Michael & CANDEIAS, Mario. *Just Mobility: Postfossil Conversion and Free Public Transport*. Berlim: Rosa-Luxemburg-Stiftung, 2012.

BRIE, Michael & CANDEIAS, Mario. "Rückkehr der Hoffnung: Für eine offensive Doppelstrategie", *LuXemburg Online*, Berlim, nov. 2016.

BRIE, Michael & HILDEBRANDT, Cornelia. "Solidarische Mitte-Unten-Bündnisse. Anforderungen an linke Politik", *LuXemburg*, Berlim, v. 22, n. 2, p. 100-7, 2015.

BRIE, Michael; REISSIG, Rolf & THOMAS, Michael (Orgs.). *Transformation: Suchprozesse in Zeiten des Umbruchs*. Münster: LIT, 2018.

BRIE, Michael & THOMASBERGER, Claus (Orgs.). *Karl Polanyi's Vision of a Socialist Transformation*. Montreal: Black Roses Books, 2018.

BRITISH Petroleum. *BP Energy Outlook: 2016 edition*. Londres: BP p.l.c., 2016.

BRITISH Petroleum. *BP Energy Outlook: 2017 edition*. Londres: BP p.l.c., 2017.

BROCKLING, Ulrich; KRASMANN, Susanne & LEMKE, Thomas. *Gouvernementalität der Gegenwart. Studien zur Ökonomisierung des Sozialen*. Frankfurt: Suhrkamp, 2000.

BUCKEL, Sonja. "Zwischen Schutz und Maskerade: Kritik(en) des Rechts". *In*: DEMIROVIĆ, Alex (Org.). *Kritik und Materialität*. Münster: Westfälisches Dampfboot, 2008, p. 110-31.

BUCKEL, Sonja & FISCHER-LESCANO, Andreas. *Hegemonie gepanzert mit Zwang: Zivilgesellschaft und Politik im Staatsverständnis Antonio Gramscis*. Baden-Baden: Nomos, 2007.

BUNDESANSTALT für Geowissenschaften und Rohstoffe. *Deutschland: Rohstoffsituation 2014*. Hannover: BGR, 2015.

BUNDESMINISTERIUM für Bildung und Forschung. *Wegweiser Bioökonomie: Forschung für biobasiertes und nachhaltiges Wirtschaftswachstum*. Berlim: BMBF, 2014.

BUNDESMINISTERIUM für Verkehr und digitale Infrastruktur. *Verkehr in Zahlen 2015/2016*. Hamburgo: BMVI, 2015.

BUNDESMINISTERIUM für Verkehr und digitale Infrastruktur. *Verkehr in Zahlen 2017/2018*. Hamburgo: BMVI, 2017.

BUNDESZENTRALE für politische Bildung. *Entwicklung des grenzüberschreitenden Warenhandels*. Bonn: BpB, 2016a.

BUNDESZENTRALE für politische Bildung. *Entwicklung des Warenexports nach Warengruppen*. Bonn: BpB, 2016b.

BURCHARDT, Hans-Jürgen & PETERS, Stefan. "Anregungen für eine Staatsforschung in globaler Perspektive. Zur Renaissance der Entwicklungsstaaten". *In*: BURCHARDT, Hans-Jürgen & PETERS, Stefan. (Orgs.). *Der Staat in globaler Perspektive. Zur Renaissance der Entwicklungsstaaten*. Frankfurt: Campus, 2015, p. 243-66.

BUSSOLO, Maurizio; MALISZEWSKA, Maryla & MURARD, Elie. *The Long-Awaited Rise of the Middle Class in Latin America Is Finally Happening*. Washington, DC: World Bank Group, 2014.

BUTTERWEGGE, Christoph. "Stolz auf den 'Wirtschaftsstandort D'", *taz*, Berlim, 1º ago. 2016.

CANDEIAS, Mario. *Neoliberalismus — Hochtechnologie — Hegemonie: Grundrisse einer transnationalen kapitalistischen Produktions- und*

Lebensweise. Eine Kritik. Hamburgo: Argument Verlag mit Ariadne, 2004.

CANDEIAS, Mario. "Zu viel und zu wenig. Ein Moment organischer Krise", *LuXemburg*, Berlim, v. 14, n. 4, p. 14-7, 2012.

CANZLER, Weert. "Nachhaltige Mobilität". *In*: BINSWANGER, Hans-Christoph; EKARDT, Felix; GROTHE, Anja; HASENCLEVER, Wolf-Dieter; HAUCHLER, Ingomar; JÄNICKE, Martin; KOLLMANN, Karl; MICHAELIS, Nina V.; NUTZINGER, Hans G.; ROGALL, Holger & SCHERHORN, Gerhard (Orgs.). *Jahrbuch Nachhaltige Ökonomie 2014/2015. Im Brennpunkt: Die Energiewende als gesellschaftlicher Transformationsprozess.* Marburg: Metropolis, 2014, p. 339-58.

CARROLL, William K. *Expose, Oppose, Propose: Alternative Policy Groups and Global Civil Society.* Chicago: University of Chicago Press, 2016.

CARSON, Rachel. *Silent Spring.* Boston: Houghton Mifflin, 1962.

CASTREE, Noel. "Neoliberalising Nature: The Logics of Deregulation and Reregulation", *Environment and Planning A*, Newbury Park, v. 40, n. 2, p. 131-52, 2008.

CHAKRABARTY, Dipesh. *Provincializing Europe: Postcolonial Thought and Historical Difference.* Princeton: Princeton University Press, 2000.

CHERTKOVSKAYA, Ekaterina; PAULSSON, Alexander & BARCA, Stefania (Orgs.). *Towards a Political Economy of Degrowth.* Lanham: Rowman / Littlefield International, 2019.

COMISSÃO Europeia. *Fazer face aos desafios nos mercados dos produtos de base e das matérias-primas.* Comunicação da Comissão ao Parlamento Europeu, ao Conselho, ao Comitê Econômico e Social Europeu e ao Comitê da Regiões (COM 2011). Bruxelas: Comissão Europeia, 2011.

COX, Robert W. *Production, Power, and World Order: Social Forces in the Making of History.* Nova York: Columbia University Press, 1987.

CROME, Erhard. "Deutschland in Europa: Eine neue Hegemonie". *In*: CROME, Erhard & KRÄMER, Raimund (Orgs.). *Hegemonie und Multipolarität: Weltordnungen im 21. Jahrhundert.* Potsdam: WeltTrends, 2013, p. 165-205 (Potsdamer Textbücher, 20).

CROSBY, Alfred W. *The Columbian Exchange: Biological and Cultural Consequences of 1492.* Santa Barbara: Greenwood, 1972.

CRUTZEN, Paul J. "Geology of Mankind", *Nature*, Londres, v. 415, n. 23, 2002.

D'ALISA, Giacomo; DEMARIA, Federico & KALLIS, Giorgos (Orgs.). *Degrowth: A Vocabulary for a New Era*. Nova York: Routledge, 2015.

DALE, Gareth. *Reconstructing Karl Polanyi*. Londres: Pluto Press, 2016.

DANILJUK, Malte. "America's T-Strategy: Die US-Hegemonie und die Korrektur der US Außen- und Energiepolitik", *PROKLA*, Berlim, v. 45, n. 4, p. 529-44, 2015.

DANNORITZER, Cosima. "Giftige Geschäfte mit alten Geräten". *In*: LE MONDE Diplomatique. *Atlas der Globalisierung: Weniger wird mehr*. Berlim, 2015, p. 86-9.

DEMIROVIĆ, Alex. *Demokratie und Herrschaft: Aspekte kritischer Gesellschaftstheorie*. Münster: Westfälisches Dampfboot, 1997.

DEMIROVIĆ, Alex. "Marx Grün: Die gesellschaftlichen Naturverhältnisse demokratisieren", *LuXemburg*, Berlim, v. 13, n. 3, p. 60-70, 2012.

DEMIROVIĆ, Alex (Org.). *Transformation der Demokratie: demokratische Transformation*. Münster: Westfälisches Dampfboot, 2016a.

DEMIROVIĆ, Alex. "Demokratie: zwischen autoritären Tendenzen und gesellschaftlicher Transformation. Zur Kritik der politischen Demokratie". *In*: DEMIROVIĆ, Alex (Org.) *Transformation der Demokratie: demokratische Transformation*. Münster: Westfälisches Dampfboot, 2016b, p. 278-302.

DEMIROVIĆ, Alex; DÜCK, Julia; BECKER, Florian & BADER, Pauline. *VielfachKrise: In finanzmarktdominierten Kapitalismus*. Hamburgo: VSA, 2011.

DEMPSEY, Jessica & ROBERTSON, M. Morgan. "Ecosystem Services: Tensions, Impurities, and Points of Engagement within Neoliberalism", *Progress in Human Geography*, Nova York, v. 36, n. 6, p. 758-79, 2012.

DENNIS, Kingsley & URRY, John. *After the Car*. Cambridge: Polity Press, 2009.

DIAMOND, Jared. *Collapse: How Societies Choose to Fail or Succeed*. Nova York: Viking Press, 2005.

DICKEN, Peter. *Global Shift: Mapping the Changing Contours of the World Economy*. Nova York: Guilford Press, 2015.

DIETZ, Kristina. *Die Klimawandel als Demokratiefrage: sozial-ökologische und politische Dimensionen von Vulnerabilität in Nicaragua und Tansania*. Münster: Westfälisches Dampfboot, 2011.

DIETZ, Kristina & BRUNNENGRÄBER, Achim. "Das Klima in den Nord-Süd-Beziehungen", *Peripherie*, Münster, v. 28, n. 112, p. 400-28, 2008.

DIETZ, Kristina; ENGELS, Bettina; PYE, Oliver & BRUNNENGRÄBER, Achim (Orgs.). *The Political Ecology of Agrofuels*. Londres: Routledge, 2015.

DIEZINGER, Angelika. "Alltägliche Lebensführung: Die Eigenlogik alltäglichen Handelns". *In*: BECKER, Ruth & KORTENDIEK, Beate (Orgs.). *Handbuch Frauen- und Geschlechterforschung. Theorie, Methoden, Empirie*. Wiesbaden: VS Verlag für Sozialwissenschaften, 2008, p. 221-6.

DONGHI, Tulio H. *The Contemporary History of Latin America*. Durham: Duke University Press, 1993.

DÖRRE, Klaus. "The New Landnahme: Dynamics and Limits of Financial Market Capitalism". *In*: DÖRRE, Klaus; LESSENICH, Stephan & ROSA, Hartmut (Orgs.). *Sociology, Capitalism, Critique*. Londres: Verso, 2015, p. 11-66.

DÖRRE, Klaus. "Imperiale Lebensweise: eine hoffentlich konstruktive Kritik. Teil 1: These und Gegenthese", *Sozialismus*, Hamburgo, v. 6, p. 10-3, 2018a.

DÖRRE, Klaus. "Imperiale Lebensweise: eine hoffentlich konstruktive Kritik. Teil 2: Uneingelöste Ansprüche und theoretische Schwierigkeiten", *Sozialismus*, Hamburgo, v. 7/8, p. 65-71, 2018b.

DÖRRE, Klau; HOLST, Hajo & MATUSCHEK, Ingo. "Zwischen Firmenbewusstsein und Wachstumskritik. Subjektive Grenzen kapitalistischer Landnahmen". *In*: DÖRRE, Klaus; HAPP, Anja & MATUSCHEK, Ingo (Orgs.). *Das Gesellschaftsbild der LohnarbeiterInnen: Soziologische Untersuchungen in ost- und westdeutschen Industriebetrieben*. Hamburgo: VSA, 2013, p. 198-262.

DÖRRE, Klaus & SCHICKERT, Christine (Orgs.). *Neosozialismus: Solidarität, Demokratie und Ökologie vs. Kapitalismus*. Munique: oekom, 2019.

DÜCK, Julia & FRIED, Barbara. "Caring for Strategy: Transformation aus Kämpfen um soziale Reproduktion entwickeln", *LuXemburg*, Berlin, v. 1, p. 84-93, 2015.

DUDENHÖFFER, Ferdinand. "Unter falschem Etikett: Die Autobauer wollen einen CO_2-Bonus für E-Autos, um mehr Geländewagen zu verkaufen", *Die Zeit*, Hamburgo, 7 fev. 2013.

DUNLAP, Riley E. & CATTON JR., William R. "Toward an Ecological Sociology: The Development, Current Status, and Probable Future of Environmental Sociology". *In*: D'ANTONIO, William V.; SASAKI, Masamichi & YONEBAYASHI, Yoshio. *Ecology, Society and the Quality of Social Life*. New Brunswick, USA: Transaction Publishers, 1994, p. 11-25.

DYK, Silk & MISBACH, Elène. "Zur politischen Ökonomie des Helfens: Flüchtlingspolitik und Engagement im flexiblen Kapitalismus", *PROKLA*, Berlin, v. 183, ano 46, n. 2, p. 205-27, 2016.

EL-CHICHAKLI, Beate; VON BRAUN, Joachim; LANG, Christine; BARBEN, Daniel & PHILP, Jim. "Five Cornerstones of a Global Bioeconomy", *Nature*, Londres, v. 535, p. 221-3, 2016.

ESSER, Josef; GÖRG, Christoph & HIRSCH, Joachim. *Politik, Institutionen und Staat: Zur Kritik der Regulationstheorie*. Hamburgo: VSA, 1994.

EVERSBERG, Dennis. "Die Erzeugung kapitalistischer Realitätsprobleme: Wachstumsregimes und ihre subjektiven Grenzen", *WSI Mitteilungen*, Düsseldorf, v. 67, n. 7, p. 528-35, 2014.

EVERSBERG, Dennis. "Innerimperiale Kämpfe: Drei Thesen zum Verhältnis zwischen autoritärem Nationalismus und imperialer Lebensweise", *PROKLA*, Berlin, v. 190, ano 48, n. 1, p. 43-53, 2018.

EVERSBERG, Dennis & SCHMELZER, Matthias. "The Degrowth Spectrum: Convergence and Divergence within a Diverse and Conflictual Alliance", *Environmental Values*, Winwick, v. 27, n. 3, p. 245-67, 2018.

EXNER, Andreas; HELD, Martin & KÜMMERER, Klaus. "Einführung. Kritische Metalle in der Großen Transformation". *In*: EXNER, Andreas; HELD, Martin & KÜMMERER, Klaus. (Orgs.). *Kritische Metalle in der Großen Transformation*. Berlim: Springer Spektrum, 2016a, p. 1-16.

EXNER, Andreas; HELD, Martin & KÜMMERER, Klaus. *Kritische Metalle in der Großen Transformation*. Berlim: Springer Spektrum, 2016b.

FAIRBAIRN, Madeleine. "'Like Gold with Yield': Evolving Intersections Between Farmland and Finance", *The Journal of Peasant Studies*, Londres, v. 41, n. 5, p. 777-95, 2014.

FAIRHEAD, James; LEACH, Melissa & SCOONES, Ian. "Green Grabbing: a new appropriation of nature?". *The Journal of Peasant Studies*, Londres, v. 39, n. 2, p. 237-61, 2012.

FATHEUER, Thomas. *New Economy of Nature: A Critical Introduction*. Berlim: Heinrich Böll Foundation, 2014 (Publication Series Ecology, 35).

FATHEUER, Thoma; FUHR, Lili & UNMÜSSIG, Barbara. *Kritik der grünen Ökonomie*. Munique: oekom, 2015.

FEDERICI, Silvia. *O ponto zero da revolução: trabalho doméstico, reprodução e luta feminista*. Trad. Coletivo Sycorax. São Paulo: Elefante, 2019.

FISCHER, Benjamin. "Die Weltreise der Bio-Lebensmittel auf unserem Teller", *Frankfurter Allgemeine Zeitung*, Frankfurt, 2 ago. 2018.

FISCHER-KOWALSKI, Marina. "Analyzing Sustainability Transitions as a Shift Between Sociometabolic Regimes", *Environmental Innovation and Societal Transitions*, Países Baixos, v. 1, n. 1, p. 152-9, 2011.

FISCHER-KOWALSKI, Marina; HABERL, Helmut; HÜTTLER, Walter; PAYER, Harald; SCHANDL, Heinz; WINIWARTER, Verena & ZANGERL-WEISZ, Helga (Orgs.). *Gesellschaftlicher Stoffwechsel und Kolonisierung von Natur. Ein Versuch in sozialer Ökologie*. Amsterdã: Gordon; Breach Fakultas, 1997.

FLEISSNER, Peter. "Imperiale Lebensweise oder: Müssen wir aufs Auto verzichten?", *Volksstimme*, Magdebur, n. 6, p. 50-3, 2017.

FOOD and Agricultural Organization. *World Livestock: Transforming the Livestock Sector Through the Sustainable Development Goals.* Roma: FAO, 2018.

FOSTER, John B.; BRETT, Clark & YORK, Richard. *The Ecological Rift: Capitalism's War on the Earth*. Nova York: Monthly Review Press, 2010.

FOUCAULT, Michel. *Security, Territory, Population: Lectures at the Collège de France 1977-1978*. Basingstoke: Palgrave Macmillan, 2007.

FOUCAULT, Michel. *Qu'est-ce que la critique? Suivie de La culture de soi.* Paris: Vrin, 2015.

FRANK, Andre G. *Capitalism and Underdevelopment in Latin America: Historical Studies of Chile and Brazil*. Nova York: Monthly Review Press, 1967.

FREY, Andreas. "Auf der Flucht vor dem Klima?", *Frankfurter Allgemeine Zeitung*, Frankfurt, 22 fev. 2016.

FRÖBEL, Folker; HEINRICHS, Jürgen & KREYE, Otto. *Die neue internationale Arbeitsteilung: Strukturelle Arbeitslosigkeit in den Industrieländern und die Industrialisierung der Entwicklungsländer.* Reinbek: Rowohlt, 1977, p. 41-54.

FUCHS, Daniel. "Das neue 'Epizentrum weltweiter Arbeiterunruhe?' Klassenzusammensetzung und Arbeitskämpfe in China seit den 1980er Jahren", *Peripherie*, Münster, v. 138/139, n. 2, p. 303-26, 2015.

FÜCKS, Ralf. *Intelligent wachsen: Die grüne Revolution*. Munique: Carl Hanser, 2013.

GAGO, Verónica. "Financialization of Popular Life and the Extractive Operations of Capital: A Perspective from Argentina", *South Atlantic Quarterly*, Durham, v. 114, n. 1, p. 11-28, 2015.

GALEANO, Eduardo. *As veias abertas da América Latina*. 10. ed. Rio de Janeiro: Paz e Terra, 1980.

GARTMAN, David. "Three Ages of the Automobile. The Cultural Logics of the Care", *Theory, Culture; Society*, Londres, v. 21, n. 4/5, p. 169-95, 2004.

GERSTENBERGER, Heide. *Impersonal Power: History and Theory of the Bourgeois State*. Leiden: Brill, 2009.

GILL, Stephen. *Power and Resistance in the New World Order*. Nova York: Palgrave Macmillan, 2003.

GLOBAL Carbon Project. *CO2 Emissions: Global Carbon Atlas*. Canberra, GCP, 2020. Mapa interativo. Disponível em: http://www.globalcarbonatlas.org/en/CO2-emissions.

GLOBALIZATIONS. *Labour in the Web of Life* [Edição especial]. Milton: Taylor & Francis, v. 15, n. 4, 2018.

GÓMEZ-BAGGETHUN, Erik & RUIZ-PÉREZ, Manuel. "Economic valuation and the commodification of ecosystem services", *Progress in Physical Geography*, Thousand Oaks, v. 35, n. 5, p. 613-28, 2011.

GÖRG, Christoph. *Regulation der Naturverhältnisse: Zu einer kritischen Theorie der ökologischen Krise*. Münster: Westfälisches Dampfboot, 2003.

GÖRG, Christoph. "Inwertsetzung" *In*: HAUG, Wolfgang-Fritz; HAUG, Frigga; JEHLE, Peter & KÜTLLER, Woolfgang (Orgs.). *Historisch-Kritisches Wörterbuch des Marxismus, Vol. 6/II*. Hamburgo: Argument, 2004, colunas 1501-6.

GÖRG, Christoph. "Societal Relationships with Nature: A Dialectical Approach to Environmental Politics". *In*: BIRO, Andrew (Org.). *Critical Ecologies: The Frankfurt School and Contemporary Environmental Crises*. Toronto: University of Toronto Press, 2011, p. 43-72.

GÖRG, Christoph. "Anthropozän". *In:* BAURIEDL, Sybille (Org.). *Wörterbuch Klimadebatte*. Bielefeld: transcript, 2015a, p. 29-36.

GÖRG, Christoph. Planetarische Grenzen. *In*: BAURIEDL, Sybille (Org.). *Wörterbuch Klimadebatte*. Bielefeld: transcript, 2015b, p. 239-44.

GÖRG, Christoph & BRAND, Ulrich (Orgs.). *Mythen globalen Umweltmanagements: Rio 10 und die Sackgassen "nachhaltiger Entwicklung"*. Münster: Westfälisches Dampfboot, 2002.

GÖRG, Christoph; BRAND, Ulrich; HABERL, Helmut; HUMMEL, Diana; JAHN, Thomas & LIEHR, Stefan. "Challenges for Social-Ecological

Transformations: Contributions from Social and Political Ecology", *Sustainability*, Basileia, v. 9, n. 7, p. 1-21, 2017.

GORZ, André. *Auswege aus dem Kapitalismus: Beiträge zur politischen Ökologie*. Zurique: Rotpunktverlag, 2009.

GOTTSCHLICH, Daniela. *Nachhaltiges Wirtschaften: Zum Verhältnis von Care und Green Economy*. Berlim: genanet, 2012.

GOTTSCHLICH, Daniela & HACKFORT, Sarah. "Zur Demokratisierung gesellschaftlicher Naturverhältnisse. Warum Perspektiven der politischen Ökologie dafür unverzichtbar sin", *Politische Vierteljahresschrift*, Heidelberg, v. 57, n. 2, p. 300-22, 2016.

GRAEFE, Stefanie. "Grenzen des Wachstums? Resiliente Subjektivität im Krisenkapitalismus", *Psychosozial*, Gießen, v. 143, n. 39, p. 39-50, 2016.

GRAIN. *Seized! The 2008 Landgrab for Food and Financial Security*. Barcelona, 2008.

GRAMSCI, Antonio. *Cadernos do cárcere*, v. 1. Trad. Carlos Nelson Coutinho. Rio de Janeiro: Civilização Brasileira, 1999.

GRAMSCI, Antonio. *Cadernos do cárcere*, v. 4. Trad. Carlos Nelson Coutinho. Rio de Janeiro: Civilização Brasileira, 2001.

GRAMSCI, Antonio. *Cadernos do cárcere*, v. 3. Trad. Carlos Nelson Coutinho. 3. ed. Rio de Janeiro: Civilização Brasileira, 2007.

GREFE, Christiane. "Bioökonomie: Wie eine grüne Idee gekapert wird", *Blätter für deutsche und internationale Politik*, Berlim, v. 8, p. 97-108, 2016.

GRUNWALD, Armin. *Ende einer Illusion: Warum ökologisch korrekter Konsum die Welt nicht retten kann*. Munique: oekom, 2012.

GUDYNAS, Eduardo. "The New Extractivism of the 21st Century: Ten Urgent Theses about Extractivism in Relation to Current South American Progressivism", *Americas Policy Program*, Washington, DC, 21 jan. 2010.

GUDYNAS, Eduardo. "Buen Vivir: Today's Tomorrow", *Development*, Roma, v. 54, n. 4, p. 441-7, 2011.

GUDYNAS, Eduardo. *Extractivismos: Ecología, economía y política de un modo de entender el desarrollo y la Naturaleza*. Cochabamba: Cedib, 2015.

HAAS, Tobias. "Die Energiewende unter dem Druck (skalarer) Kräfteverschiebungen. Eine Analyse des EEG 2.0", *PROKLA*, Berlim, ano 46, v. 184, n. 3, p. 365-81, 2016.

HAAS, Tobias & SANDER, Hendrik. *Grüne Basis: Grüne Kapitalfraktionen in Europa — eine empirische Untersuchung*. Berlim: Rosa-Luxemburg-Stiftung, 2013.

HABERL, Helmut; FISCHER-KOWALSKI, Marina; KRAUSMANN, Fridolin & WINIWARTER, Verena. *Social Ecology Society-Nature Relations across Time and Space*. Basileia: Springer, 2016.

HABERMANN, Friederike. *Der homo oeconomicus und das Andere: Hegemonie, Identität und Emanzipation*. Baden-Baden: Nomos, 2008 (Feminist and Critical Political Economy, 1).

HABERMANN, Friederike. *Ausgetauscht! Warum gutes Leben für alle tauschlogikfrei sein muss*. Roßdorf: Ulrike Helmer, 2019.

HAJEK, Katharina & OPRATKO, Benjamin. "Crisis Management by Subjectivation: Towards a Feminist Neo-Gramscian Framework for the Analysis of Europe's Multiple Crisis", *Globalizations*, Milton, v. 13, n. 2, p. 217- 31, 2016.

HALL, Stuart. "The 'political' and the 'economic' in Marx's theory of class". *In*: HUNT, Alan (Org.). *Class and Class Structure*. Londres: Lawrence; Wishart, 1977, p. 15-60.

HALL, Stuart. "The Problem of Ideology-Marxism without Guarantees", *Journal of Communication Inquiry*, Iowa City, v. 10, n. 2, p. 28-44, 1986.

HALL, Stuart. *Ideologie, Kultur, Rassismus: Ausgewählte Schriften 1*. Hamburgo: Argument Verlag mit Ariadne, 2012.

HALL, Stuart. *Selected Political Writings, The Great Moving Right Show and other essays*. Durham: Duke University Press, 2017.

HÄNTZSCHEL, Jörg. "Abschied vom Cowboy", *Süddeutsche Zeitung*, Munique, 17 ago. 2016.

HARDT, Michael & NEGRI, Antonio. *Empire*. Cambridge: Harvard University Press, 2000.

HARTMANN, Kathrin. *Aus kontrolliertem Raubbau: Wie Politik und Wirtschaft das Klima anheizen, Natur vernichten und Armut produzieren*. Munique: Karl Blessing, 2015a.

HARTMANN, Kathrin. "Klimaschutz Gegen Menschenrechte". *In*: HARTMANN, Kathrin. *Aus kontrolliertem Raubbau: Wie Politik und Wirtschaft das Klima anheizen, Natur vernichten und Armut produzieren.* Munique: Karl Blessing, 2015b.

HARVEY, David. *O novo imperialismo.* São Paulo: Edições Loyola, 2004.

HARVEY, David. *Os limites do capital.* São Paulo: Boitempo, 2013.

HAUG, Frigga. *Die Vier-in-einem-Perspektive: Eine Politik von Frauen für eine neue Linke.* Hamburgo: Hamburger Edition, 2011.

HAUG, Wolfgang-Fritz. "Fragen einer Kritik des Biokapitalismus", *Das Argument*, Berlim, v. 242, ano 43, n. 4/5, p. 449-65, 2001.

HEINRICH-BÖLL-STIFTUNG; BUND für Umwelt und Naturschutz Deutschland & LE MONDE Diplomatique. *Fleischatlas 2018. Daten und Fakten über Tiere als Nahrungsmittel.* Berlim, 2018.

HERMANN, Christoph. *Capitalism and the Political Economy of Work Time.* Londres: Routledge, 2015.

HEUWIESER, Magdalena. *Grüner Kolonialismus in Honduras: Land Grabbing im Namen des Klimaschutzes und die Verteidigung der Commons.* Viena: Promedia, 2015a.

HEUWIESER, Magdalena. *Geld wächst nicht auf den Bäumen — oder doch? Wie die Natur und deren "Leistungen" zu Waren gemacht werden.* Berlim: FDCL, 2015b.

HILDYARD, Nicholas; LOHMANN, Larry & SEXTON, Sarah. *Energy Security. For Whom? For What?* Sturminster Newton: The Corner House, 2012.

HIRSCH, Fred. *Limites sociais do crescimento.* Trad. Waltensir Dutra. Rio de Janeiro: Zahar, 1979.

HIRSCH, Joachim. *Kapitalismus ohne Alternative? Materialistische Gesellschaftstheorie und Möglichkeiten einer sozialistischen Politik heute.* Hamburgo: VSA, 1990.

HOBSBAWM, Eric J. *A era dos impérios: 1875-1914.* Trad. Sieni Maria Campos & Yolanda Steidel de Toledo. Rio de Janeiro: Paz e Terra, 1988.

HOBSON, John M. & SEABROOKE, Leonard. "Everyday international political economy". *In*: BLYTH, Mark. *Routledge Handbook of International Political Economy (IPE): IPE as a global conversation.* Londres: Routledge, 2009, p. 290-306.

HOERING, Uwe. "Die Wiederentdeckung des ländlichen Raumes als Beitrag zur kapitalistischen Krisenlösung". *In*: DEMIROVIĆ, Alex; DÜCK, Julia; BECKER, Florian & BADER, Pauline (Orgs.). *VielfachKrise: In finanzmarktdominierten Kapitalismus.* Hamburgo: VSA, 2011, p. 111-28.

HOFFER, Frank. "Die Ausweitung des Zwischenraums". *In*: BRAND, Ulrich *et al. Globalisierung analysieren, kritisieren und verändern: Das Projekt Kritische Wissenschaft.* Hamburgo: VSA, 2016, p. 23-35.

HÖGELSBERGER, Heinz. "Flugverkehr — Opfer des eigenen Erfolges?", *A&W Blog*, Viena, 11 dez. 2018. Disponível em: https://awblog.at/ flugverkehr-opfer-des-eigenen-erfolges.

HOLLOWAY, John & PELAEZ, Eloina (Orgs.). *ZAPATISTA! Reinventing Revolution in Mexico.* Londres: Pluto Press, 1998.

HORNBORG, Alf. "Uneven Development as a Result of the Unequal Exchange of Time and Space: some Conceptual Issues", *Austrian Journal of Development Studies*, Viena, v. 26, n. 4, p. 36-56, 2010.

HOSS, Willi. *Komm ins Offene, Freund. Autobiographie.* Münster: Westfälisches Dampfboot, 2004.

HUAN, Qingzhi. "Growth Economy and Its Ecological Impacts upon China: A Redgreen Perspective", *International Journal of Inclusive Democracy*, Londres, v. 4, n. 4, 2008.

HUAN, Qingzhi. "Socialist Eco-civilization and Social-Ecological Transformation", *Capitalism Nature Socialism*, Londres, v. 27, n. 2, p. 51-66, 2016.

HUBER, Joseph. "Ökologische Modernisierung und Umweltinnovation". *In*: GROSS, Matthias (Org.). *Handbuch Umweltsoziologie.* Wiesbaden: VS Verlag für Sozialwissenschaften, 2011.

HUBER, Matt. "Fueling Capitalism: Oil, the Regulation Approach, and the Ecology of Capital", *Economic Geography*, Worcester, v. 89, n. 2, p. 171-94, 2013.

HUNG, Ho-fung (Org.). *China and the Transformation of Global Capitalism.* Baltimore: Johns Hopkins University Press, 2009.

ILA Kollektiv (Org.). *Auf Kosten Anderer? Wie die imperiale Lebensweise ein gutes Leben füralle verhindert*. Munique: oekom, 2017

ILA Kollektiv (Org.). *Das Gute Leben für Alle: Wege in diesolidarische Lebensweise*. Munique: oekom, 2019.

IG METALL & DEUTSCHER Naturschutzring (Orgs.). *Auto, Umwelt, Verkehr: Umsteuern, bevor es zu spat ist: Verkehrspolitische Konferenz der IG Metall und des Deutschen Naturschutzrings*. Colônia: Bund, 1992.

ILLICH, Ivan. *Energy and Equity*. Nova York: Harper; Row Publishers, 1974.

INTERGOVERNMENTAL Panel on Climate Change. *Aquecimento global de 1,5°C*. Brasília: IPCC, 2018.

INTERNATIONAL Air Transport Association. *Annual Review 2014*. Montreal: Iata, 2014.

INTERNATIONAL Air Transport Association. *Annual Review 2016*. Montreal: Iata, 2016.

INTERNATIONAL Air Transport Association. "Travelers Numbers Reach New Heights". Montreal: Iata, 2018. (Comunicado de imprensa, 51).

INTERNATIONAL Energy Agency. *CO2 Emissions From Fuel Combustion Highlights 2014: Highlights*. Paris: IEA, 2014.

INTERNATIONAL Energy Agency. *Energy and Climate Change*. World Energy Outlook Special Report. Paris: IEA, 2015.

INTERNATIONAL Labour Organization. *World of Work Report 2013: Repairing the economic and social fabric*. Genebra: ILO, 2013.

INTERNATIONAL Transport Forum. *Transport Outlook 2015*. Paris: OECD; ITF, 2015.

JACKSON, Tim. *Prosperity without Growth: Economics for a Finite Planet*. Londres: Earthscan, 2009.

JAEGER, Carlo; PAROUSSOS, Leonidas; MANGALAGIU, Diana; KUPERS, Roland; MANDEL, Antoine & TÀBARA, Joan David. *A New Growth Path for Europe: Generating Prosperity and Jobs in the Low-Carbon Economy. Synthesis Report*. Potsdam: European Climate Forum, 2011.

JAHN, Thomas & WEHLING, Peter. "Gesellschaftliche Naturverhältnisse: Konturen eines theoretischen Konzepts". *In*: BRAND, Karl-Werner (Org.). *Soziologie und Natur: Theoretische Perspektiven*. Opladen: Leske + Budrich, 1998, p. 75-93 (Soziologie und Ökologie, 2).

JÄNICKE, Martin. *Green Growth: Vom Wachstum der Öko-Industrie zum nachhaltigen Wirtschaften. FFU-Report 06-2011*. Berlim: Freie Universität Berlin / Forschungszentrum für Umweltpolitik, 2011.

JESSOP, Bob. "The Spatiotemporal Dynamics of Capital and Its Globalization and Their Impact on State Power and Democracy". *In*: ROSA, Hartmut & SCHEUERMAN, William (Orgs.). *High-Speed Society: Social Acceleration, Power, and Modernity*. University Park: Penn State University Press, 2009, p. 135-58.

JESSOP, Bob & SUM, Ngai-Ling. *Beyond the Regulation Approach: Putting Capitalist Economies in their Place*. Cheltenham: Edward Elgar, 2006.

JONAS, Michael. "Transition or transformation? A plea for the praxeological approach of radical socio-ecological change". *In*: JONAS, Michael; LITTIG, Beate. *Praxeological Political Analysis*. Londres: Routledge, 2017, p. 116-33.

JONAS, Michael & LITTIG, Beate. "Sustainable Practice". *In*: WRIGHT, James D. (Org.). *International Encyclopedia of the Social; Behavioral Sciences*. Oxford: Elsevier, 2015. p. 834-38.

JONAS, Michael & LITTIG, Beate (Orgs.). *Praxeological Political Analysis*. Londres: Routledge, 2017.

KADRITZKE, Ulf. "Zur Mitte drängt sich alles. Historische Klassenstudien im Lichte der Gegenwart (Teil 1)", *PROKLA*, Berlim, ano 46, v. 184, n. 3, p. 477-96, 2016a.

KADRITZKE, Ulf. "Zur Mitte drängt sich alles. Historische Klassenstudien im Lichte der Gegenwart (Teil 2)", *PROKLA*, Berlim, v. 46, v. 185, n. 4, p. 639-59, 2016b.

KALTMEIER, Olaf. "Hacienda, Staat und indigene Gemeinschaft. Kolonialität und politischkulturelle Grenzverschiebungen von der Unabhängigkeit bis in die Gegenwart". *In*: WEHR, Ingrid & BURCHARDT, Hans-Jürgen (Orgs.). *Soziale Ungleichheiten in Lateinamerika: Neue Perspektiven auf Wirtschaft, Politik und Umwelt*. Baden-Baden: Nomos, 2011, p. 29-44.

KAPLAN, Robert D. "The Coming Anarchy: How scarcity, crime, overpopulation, tribalism, and disease are rapidly destroying the social fabric of our planet", *The Atlantic Monthly*, Boston, v. 273, n. 2, p. 44-77, 1994.

KARATHANASSIS, Athanasios. *Kapitalistische Naturverhältnisse: Ursachen von Naturzerstörungen — Begründungen einer Postwachstumsökonomie*. Hamburgo: VSA, 2015.

KAUFMANN, Stephan. "Globale Ökonomie des Autos. Krisen und Strategien". *In*: CANDEIAS, Mario; RILLING, Rainer; RÖTTGER, Bernd & THIMMEL, Stefan (Orgs.). *Globale Ökonomie des Autos: Mobilität, Arbeit, Konversion*. Hamburgo: VSA, 2011, p. 14-122.

KEIL, Roger. *Suburban Planet: Making the World Urban from the Outside in*. Cambridge: Polity Press, 2018.

KELLY, Alice B. "Conservation Practice as Primitive Accumulation", *The Journal of Peasant Studies*, Londres, v. 38, n. 4, p. 683-701, 2011.

KERKELING, Luz. *¡Resistencia! Südmexiko: Umweltzerstörung, Marginalisierung und indigener Widerstand*. Münster: Unrast, 2013.

KERKOW, Uwe; MARTENS, Jens & MÜLLER, Alex. *Vom Erz zum Auto: Abbaubedingungen und Lieferketten im Rohstoffsektor und die Verantwortung der deutschen Automobilindustrie*. Aachen / Bonn / Stuttgart: Misereor / Brot für die Welt / Global Policy Forum Europe, 2012.

KHARAS, Homi. *The Emerging Middle Class in Developing Countries*. Paris: OECD, 2010 (Working Paper, 285).

KILL, Jutta. *Economic Valuation of Nature: The Price to Pay for Conservation? A Critical Exploration*. Brussels: Rosa-Luxemburg--Stiftung, 2014.

KLAUKE, Sebastian. "Ulrich Brand / Markus Wissen: *Imperiale Lebensweise. Zur Ausbeutung von Mensch und Natur in Zeiten des globalen Kapitalismus*. Rezension 1" [resenha], *Theoriekritik.ch*, [*s. l.*], 27 jul. 2017. Disponível em: http://www.theoriekritik. ch/?p=3428.

KLEIN, Dieter. *Das Morgen tanzt im Heute: Transformation im Kapitalismus und über ihn hinaus*. Hamburgo: VSA, 2013.

KLEIN, Dieter. *Gespaltene Machteliten: Verlorene Transformationsfähigkeit oder Renaissance eines New Deal?*. Hamburgo: VSA, 2016.

KLEINHÜCKELKOTTEN, Silke; NEITZKE, Hans-Peter & MOSER, Stephanie. *Repräsentative Erhebung von Pro-Kopf-Verbräuchen natürlicher Ressourcen in Deutschland (nach Bevölkerungsgruppen)*. Dessau-Roßlau: Umweltbundesamt, jun. 2016 (Texte 39/2016).

KLOPPENBURG JR., Jack R. *First the Seed: The Political Economy of Plant Biotechnology, 1492-2000*. Cambridge: Cambridge University Press, 1988.

KNOFLACHER, Hermann. "Das Auto im Kopf. Fetisch motorisier-ter Individualverkehr", *Politische Ökologie*, Munique, v. 137, p. 25-31, 2014.

KOMLOSY, Andrea. "Arbeitsverhältnisse. Weltumspannende Kombination und ungleiche Entwicklung". *In*: SIEDER, Reinhard & LANGTHA-LER, Ernst (Orgs.). *Globalgeschichte 1800-2010*. Viena: Böhlau, 2010, p. 261-83.

KOMLOSY, Andrea. "Kapitalismus als *frontier*. Die Verwandlung von Kulturen in Rohstofflieferanten". *In*: FISCHER, Karin; JÄGER, Johannes & SCHMIDT, Lukas. *Rohstoffe und Entwicklung Aktuelle: Auseinandersetzungen im historischen Kontext*. Viena: New Academic Press, 2016, p. 36-51 (Historische Sozialkunde / Internationale Entwicklung, 35).

KOMLOSY, Andrea. *Work: The Last 1000 Years*. Londres: Verso, 2018.

KONZEPTWERK neue Ökonomie; DFG-KOLLEG & POSTWACHSTUMSGE-SELLSCHAFTEN. *Degrowth in Bewegung(en): 32 alternative Wege zur sozialökologischen Transformation*. Munique: oekom, 2017.

KRAFTFAHRT-BUNDESAMT. *Bestand in den Jahren 1960 bis 2016 nach Fahrzeugklassen*. Flensburg, 2020. Tabela. Disponível em: https://www.kba.de/DE/Statistik/Fahrzeuge/Bestand/ FahrzeugklassenAufbauarten/fz_b_fzkl_aufb_archiv/2020/b_ fzkl_zeitreihe.html.

KRAMER, Dieter. *Konsumwelten des Alltags und die Krise der Wachstumsgesellschaft*. Marburg: Jonas, 2016.

KRAUSMANN, Fridolin & FISCHER-KOWALSKI, Marina. *Gesellschaftliche Naturverhältnisse: Energiequellen und die globale Transformation des gesellschaftlichen Stoffwechsels*. Viena: Institute of Social Ecology, 2010 (Social Ecologie Working Paper, 117).

KRONAUER, Martin. "Autonomie in der Krise", *PROKLA*, Berlim, ano 44, v. 176, n. 3, p. 431-43, 2014.

KRULL, Stephan. "Mit Volks- und Betriebsgemeinschaft in die Barbarei?", *SoZ — Sozialistische Zeitung*, Colônia, v. 11, 2015.

KURTENBACH, Sabine & WEHR, Ingrid. "Verwobene Moderne und Einhegung von Gewalt". *In*: MÜLLER, Franziska; SONDERMANN, Elena; WEHR, Ingrid; JAKOBEIT, Cord & ZIAI, Aram (Orgs.). *Entwicklungstheorien. Weltgesellschaftliche Transformationen, entwicklungspolitische Herausforderungen, theoretische Innovationen*. Baden-Baden: Nomos, 2014, p. 95-127 (Politische Vierteljahresschrift, 48).

LANDER, Edgardo. *The Implosion of the Venezuela's Rentier State*. Amsterdã: Transnational Institute, 2016 (New Politics Papers, 1).

LANG, Miriam. "Mehr, als wir vor dem Aufstand hatten. Zapatistische Autonomie, indigene Identität und Neoliberalismus in Chiapas". *In*: GABBERT, Karin; GABBERT, Wolfgang & GODE-KING, Ulrich. *Neue Optionen Lateinamerikanischer Politik*. Münster: Westfälisches Dampfboot, 2005, p. 111-31 (Jahrbuch Lateinamerika, Analysen und Berichte, 29).

LANG, Miriam. "México: Desde abajo todo, desde arriba nada. La autonomía zapatista en Chiapas y la Otra Campana". *In*: LANG, Miriam; CEVALLOS, Belen & LOPEZ, Claudia (Orgs.). *Cómo transformar? Instituciones y cambio social en América Latina y Europa*. Quito: Abya Yala / Fundación Rosa Luxemburg, 2015, p. 219-76.

LANG, Miriam; KÖNIG, Claus-Dieter & REGELMANN, Ada-Charlotte (Orgs.). *Alternatives in a World of Crisis*. Bruxelas: Rosa--Luxemburg-Stiftung, 2018.

LESSENICH, Stephan. "Ab in die Produktion *oder* Der diskrete Charme der Ökonomie", *WSI Mitteilungen*, Düsseldorf, v. 67, n. 7, 2014.

LESSENICH, Stephan. *Living Well At Others' Expense: The Hidden Costs of Western Prosperity*. Cambridge: Polity Press, 2019.

LIPIETZ, Alain. *Mirages and Miracles: The Crises of Global Fordism*. Londres: Verso, 1987.

LITTIG, Beate. "Green Economy, Green Jobs — und Frauen? Geschlechterpolitische Überlegungen zum aktuellen Nachhaltigkeitsdiskurs". *In*: APPELT, Erna; AULENBACHER, Brigitte & WETTERER, Angelika (Orgs.). *Gesellschaft: Feministische Krisendiagnosen*. Münster: Westfälisches Dampfboot, 2013, p. 60-77.

LITTIG, Beate & SPITZER, Markus. *Arbeit neu: Erweiterte Arbeitskonzepte im Vergleich. Literaturstudie zum Stand der Debatte um erweiterte Arbeitskonzepte*. Düsseldorf: Hans-Böckler-Stiftung, 2011 (Arbeitspapier, 229).

LOREY, Isabell. *Die Regierung der Prekären*. Viena: Turia + Kant, 2012.

LÖVBRAND, Eva; BECK, Silke; CHILVERS, Jason; FORSYTH, Tim; HEDRÉN, Johan; HULME, Mike; LIDSKOG, Rolf & VASILEIADOU, Eleftheria. "Who speaks for the future of Earth? How Critical Social Science Can Extend the Conversation on the Anthropocene", *Global Environmental Change*, Amsterdã, v. 32, p. 211-8, 2015.

LUCKE, Albrecht von. "Trump und die Folgen: Demokratie am Scheidenweg", *Blätter für deutsche und internationale Politik*, Berlim, v. 12, p. 5-9, 2016.

LUDWIG, Gundula. *Geschlecht regieren: Zum Verhältnis von Staat, Subjekt und heteronormativer Hegemonie*. Frankfurt: Campus, 2011.

LUDWIG, Gundula. "Hegemonie, Diskurs, Geschlecht: Gesellschaftstheorie als Subjekttheorie, Subjekttheorie als Gesellschaftstheorie". *In*: DZUDZEK, Iris; KUNZE, Caren & WULLWEBER, Joscha (Orgs.). *Diskurs und Hegemonie: Gesellschaftstheoretische Perspektiven*. Bielefeld: transcript, 2012, p. 105-26.

LUKS, Fred. "Kein Öko ohne AfD", *taz*, Berlim, 28 out. 2016.

LÜTHJE, Boy & MCNALLY, Christopher A. "China's Hidden Obstacles to Socioeconomic Rebalancing", *AsiaPacific*, Honolulu, v. 120, p. 1-8, 2015.

LUTZ, Burkart. *Der kurze Traum immerwährender Prosperität: Eine Neuinterpretation der industriell-kapitalistischen Entwicklung im Europa des 20. Jahrhunderts.* Frankfurt: Campus, 1989.

LUXEMBURGO, Rosa. *A acumulação do capital*: contribuição ao estudo econômico do imperialismo. 2a. ed. São Paulo: Nova Cultural, 1985.

LUXEMBURGO, Rosa. "Mehr als prekär". Berlim, Rosa-Luxemburg-Stiftung, v. 21, n. 1, 2015.

LUXEMBURGO, Rosa. *New Class Politics* [edição especial]. Berlim, Rosa-Luxemburg-Stiftung, v. 29, 2017.

MAHNKOPF, Birgit. *Peak Everything — Peak Capitalism? Folgen der sozial-ökologischen Krise für die Dynamik des historischen Kapitalismus.* Working Paper der DFG-Kollegforscherlnnengruppe Postwachstumsgesellschaften, n. 02/2013. Jena: Friedrich-Schiller-Universität, 2013.

MALIK, Khalid & KUGLER, Maurice (Orgs.). *Human Development Report: Human Progress and the Rising South.* Nova York: UNDP, 2013.

MALM, Andreas. *Fossil Capital: The Rise of Steam Power and the Roots of Global Warming.* Londres: Verso, 2016.

MARCELLO, Dieter. "Das Produkt Auto", *Wechselwirkung*, Berlim, ano 2, p. 52-3, 1980.

MARTENS, Jen & OBENLAND, Wolfgang. *Die Agenda 2030: Globale Zukunftsziele für nachhaltige Entwicklung.* Bonn / Osnabrück: Global Policy Forum / terre des hommes, 2016.

MARTÍNEZ-ALIER, Joan; PASCUAL, Unai; VIVIEN, Franck-Dominique & ZACCAI, Edwin. "Sustainable Degrowth", *Ecological Economics*, Boston, v. 69, n. 9, p. 1741-7, 2010.

MARX, Karl. "A Contribution to the Critique of Hegel's Philosophy of Right. Introduction (1843-1844)". *In*: MARX, Karl. *Early Writings.* Londres: Penguin Books, 1992, p. 243-58.

MARX, Karl. *O capital: crítica da economia política*, livro 1: *O processo de acumulação do capital.* Trad. Rubens Enderle. São Paulo: Boitempo, 2011.

MARX, Karl. *O capital: crítica da economia política*, livro 3: *O processo global da produção capitalista*. São Paulo: Boitempo, 2017.

MARX, Karl & ENGELS, Friedrich. *A ideologia alemã*. Trad. Rubens Enderle, Nélio Schneider & Luciano Cavini Martorano. São Paulo: Boitempo, 2007.

MARX, Karl & ENGELS, Friedrich. *Manifesto comunista*. Trad. Álvaro Pina & Ivana Jinkings. São Paulo: Boitempo, 2010.

MASON, Paul. *Postkapitalismus: Grundrisse einer kommenden Ökonomie*. Berlim: Suhrkamp, 2016.

MASSARRAT, Mohssen. "Demokratisierung der Demokratie: Reform der politischen Systeme zur Nachhaltigkeit". *In*: MASSARRAT, Mohssen. *Kapitalismus — Machtungleichheit — Nachhaltigkeit. Perspektiven Revolutionärer Reformen*. Hamburgo: VSA, 2006a, p. 45-69.

MASSARRAT, Mohssen. "Macht und Machtungleichheit im Kapitalismus". *In*: MASSARRAT, Mohssen. *Kapitalismus — Machtungleichheit — Nachhaltigkeit. Perspektiven Revolutionärer Reformen*. Hamburgo: VSA, 2006b, p. 224-267.

MCAFEE, Kathleen. "The Contradictory Logic of Global Ecosystem Services Markets", *Development and Change*, Hoboken, v. 43, n. 1, p. 105-31, 2012.

MCMICHAEL, Philip. "Agro-fuels, Food Security, and the Metabolic Rift", *Kurswechsel*, Viena, v. 23, n. 3, p. 14-22, 2008.

MCMICHAEL, Philip. "The World Food Crisis in Historical Perspective", *Monthly Review*, Nova York, v. 61, n. 3, 2009a.

MCMICHAEL, Philip. "A Food Regime Analysis of the 'World Food Crisis'", *Agriculture and Human Values*, Clinton, v. 26, p. 281-95, 2009b.

MCMICHAEL, Philip. "The Land Grab and Corporate Food Regime Restructuring", *The Journal of Peasant Studies*, Londres, v. 39, n. 3/4, p. 681-701, 2012.

MENZ, Wolfgang & NIES, Sarah. "Gerechtigkeit und Rationalität: Motive interessenpolitischer Aktivierung", *WSI Mitteilungen*, Düsseldorf, v. 69, n. 7, p. 530-9, 2016.

MEZZADRA, Sandro. "Wie viele Geschichten der Arbeit? Für eine postkoloniale Theorie des Kapitalismus", *transversal texts*, Viena, jan. 2012.

MILANOVIC, Branko. *A desigualdade no mundo: uma nova abordagem para a era da globalização*. Lisboa: Actual Editora, 2017.

MING, Shi. "Chinas neue Mittelschichten". *In*: LE MONDE Diplomatique. *Atlas der Globalisierung: Weniger wird mehr*. Berlim: Le Monde Diplomatique, 2015, p. 32-5.

MITCHELL, Timothy. "Sabotage". *In*: MITCHELL, Timothy. *Carbon Democracy: Political Power in the Age of Oil*. Londres: Verso, 2011, p. 144-72.

MÖLLER, Kolja. "Der Name der Zeit: Ein neues Mittelalter", *LuXemburg*, Berlim, v. 25, n. 2, p. 130-1, 2016.

MOORE, Jason W. "The Tendency of the Ecological Surplus to Fall". *In*: MOORE, Jason W. *Capitalism in the Web of Life: Ecology and the Accumulation of Capital*. Londres: Verso, 2015.

MOORE, Jason & PATEL, Raj. *História do mundo em sete coisas baratas*. Lisboa: Editorial Presença, 2018.

MORENO, Camila. "As roupas verdes do rei: economia verde, uma nova forma de acumulação primitiva". *In*: DILGER, Gerhard; LANG, Miriam & PEREIRA FILHO, Jorge (Orgs.). *Descolonizar o imaginário: debates sobre pós-extrativismo e alternativas ao desenvolvimento*. Trad. Igor Ojeda. São Paulo: Fundação Rosa Luxemburgo, 2016, p. 256-95.

MORENO, Camila; CHASSÉ, Daniel Speich & FUHR, Lili. *Carbon Metrics: Global Abstractions and Ecological Epistemicid*. Berlim: Heinrich Böll Foundation, 2015 (Publication Series Ecology, 42).

MOSCOVICI, Serge. *Essai sur l'histoire humain de la nature*. Paris: Flammarion, 1968.

MUNOZ, Felipe. "The Global Domination of SUVs Continues in 2017", *JATO Blog*, Uxbridge, 23 fev. 2018.

MUZIO, Tim Di. *Carbon Capitalism: Energy, Social Reproduction and World Order*. Lanham: Rowman; Littlefield, 2015.

NALAU, Johanna & HANDMER, John. "When Is Transformation a Viable Policy Alternative?", *Environmental Science; Policy*, Amsterdã, v. 54, p. 349-56, 2015.

NARR, Wolf-Dieter. "Kontur einer kritischen Sozialwissenschaft". *In*: GÖRG, Christoph & ROTH, Roland (Orgs.). *Kein Staat zu machen: Zur Kritik der Sozialwissenschaften*. Münster: Westfälisches Dampfboot, 1998, p. 272-90.

NATANSON, José. "Una política para la nueva clase media", *Le Monde Diplomatique*, Buenos Aires, n. 162, 2012.

NATIONAL Bureau of Statistics of China. *Operating Status of National Economy in 2015*. Beijing: NBS, 2016.

NATIONALE-PLATTFORM-ELEKTROMOBILITÄT. *The German National Platform for Electric Mobility*. Munique, 2020. Gráficos e organogramas. Disponível em: http://nationale-plattform-elektromobilitaet. de/en/the-npe/functioning.

NECKEL, Sighard & WAGNER, Greta. *Leistung und Erschöpfung: Burnout in der Wettbewerbsgesellschaft*. Berlim: Suhrkamp, 2013.

NEW Economics Foundation. *The Great Transition: A Tale of How It Turned Out Right*. Londres: NEF, 2010.

NEWELL, Peter & PATERSON, Matthew. *Climate Capitalism: Global Warming and the Transformation of the Global Economy*. Cambridge: Cambridge University Press, 2010.

NOVY, Andreas. "Kritik der westlichen Lebensweise". *In*: LUKS, Fred (Org.). *Chancen und Grenzen der Nachhaltigkeitstransformation: Ökonomische und soziologische Perspektiven*. Wiesbaden: Springer Gabler, 2018.

OFFE, Claus. *Strukturprobleme des kapitalistischen Staates: Aufsätze zur politischen Soziologie*. Frankfurt: Suhrkamp, 1972.

ORGANISATION for Economic Co-operation and Development. *Towards Green Growth: A Summary for Policy Makers*. Paris: OECD, 2011.

ORGANISATION Internationale des Constructeurs d'Automobiles. *2017 Production Statistics*. Paris: Oica, 2020. Tabela interativa. Disponível em: http://www.oica.net/category/production-statistics/2017-statistics.

ORGANIZAÇÃO das Nações Unidas. *Transformando nosso mundo: a agenda 2030 para o desenvolvimento sustentável*. Nova York: ONU, 2015.

OSTERHAMMEL, Jürgen. *The Transformation of the World: A Global History of the Nineteenth Century*. Trad. Patrick Camiller. Princeton: Princeton University Press, 2014.

PAECH, Niko. "Postwachstumsökonomie als Abkehr von der organisierten Verantwortungslosigkeit des Industriesystems". *In*: PFALLER, Robert & KUFELD, Klaus (Orgs.). *Arkadien oder Dschungelcamp: Leben im Einklang oder Kampf mit der Natur.* Freiburg: Karl Alber, 2014, p. 217-47.

PARK, Jacob; CONCA, Ken & FINGER, Matthias (Orgs.). *The Crisis of Global Environmental Governance: Towards a New Political Economy of Sustainability.* Routledge: Londres, 2008.

PATERSON, Matthew. "The Car's Cultural Politics: Producing the (Auto)Mobile Subject". *In*: PATERSON, Matthew. *Automobile Politics, Ecology and Cultural Political Economy.* Cambridge: Cambridge University Press, 2007.

PELUSO, Nancy L. & LUND, Christian. "New Frontiers of Land Control: Introduction", *The Journal of Peasant Studies*, Londres, v. 38, n. 4, p. 667-81, 2011.

PENZ, Otto & SAUER, Birgit. "Neoliberalisierung und Transformationen der Erwerbsarbeit". *In*: PENZ, Otto & SAUER, Birgit. *Affektives Kapital: Die Ökonomisierung der Gefühle im Alltagsleben.* Frankfurt: Campus, 2016, p. 133-60.

PICHLER, Melanie & BRAD, Alina. "Political Ecology and Socio--Ecological Conflicts [dossiê]", *Austrian Journal of South-East Asian Studies*, Viena, v. 9, n. 1, 2016.

PICHLER, Melanie; STARITZ, Cornelia; KÜBLBÖCK, Karin; PLANK, Christina; RAZA, Werner & PEYRÉ, Fernando Ruiz. *Fairness and Justice in Natural Resource Politics.* Londres: Routledge, 2017.

PIELKE, Roger. "Planetary Boundaries as Power Grab", *Roger Pielke Jr.'s Blog*, Boulder, 4 abr. 2013. Disponível em: http://rogerpielkejr.blogspot.com/2013/04/planetary-boundries-as-power--grab.html.

PIKETTY, Thomas. *Capital no século XXI.* Rio de Janeiro: Intrínseca, 2014.

PLANK, Leonhard & PLANK, Christina. "Land Grabbing — kritische Perspektive auf die neue Landnahme". *In*: BRÖTHALER, Johann, GETZNER, Michael; GIFFINER, Rudolf; HAMEDINGER, Alexander & VOIGT, Andreas (Orgs.). *Raumplanung. Jahrbuch des Departments für Raumplanung der* TU *Wien 2013*. Viena: Neuer Wissenschaftlicher, 2013, p. 177-94.

POLANYI, Karl. *A grande transformação: as origens de nossa época*. 2. ed. Rio de Janeiro: Campus, 2000.

POPP, Silvia. "Die neue globale Mittelschicht", *Aus Politik und Zeitgeschichte*, Bonn, v. 64, n. 49, p. 30-7, 2014.

PORCARO, Mimmo. "Occupy Machiavelli. Zwischen verbindender und strategischer Partei", *LuXemburg*, Berlim, v. 25, n. 2, p. 8-21, 2016.

PORTO-GONÇALVES, Carlos W. & LEFF, Enrique. "A ecologia política na América Latina: a reapropriação da natureza, a reinvenção dos territórios e a construção da racionalidade ambiental", *Desenvolvimento e Meio Ambiente*, Curitiba, v. 35, p. 65-88, 2015.

POULANTZAS, Nicos. "Internationalisation of Capitalist Relations and the Nation-State", *Economy and Society*, Londres, v. 3, n. 2, p. 145-79, 1974.

POULANTZAS, Nicos. *State, Power, Socialism*. Londres: Verso, 1980.

PROKLA. "Geopolitische Konflikte nach der 'neuen Weltordnung'", Berlim, v. 181, ano 45, n. 4, p. 494-8, 2015.

PROKLA. "Religion, Ökonomie und Politik", Berlim, v. 182, ano 46, n. 1, 2016.

PROKLA. "Ökonomie der Flucht und der Migration", Berlim, v. 183, ano 46, n. 2, 2016.

PROKLA. "Energiekämpfe: Interessen, Kräfteverhältnisse und Perspektiven", Berlim, v. 184, ano 46, n. 3, 2016.

PROKLA. "Ausnahmezustand: Barbarei oder Sozialismus?", Berlim, v. 185, ano 46, n. 4, 2016.

PUN, Ngai & LU, Huilin. "Unfinished Proletarianization: Self, Anger, and Class Action among the Second Generation of Peasant-Workers in Present-Day China", *Modern China*, Thousand Oaks, v. 36, n. 5, p. 493-519, 2010.

RAMÍREZ, Martin & SCHMALZ, Stefan (Orgs.). *¿Fin de la bonanza? Entradas, salidas y encrucijadas del extractivismo*. Buenos Aires: Biblos, 2018.

RÄTHZEL, Nora. "Rebellierende Selbstunterwerfung: ein Deutungsversuch über den alltäglichen Rassismus", *Links*, [*s. l.*], v. 12, 1991.

RILLING, Rainer. "Wenn die Hütte brennt... 'Energiewende', green new deal und grüner Sozialismus", *Forum Wissenschaft*, Marburg, v. 49, n. 4, p. 14-8, 2011.

RINK, Dieter. "Environmental Policy and the Environmental Movement in East Germany", *Capitalism Nature Socialism*, [*s. l.*], v. 13, n. 3, p. 73-91, 2002.

RITCHIE, Hannah & ROSER, Max. *Meat and Dairy Production*. Oxford: Our World in Data, 2020a. Gráficos interativos. Disponível em: https://ourworldindata.org/meat-production.

RITCHIE, Hannah & ROSER, Max. *Seafood Production*. Oxford: Our World in Data, 2020b. Gráficos interativos. Disponível em: https://ourworldindata.org/seafood-production.

RIVERA, Manuel. *Wie viel Entpolitisierung vertragen die SDGs? Ein kritischer Blick auf die Entstehung der Agenda 2030*. ISS Working Paper. Potsdam: Institute for Advanced Sustainability Studies, 2015.

ROCKSTRÖM, Johan *et al.* "A Safe Operating Space for Humanity", *Nature*, Londres, v. 461, p. 472-5, 2009.

ROSSEL, Jörge & OTTE, Gunnar. "Lebensstilforschung", *Kölner Zeitschrift für Soziologie und Sozialpsychologie*, Wiesbaden, v. 51, 2011.

ROTH, Roland. "Radikaler Reformismus: Geschichte und Aktualität einer politischen Denkfigur". *In*: BRAND, Ulrich & GÖRG, Christoph (Orgs.). *Zur Aktualität derStaatsform: Die materialistische Staatstheorie von Joachim Hirsch*. Baden-Baden: Nomos, 2018, p. 219-40.

RUCHT, Dieter. *Modernisierung und neue soziale Bewegungen: Deutschland, Frankreich und USA im Vergleich*. Frankfurt: Campus, 1994.

RUETER, Gero. "Erneuerbare wachsen nicht schnell genug", *Deutsche Welle*, Bonn, 8 jun. 2018.

SABLOWSKI, Thomas. "Konsumnorm, Konsumweise". *In*: HAUG, Wolfgang-Fritz (Org.). *Historisch-Kritisches Wörterbuch des Marxismus*, v. 7/ii. Hamburgo: Argument, 2010, colunas 1642-4.

SABLOWSKI, Thomas. "Warum die imperiale Lebensweise die Klassenfrage ausblenden muss", *LuXemburg Online*, Berlim, maio 2018.

SABLOWSKI, Thomas & THIEN, Günter. "Die AfD, die ArbeiterInnenklasse und die Linke — kein Problem?", *PROKLA*, Berlim, v. 190, ano. 48, n. 1, p. 55-71, 2018.

SACHS, Wolfgang. *For Love of the Automobile: Looking Back into the History of Our Desires*. Oakland: University of California Press, 1992.

SACHS, Wolfgang. "Sustainable Development. Zur politischen Anatomie eines internationalen Leitbilds". *In*: BRAND, Karl-Werner. *Nachhaltige Eine Herausforderung an die Soziologie*. Opladen: Leske + Budrich, 1997, p. 93-110 (Soziologie und Ökologie, 1).

SACHS, Wolfgang. "Sustainable Development and the Crisis of Nature: On the Political Anatomy of an Oxymoron". *In*: FISCHER, Frank & HAJER, Maarten (Orgs.). *Living with Nature: Environmental Politics as Cultural Discourse*. Oxford: Oxford University Press, 1999, p. 23-42.

SACHS, Wolfgang (Org.). *Fair Future: Begrenzte Ressourcen und globale Gerechtigkeit. Ein Report des Wuppertal Instituts*. Munique: C. H. Beck, 2005.

SACHS, Wolfgang & TILMAN, Santarius (Orgs.). *Zukunftsfähiges Deutschland in einer globalisierten Welt: Ein Anstoß zur gesellschaftlichen Debatte. Eine Studie des Wuppertal Instituts für Klima, Umwelt, Energie*. Frankfurt: Fischer-Taschenbuch, 2009.

SAÏD, Edward. *Orientalismo: o Oriente como invenção do Ocidente*. Trad. Rosaura Eichenberg. São Paulo: Companhia das Letras, 2015.

SAITO, Kohei. *Karl Marx's Ecosocialism: Capital, Nature and the Unfinished Critique of Political Economy*. Nova York: Monthly Review Press, 2017.

SANDER, Hendrik. *Auf dem Weg zum grünen Kapitalismus? Die Energiewende nach Fukushima*. Berlim: Bertz + Fischer, 2016.

SANTARIUS, Tilman. *Der Rebound-Effekt: ökonomische, psychische und soziale Herausforderungen für die Entkopplung von Wirtschaftswachstum und Energieverbrauch*. Marburg: Metropolis, 2015.

SAUER, Birgit. "Der Staat hat ein Geschlecht: Feministische Theoretisierungen des Staats". *In*: SAUER, Birgit. *Die Asche des Souveräns: Staat und Demokratie in der Geschlechterdebatte*. Frankfurt: Campus, 2001, p. 117-68.

SCHAFFARTZIK, Anke; MAYER, Andreas; GINGRICH, Simone; EISENMENGER, Nina; LOY, Christian & KRAUSMANN, Fridolin. "The Global Metabolic Transition: Regional Patterns and Trends of Global Material Flows, 1950-2010", *Global Environmental Change*, Amsterdã, v. 26, p. 87-97, 2014.

SCHEER, Hermann. *Der energethische Imperativ. 100 Prozent jetzt: Wie der vollständige Wechsel zu erneuerbaren Energien zu realisieren ist*. Munique: Kunstmann, 2012.

SCHERRER, Christoph. "Auspolierte Kratzer. Das US-Finanzkapital. Durch mehr Regulierung weiter hegemonial?", *PROKLA*, Berlim, v. 179, ano 45, n. 2, p. 257-76, 2015.

SCHIVELBUSCH, Wolfgang. *The Railway Journey: The Industrialization of Time and Space in the Nineteenth Century*. Oakland: University of California Press, 2014.

SCHMALZ, Stefan. *Machtverschiebungen im Weltsystem: Der Aufstieg Chinas und die große Krise*. Frankfurt: Campus, 2018.

SCHMIDT, Dorothea. "Fordismus. Glanz und Elend eines Produktionsmodells", *PROKLA*, Berlim, v. 172, ano 43, n. 3, p. 401-20, 2013.

SCHMIDT, Dorothea & SIERON, Sandra. "Editorial: Ökonomie der Flucht und der Migration", *PROKLA*, Berlim, v. 183, ano 46, n. 2, p. 172-80, 2016.

SCHNEIDER, Etienne. *Raus aus dem Euro: rein in die Abhängigkeit? Perspektiven und Grenzen alternativer Wirtschaftspolitik außerhalb des Euro*. Hamburgo: VSA, 2017.

SCHNEIDEWIND, Uwe. "Transformative Literacy: Gesellschaftliche Veränderungsprozesse verstehen und gestalten", *GAIA*, Munique, v. 22, n. 2, p. 82-6, 2013.

SCHOPPENGERD, Stefan. "'Und man sieht nur die im Lichte' — Ulrich Brand und Markus Wissen leuchten die Schattenseite der 'imperialen Lebensweise' aus", *express*, Frankfurt, v. 8, 2017.

SCHOR, Juliet. "Überarbeitet und überschuldet. Die Zukunft von Arbeit, Freizeit und Konsum", *LuXemburg*, v. 21, n. 1, p. 60-5, 2015.

SCHRAMM, Manuel. "Die Entstehung der Konsumgesellschaft". *In*: SIEDER, Reinhard & LANGTHALER, Ernst (Orgs.). *Globalgeschichte 1800-2010*. Viena: Böhlau, 2010, p. 367-88.

SCHRIEFL, Ernst & BRUCKNER, Martin. "Bedarf an Metallen für eine globale Energiewende bis 2050 — Diskussion möglicher Versorgungsgrenzen". *In*: EXNER, Andreas; HELD, Martin & KÜMMERER, Klaus (Orgs.). *Kritische Metalle in der Großen Transformation*. Berlim: Springer Spekctrum, 2016, p. 217-33.

SCHÜLLER, Karin. "Sklavenaufstand, Revolution, Unabhängigkeit: Haiti, der erste unabhängige Staat Lateinamerikas". *In*: ZÖLLER, Rüdiger (Org.). *Amerikaner wider Willen: Beiträge zur Sklaverei in Lateinamerika und ihren Folgen*. Frankfurt: Vervuert, 1994, p. 125-43.

SCHURATH, Beate. "Die große Gier: Von Ressourcengerechtigkeit ist die globale Politik weit entfernt", *Südlink*, Berlim, v. 173, p. 3-6, 2015.

SCHWARZER, Christoph M. "Besser noch ein Jahr weiterfahren", *Zeit Online*, Hamburgo, 18 fev. 2011.

SCHWEDES, Oliver. "Vom Homo Civis Mobilis: Mobilität im Wandel der Geschichte", *Politische Ökologie*, Munique, v. 137, p. 18-24, 2014.

SEZGIN, Hilal. "Tiere nutzen". *In*: LE MONDE Diplomatique. *Atlas der Globalisierung: Weniger wird mehr*. Berlim, 2015, p. 22-7.

SIEDER, Reinhard; LANGTHALER, Ernst. "Was heißt Globalgeschichte? Einleitung". *In*: SIEDER, Reinhard & LANGTHALER, Ernst (Orgs.) *Globalgeschichte 1800-2010*. Viena: Böhlau, 2010, p. 9-36.

SIEFERLE, Rolf Peter. *Der unterirdische Wald. Energiekrise und industrielle Revolution*. Munique: Beck, 1982.

SOMMER, Bernd & WELZER, Harald. *Transformationsdesign: Wege in eine zukunftsfähige Moderne*. Munique: oekom, 2014.

SOMMER, Bernd & WELZER, Harald. "Transformation Design: A Social-Ecological Perspective". *In*: JONAS, Wolfgang; ZERWAS, Sarah & ANSHELM, Kristof von. *Transformation Design: Perspectives on a New Design Attitude*. Basileia: Birkhäuser, 2015, p. 188-201.

SONDEREGGER, Ruth. "Wie emanzipatorisch ist Habitus-Forschung? Zu Rancières Kritik an Bourdieus Theorie des Habitus", *LiTheS*, Graz, ano 3, n. 3, p. 18-39, 2010.

SPASH, Clive L. "The Brave New World of Carbon Trading", *New Political Economy*, Reino Unido, v. 5, n. 2, p. 169-95, 2010.

SPEED, Shannon. *Rights in Rebellion: Indigenous Struggle and Human Rights in Chiapas*. Palo Alto: Stanford University Press, 2007.

STAMER, Günther & MAYER, Leo. "Leben wie Trump in 'America'? Aktuelle Bücher hinterfragen die 'imperiale Lebensweise'", *Kommunisten*, Kirchheim, 2017.

STATISTA. *Prognose zur Anzahl der SmartphoneNutzer in europäischen Ländern von 2013 bis 2019 (in Millionen)*. Hamburgo, 2015. Gráfico interativo. Disponível em: https://de.statista.com/statistik/daten/studie/74672/umfrage/prognose-zur-anzahl-der--smartphone-nutzer-in-ausgewaehlten-laendern-in-europa/.

STATISTA. *China: Wachstum des realen Bruttoinlandsprodukts (BIP) von 1980 bis 2018 und Prognosen bis 2024 (gegenüber dem Vorjahr)*. Hamburgo, 2019. Gráfico interativo. Disponível em: https://de.statista.com/statistik/daten/studie/14560/umfrage/wachstum-des-bruttoinlandsprodukts-in-china/.

STATISTA. *Major Countries in Worldwide Cement Production from 2014 to 2018*. Hamburgo, 2020. Gráfico interativo. Disponível em: https://www.statista.com/statistics/267364/world-cement-production-by-country/.

STATISTISCHES Bundesamt. *WISTA: Wirtschaft und Statistik*. Wiesbaden, 2012.

STECKNER, Anne. "Marxistische Parteiendebatte revisited: Zur Verortung politischer Parteien in der bürgerlichen Gesellschaft", *PROKLA*, Berlin, v. 171, ano 43, n. 2, p. 217-38, 2013.

STECKNER, Anne & CANDEIAS, Mario. *Geiz ist gar nicht geil: Über Konsumweisen, Klassen und Kritik.* Standpunkte 11/2014. Berlim: Rosa-Luxemburg-Stiftung, 2014.

STEFFEN, Will *et al.* "The Anthropocene: From Global Change to Planetary Stewardship", *Ambio,* Estocolmo, v. 40, n. 7, p. 739-61, 2011.

STEGER, Johannes. "…werden so viele SUV verkauft?", *Absatzwirtschaft,* Düsseldorf, 11 dez. 2015.

STIESS, Immanuel; GÖTZ, Konrad; SCHULTZ, Irmgard; HAMMER, Carmen; SCHIETINGER, Esther; LAND, Victoria van der; RUBIK, Frieder & KRESS, Michael. *Analyse bestehender Maßnahmen und Entwurf innovativer Strategien zur verbesserten Nutzung von Synergien zwischen Umwelt- und Sozialpolitik.* Dessau-Roßlau: Umweltbundesamt, set. 2012 (Texte 46/2012).

STREMMEL, Jan. "Das wird man wohl noch fahren dürfen!", *Süddeutsche Zeitung,* Munique, 21 set. 2015.

SVAMPA, Maristella. "Resource Extractivism and Alternatives: Latin American Perspectives on Development", *Austrian Journal of Development Studies,* Viena, v. 28, n. 3, p. 43-73, 2012.

SVAMPA, Maristella. *As fronteiras do neoextrativismo na América Latina: conflitos ambientais, giro ecoterritorial e novas dependências.* São Paulo: Elefante, 2019.

TANURO, Daniel. *Green Capitalism: Why It Can't Work.* Londres: Merlin Press, 2013.

TAUSS, Aaron & EHS, Tamara. "Das Ende des Kapitalismus denken? Fragmente für eine demokratisch-ökologische Linke im 21. Jahrhundert". *In*: TAUSS, Aaron (Org.). *Sozial-ökologische Transformationen: Das Ende des Kapitalismus denken.* Hamburgo: VSA, 2016, p. 169- 82.

THE OBSERVATORY of Economic Complexity. *Soybean Meal.* Cambridge: OEC, 2017a. Gráficos interativos. Disponível em: https://oec.world/en/profile/hs92/soybean-meal.

THE OBSERVATORY of Economic Complexity. *Soybeans.* Cambridge: OEC, 2017b. Gráficos interativos. Disponível em: https://oec.world/en/profile/hs92/soybeans.

THE OBSERVATORY of Economic Complexity. *Where does Brazil export Soybeans to?*. Cambridge: OEC, 2017c. Gráficos interativos.

THIE, Hans. *Rotes Grün: Pioniere und Prinzipien einer ökologischen Gesellschaft*. Hamburgo: VSA, 2013.

THIE, Hans. "Ändere das Leben. Wer Umwelt sagt, muss auch Ökonomie sagen. Zum Buch, Imperiale Lebensweise", *Der Freitag*. 14 jul. 2017.

THIEN, Hans-Günter. *Die verlorene Klasse: ArbeiterInnen in Deutschland*. Münster: Westfälisches Dampfboot, 2018.

THOMPSON, Edward P. "Time, Work-Discipline, and Industrial Capitalism", *Past; Present*, Oxford, n. 38, p. 56-97, 1967.

THOMPSON, Edward P. "The Moral Economy of the English Crowd in the Eighteenth Century", *Past; Present*, Oxford, v. 50, n. 1, p. 76-136, 1971.

THOMPSON, Edward P. *The Making of the English Working Class*. Londres: Penguin, 2013.

TREFIS Team. "There Is Much to Gain in China's SUV Market — but for Whom?", *Forbes*, Nova York, 21 maio 2015.

TRONTO, Joan C. *Caring Democracy: Markets, Equality, and Justice*. Nova York: New York University Press, 2013.

UMWELTBUNDESAMT. *Umweltbewusstsein in Deutschland 2014 — Vertiefungsstudie: Umweltbewusstsein und Umweltverhalten junger Menschen*. Dessau-Roßlau: Umweltbundesamt, 2016.

UNFALLFORSCHUNG der Versicherer. "Sport Utility Vehicles im Unfallgeschehen", *Unfallforschung kompakt*, Berlin, v. 34, 2012.

UNITED Nations Conference on Trade and Development. *Review of Maritime Transport 2018*. Nova York: Unctad, 2018.

UNITED Nations Environment Programme. *Towards a Green Economy. Pathways to Sustainable Development and Poverty Eradication*. Nairobi: Unep, 2011.

UNITED Nations Environment Programme. *Global Material Flows and Resource Productivity: Assessment Report for the Unep International Resource Panel*. Nairobi: Unep, 2016a.

UNITED Nations Environment Programme. *Green Is Gold: The Strategy and Actions of China's Ecological Civilization*. Genebra: Unep, 2016b.

UNMÜSSIG, Barbara. "Welche Erfahrungen haben Nichtregierungsorganisationen gemacht? Und wie haben sie sich bewährt?" *In*: CALLIESS, Jörg (Org.). *Barfuß auf diplomatischem Parkett: Die Nichtregierungsorganisationen in der Weltpolitik*. Rehburg-Loccum: Evangelische Akademie Loccum, 1998, p. 53-64.

URBAN, Hans-Jürgen. "Die Mosaik-Linke: Vom Aufbruch der Gewerkschaften zur Erneuerung der Bewegung", *Blätter für deutsche und internationale Politik*, Berlin, v. 5, p. 71-8, 2009.

URRY, John. *Societies beyond Oil: Oil Dregs and Social Futures*. Londres: ZED Books, 2013.

VEBLEN, Thorstein B. *Theorie der feinen Leute: Eine ökonomische Untersuchung der Institutionen*. Frankfurt: Fischer, 2011.

VERKEHRSCLUB Deutschland. *VCD Position: Elektromobilität*. Berlim: VCD, 2010.

VERKEHRSCLUB Österreich. *Soziale Texte von Mobilität*. Viena: VCÖ, 2009.

VERRON, Hedwig. "Ändert sich die Mobilitätskultur: Zwei Experteninterviews", *Zeitschrift für Umweltpsychologie*, Magdeburg, v. 19, n. 1, p. 12-26, 2015.

VOGEL, Steffen. "Die autoritäre Versuchung: Europas neue Linke zwischen Aufbruch und Populismus", *Blätter für deutsche und internationale Politik*, Berlim, v. 11, p. 71-9, 2015.

WACKERNAGEL, Mathis & BEYERS, Bert. *Der Ecological Footprint: Die Welt neu vermessen*. Hamburgo: CEP Europäische Verlagsanstalt, 2010.

WAGNER, Karl. "Es werden keine Gefangenen gemacht: Gegenwärtige Trends der Ausbeutung des Planeten". *In*: BARDI, Ugo (Org.). *Der geplünderte Planet: Die Zukunft des Menschen im Zeitalter schwindender Ressourcen*. Bonn: Bundeszentrale für politische Bildung, 2013, p. 21-8.

WEIS, Tony. *The Ecological Hoofprint: The Global Burden of Industrial Livestock*. Londres: ZED Books, 2013.

WELZER, Harald. *Mental Infrastructures: How Growth Entered the World and Our Souls*. Berlim: Heinrich Böll Foundation, 2011 (Series on Ecology, 14).

WELZER, Harald. *Selbst denken: Eine Anleitung zum Widerstand*. Frankfurt: Fischer, 2013.

WICHTERICH, Christa. "Haushaltsökonomien in der Krise", *Widerspruch*, Zurique, v. 32, n. 62, p. 66-73, 2013.

WICHTERICH, Christa. "Bausteine von Zukunft und der Charme des Selbermachens. Wider den care- und ressourcenextraktivistischen Kapitalismus". *In*: TAUSS, Aaron (Org.). *Sozial-ökologische Transformationen: Das Ende des Kapitalismus denken*. Hamburgo: VSA, 2016a, p. 183-204.

WICHTERICH, Christa. "Feministische internationale politische Ökonomie und Sorgeextraktivismus". *In*: BRAND, Ulrich; SCHWENKEN, Helen & WULLWEBER Joscha (Orgs.). *Globalisierung analysieren, kritisieren und verändern: Das Projekt Kritische Wissenschaft*. Hamburgo: VSA, 2016b, p. 54-71.

WIEDMANN, Thomas O.; SCHANDL, Heinz; LENZEN, Manfred; MORAN, Daniel; SUH, Sangwon; WEST, James & KANEMOTO, Keiichiro. "The Material Footprint of Nations", *Proceedings of the National Academy of Sciences*, Washington, DC, v. 112, n. 20, p. 6271-6, 2013.

WILKINSON, Richard G. & PICKETT, Kate. "Equality and sustainability". *In*: WILKINSON, Richard G. & PICKETT, Kate. *The Spirit Level: Why Equality is Better for Everyone*. Londres: Allen Lane, 2010.

WILLIAMSON, John. "What Washington Means by Policy Reform". *In*: WILLIAMSON, John (Org.). *Latin American Adjustment: How Much Has Happened?* Washington, DC: Peterson Institute for International Economics, 1990, p. 7-20.

WINIWARTER, Verena; HABERL, Helmut; FISCHER-KOWALSKI, Marina; KRAUSMANN, Fridolin & MARTINEZ-ALIER, Joan. "A Socio-metabolic Transition towards Sustainability? Challenges for Another Great Transformation", *Sustainable Development*, Hong Kong, v. 19, n. 1, p. 1-14, 2011.

WINKER, Gabriele. "Care Revolution als Transformationstrategie". *In*: WINKER, Gabriele. *Care Revolution: Schritte in eine solidarische Gesellschaft*. Bielefeld: transcript, 2015a, p. 139-78.

WINKER, Gabriele. *Care Revolution: Schritte in eine solidarische Gesellschaft*. Bielefeld: transcript, 2015b.

WISSEN, Markus. "Vielfalt als Nebeneffekt: Agrobiodiversität und demokratische Ressourcenkontroll", *Politische Ökologie*, Munique, v. 22, n. 91-2, 2004.

WISSEN, Markus. "Klimawandel, Geopolitik und 'imperiale Lebensweise': das Scheitern von 'Kopenhagen' und die strukturelle Überforderung internationaler Umweltpolitik", *Kurswechsel*, Viena, v. 25, n. 2, p. 30-8, 2010.

WISSEN, Markus. *Auf dem Weg in einen "grünen Kapitalismus"? Die ökologische Modernisierung der imperialen Lebensweise*. Berlim: Rosa-Luxemburg-Stiftung, 2014.

WISSEN, Markus. "Zwischen Neo-Fossilismus und 'grüner Ökonomie': Entwicklungstendenzen des globalen Energieregimes", *PROKLA*, Berlim, v. 184, ano 46, n. 3, p. 343-64, 2016.

WISSEN, Markus & BRAND, Ulrich. "Working-class environmentalism und sozial-ökologische Transformation. Widersprüche der imperialen Lebensweise", *WSI Mitteilungen*, Düsseldorf, v. 72, n. 1, p. 39-47, 2019.

WISSENSCHAFTLICHER Beirat der Bundesregierung globale Umweltveränderungen. *Kassensturz für den Weltklimavertrag: Der Budgetansatz. Sondergutachten*. Berlim: WBGU, 2009.

WISSENSCHAFTLICHER Beirat der Bundesregierung globale Umweltveränderungen. *World in Transition: a Social Contract for Sustainability*. Berlim: WBGU, 2011.

WOLF, Winfried. *Verkehr, Umwelt, Klima: Die Globalisierung des Tempowahns*. Viena: Promedia, 2007.

WONG, Natalie W. M. "Electronic Waste Governance under 'One Country, Two Systems': Hong Kong and Mainland China", *International Journal of Environmental Research and Public Health*, Basileia, v. 15, n. 11, p. 1-16, 2018.

WOOD, Ellen M. *The Origin of Capitalism: A Longer View*. Londres: Verso, 2017.

WORLD Commission on Environment and Development. *The Brundtland Report: Our Common Future*. Melbourne: Oxford University Press, 1990.

WORLD Steel Association. *Steel Statistical Yearbook*. Brussels: Worldsteel, 2015.

WORLD Trade Organization. *International Trade Statistics 2014*. Genebra: WTO, 2014.

WORLD Trade Organization. *International Trade Statistics 2015*. Genebra: WTO, 2015.

WRIGHT, Erik O. *Envisioning Real Utopias*. Londres: Verso, 2010.

ZELLER, Christian. "Die Natur als Anlagefeld des konzentrierten Finanzkapitals". *In*: SCHMIEDER, Falko (Org.). *Zur Kritik der Politischen Ökologie heute*. Frankfurt: Peter Lang, 2010, p. 103-35.

ZHANG, Lu. *Inside China's Automobile Factories: The Politics of Labor and Worker Resistance*. Cambridge: Cambridge University Press, 2015.

ZHENG, Sarah. "China Now Has Over 300 Million Vehicles... That's Almost America's Total Population", *South China Morning Post*, Hong Kong, 19 abr. 2017.

ZIAI, Aram (Org.). *Exploring Post-Development: Theory and Practice, Problems and Perspectives*. Londres: Routledge, 2017.

ZINN, Karl G. *Vom Kapitalismus ohne Wachstum zur Marktwirtschaft ohne Kapitalismus*. Hamburgo: VSA, 2015.

Divulgação

Ulrich Brand e **Markus Wissen** lecionam e conduzem suas pesquisas na Universidade de Viena e na Escola de Economia e Direito de Berlim, respectivamente. Além disso, trabalham juntos em projetos acadêmicos e políticos desde a década de 1990, incluindo a Bundeskoordination Internationalismus [Coordenação federal de internacionalismo] (Buko), a Assoziation für kritische Gesellschaftsforschung [Associação para pesquisa de crítica social] (AkG) e a Fundação Rosa Luxemburgo. De 2008 a 2012, ambos atuaram no Departamento de Ciência Política da Universidade de Viena. Em Berlim e Viena, preferem andar de bicicleta e entendem isso como uma crítica prática da forma de locomoção imperial e antiquada conhecida como automobilidade.

Markus Wissen (à esquerda) é editor da revista de ciências sociais críticas *PROKLA* e codiretor do Instituto de Economia Política Internacional da Escola de Economia e Direito de Berlim.

Ulrich Brand (à direita) é coeditor da revista de política alemã e internacional *Blätter für deutsche und internationale Politik* e foi membro, entre 2011 e 2013, da comissão de trabalho do Parlamento alemão que debateu metas de crescimento econômico, prosperidade e qualidade de vida. Ambos cooperam com o grupo de pesquisa sobre sociedades pós-crescimento da Universidade Friedrich Schiller de Jena, na Alemanha.

A publicação deste livro
contou com o apoio da

HEINRICH BÖLL STIFTUNG
RIO DE JANEIRO
Brasil

[cc] Editora Elefante, 2021

Título original:
Imperiale Lebensweise: zur Ausbeutung von
Mensch und Natur im globalen Kapitalismus
Oekom, 2017

Traduzido da edição inglesa a pedido dos autores:
The Imperial Mode of Living: Everyday Life and
the Ecological Crisis of Capitalism
Verso, 2021

Você tem a liberdade de compartilhar, copiar,
distribuir e transmitir esta obra, desde que
cite a autoria e não faça uso comercial.

Primeira edição, abril de 2021
Primeira reimpressão, agosto de 2023
São Paulo, Brasil

Dados Internacionais de Catalogação na Publicação (CIP)
Angélica Ilacqua CRB-8/7057

Brand, Ulrich
Modo de vida imperial: sobre a exploração de seres humanos e da
natureza no capitalismo global / Ulrich Brand & Markus Wissen;
tradução de Marcela Couto — São Paulo: Elefante, 2021.
336 p.

ISBN 978-65-8723-532-5
Título original: Imperial mode of living

1. Globalização 2. Capitalismo 2. Imperialismo 3. Ecologia social I. Título
II. Wissen, Markus III. Couto, Marcela

21-0789   CDD 330.122

Índices para catálogo sistemático:
1. Globalização

---

elefante

editoraelefante.com.br
contato@editoraelefante.com.br
fb.com/editoraelefante
@editoraelefante

Aline Tieme [comercial]
Samanta Marinho [financeiro]
Sidney Schunck [design]
Teresa Cristina [redes]

fontes GT Walsheim Pro & Fournier MT Std
papel Kraft 240 g/m² e Pólen bold 70 g/m²
impressão BMF Gráfica